儿童学与教育学丛书

|丛书主编　刘晓东|

儿童文化新论

彭　丹　著

南京师范大学出版社

图书在版编目(CIP)数据

儿童文化新论 / 彭丹著. — 南京 : 南京师范大学出版社, 2023. 12

(儿童学与教育学丛书 / 刘晓东主编)

ISBN 978 - 7 - 5651 - 5657 - 1

Ⅰ. ①儿… Ⅱ. ①彭… Ⅲ. ①儿童一文化一研究 Ⅳ. ①C913. 5

中国国家版本馆 CIP 数据核字(2023)第 003899 号

丛书名	儿童学与教育学丛书
书名	儿童文化新论
丛书主编	刘晓东
作者	彭丹
策划编辑	张莉
责任编辑	吴曼丽
出版发行	南京师范大学出版社
地址	江苏省南京市玄武区后宰门西村 9 号(邮编:210016)
电话	(025)83598919(总编办) 83598412(营销部) 83598312(邮购部)
网址	http://press. njnu. edu. cn
电子信箱	nspzbb@ njnu. edu. cn
照排	南京凯建文化发展有限公司
印刷	镇江文苑制版印刷有限责任公司
开本	850 毫米×1168 毫米 1/32
印张	10. 875
字数	263 千
版次	2023 年 12 月第 1 版
印次	2023 年 12 月第 1 次印刷
书号	ISBN 978 - 7 - 5651 - 5657 - 1
定价	42. 00 元

出版人 张鹏

总　序

刘晓东

辩证地看，教育学即儿童学。何以见得？

卢梭认为“人的教育”“事物的教育”应当与“自然的教育”保持一致，而“自然的教育”其实就是指：儿童自身所体现的统领儿童成长的自然倾向、自然目的、自然意志、自然规律，是儿童的自性，是赤子、童心。教育应当与“自然的教育”保持一致，其实质就是教育应当“跟从儿童”。大致说来，这是整本《爱弥儿》洋洋洒洒所讲论的核心思想。

也正因为如此，卢梭《爱弥儿》所实现的“对儿童的发现”，才会具有如此伟大的历史意义。也正因为卢梭有了“对儿童的发现”，他的教育学才成为名副其实的“跟从儿童”的教育学。

我们研究儿童，探索儿童成长的规律，探索教育规律，这本身就是为了“跟从儿童”，并且这本身就是“跟从儿童”。无论是自在地合目的、合规律地展开教育自身，还是自觉地按照儿童内在发展的规律而开展教育工作，教育的现实形态都必然体现为“跟从儿童”。

其实，西方现代教育学在中国的儒道释各家中均可找到可以相互对接的理论根基，例如：《中庸》开篇“天命之谓性，率性之谓道，修道之谓教”这三句话，就可视为现代教育学的内容提要，而这三句话的核心在于“率性”二字。率性，即遵循天性。尊/遵天命、寻/循天性，其实就是现代教育学的基本纲领。怎么把握人所承载的天命和天性，则依赖于儿童研究。有对儿童的发现，必然导致对现代教育的发现。

我个人多次讲，儿童研究至少是教育研究的一半。我的说法偏于保守。之所以保守，是因为我自己从事大量儿童研究，我担心别人说我出于私人利益而过分强调儿童研究的重要意义。（尽管我投入大量时间从事儿童研究，但儿童研究却是学术公器，是公共资源，是公共事业。）后来，我看到杭州师范大学张华教授断言“教育学即儿童学”①，我是完全赞同的。

从夸美纽斯的“师法自然”的教育学，到卢梭的自然教育论，再到裴斯泰洛齐的“教育心理学化”，再到杜威的学科知识的逻辑应当符合儿童心理的逻辑，等等，这类教育哲学和课程哲学的实质是“教育应当儿童化”“课程应当儿童化”。现代教育（学）所追求的，就是让儿童成为教育的“红太阳”。“儿童”这颗教育（学）的红太阳冉冉升起的过程，即是现代教育学持续推进的过程。

虽然教育学也要研究知识、道德、审美、技能等文化世界的东西，但是这些文化世界的东西一旦进入课程，就必须建立在儿童研究之上，必须转换为儿童身心世界的东西，才能保证教育的成功——既符合儿童的自然成长和内在发展、儿童的兴趣与需要，又能在教育过程中实现外部文化的生动地复活乃至提升。也就是说，全盘考虑之下，教育学是一刻也离不开儿童研究的，也就是说，“教育学即儿童学”的说法是正确的。

“教育学即儿童学”，体现着教育学与儿童学的辩证关系。

2022 年 10 月 9 日

---

① 张华．迈向“儿童学”［J］．教育发展研究，2016（22）：卷首语．

序　言

“人充满劳绩，但还
诗意地安居于大地之上。”①

人是能动的主体，生命的冲动促使其不断向外创造，并生产文化。但是，只有植根于大地之上的“诗意”文化才能为人类带来安居，也就是说，文化不能脱离本心、本性。

在创造中寻求安居是大地之子的夙命。非唯成人，亦有儿童。年龄与阶段并不能遏止与截断生命的完整性。生命的时间是无法刻度化的流动，每时每刻、无时无刻，人类都在向内寻求自我，同时向外创造文化。儿童是过去的胚胎、现在的儿童、未来的成人。然而，生命不是一段由过去、现在、未来等诸多线性阶段组成的路程。“不是先有了出生和死亡这两个端点以及两点之间的路程和延展意义上的途程才使達在的生命是时间性的”，而是“達在之生存本身是时间性的”②。生命是“達在的本己存在或者達在之達（Da）的自我伸展”③。儿童是发展中的未成熟个体。儿童将发展为成人，但是这并不意味着童年只是过渡性的时

---

① ［德］海德格尔．人，诗意地安居［M］．郜元宝，译．上海：上海远东出版社，2004：91.

②③　柯小刚．时间、存在与精神：在海德格尔与黑格尔之间敞开未来［M］．北京：商务印书馆，2019：288.

间阶段。童年是儿童生命本己存在的自我延展，儿童发展为成人则是一场“朝向”（Zuwendung）“将-来”（Zu-kunft）的生命敞开。①

儿童创造文化是延展本己存在、敞开自我生命的内在要求和必然结果。从“儿童的视角”（children's perspectives）出发，儿童以不同于成人的方式观看、体验和建构文化，并将成人文化进行再构，纳入自己的文化网络。“孩子有/一百种语言，/一百只手，/一百个想法，/一百种思考、游戏、说话的方式”②。儿童无时无刻不在创造文化。儿童栖居于宇宙之中，也同时创设着属于自己的宇宙。当他开始用“清澈的目光”，“凝望着这个宇宙”的时候，儿童每天都有新的发现。③ 甚至，出生不久的婴儿就凭借吮吸、触摸等身体动作探索外部世界，从而按照自身的认知方式和理解能力重新安排和规划原本无序的混沌。

然而，在现实生活中，儿童文化并没有得到成人的承认与支持，只是弱势的文化形态。在成人眼中，儿童不是具有文化的主体，只是“注入”成人文化的阶段性容器。儿童被视作成人文化的被动接受者。尤其在教育生活中，在许多教育的现实场景中，成人文化起主导作用，儿童文化只能“蜷缩”在教育的角落。儿童是课堂、教室和学校中的主要群体，却不能发挥主体作用。他们不仅不能参与学校的事务与决策，甚至在班级里也不能

---

① 柯小刚．时间、存在与精神：在海德格尔与黑格尔之间敞开未来［M］．北京：商务印书馆，2019：289.

② ［美］爱德华兹，甘第尼，福尔曼．儿童的一百种语言［M］．罗雅芬，连英式，金乃琪，译．南京：南京师范大学出版社，2006：题词.

③ ［日］河合隼雄．孩子的宇宙［M］．王俊，译．上海：东方出版中心，2014：前言1－2.

自由地生长。学校是成人文化的主场，而不是儿童文化能够自然生长的空间。只有在成人不在场或者远离成人控制的地方，我们才能看到一种作为“后台”存在的儿童文化。当教育以成人文化为目的时，非但不利于儿童文化的建设，反而有歪曲、毁坏儿童文化的风险。正如布约克沃尔德所说，充满缪斯天性的儿童文化和毫无缪斯情趣的学校文化之间存在强烈的文化冲突。具体地说，前者是整体生态，后者是分割教学；前者实行娱乐原则，后者主张实用原则；前者体现酒神精神，后者表现日神精神……①

儿童文化和成人文化是平等的，它们共同构成人类文化。儿童文化不是成人文化的附属，也不是成人文化的过渡。它同样参与构成完整而丰富的人类文化。儿童文化也是人类的原初文化，是天性最完全的表达形式。天性召唤儿童主动创造文化。天性也召唤儿童发展为成人，走向更加丰富的儿童文化。天性的召唤成为现实，还需要成人为儿童提供适宜的文化土壤。所以，让我们发现儿童文化吧！让我们共同安居于儿童文化吧！

① [挪威] 让-罗尔·布约克沃尔德. 本能的缪斯——激活潜在的艺术灵性 [M]. 王毅，等译. 上海：上海人民出版社，1997：121-123.

目　录

绪　论

一、儿童文化研究的两条路径：为儿童的文化与儿童的文化

不同研究的“儿童文化”具体内涵略有差异，大体上可以从两条研究路径加以分析，为儿童的文化（child culture）和儿童的文化（children's culture）。安娜·斯帕尔曼（Anna Sparrman）等学者认为，早在19世纪，概念化和领域化的儿童文化研究已经初具形态。① 此时的儿童文化研究实际关注的是“为儿童的文化”，包括儿童玩具、书籍等文化物品，以及儿童主题公园、儿童博物馆等文化场所。甚至，在很长一段时间内，儿童文化都被简略地等同于儿童文学。成人为儿童创造文化，目的之一是区隔儿童和成人，为儿童创造一个受保护、利于发展的理想化童年生活。直到20世纪80年代左右，童年社会学等童年研究领域的发展引发儿童文化研究的深刻变革，儿童的文化成为研究的另一条路径。儿童的文化突出文化的主体是儿童，而非成人。

---

① Sparrman A., Samuelsson T., Lindgren, A-L, Cardell, D. The ontological practices of child culture [J]. Childhood, 2016, 23 (2): 255-271.

国内有代表性的儿童文化专著包括刘晓东的《儿童文化与儿童教育》、边霞的《儿童艺术与教育》、钱雨的《儿童文化论》、郑素华的《儿童文化引论》等。在梳理这些著作时，也可以大致按照西方儿童文化的研究路径进行分析。比如，朱自强将"儿童文化"划分为"儿童自身拥有或创造的文化""成人社会为儿童创造的文化"以及"成人社会对儿童生命这种独特的精神文化形式进行诠释时所作的思想建构"。① 这种划分方式近似于詹金斯所说的"儿童生产的文化""为儿童生产的文化"和"关于儿童的文化"。

如果借用"儿童的文化"和"为儿童的文化"的分类框架进行分析，那么《儿童文化与儿童教育》《儿童艺术与教育》以及《儿童文化论》都可以划归为"儿童的文化"的研究，他们研究的是儿童作为主体创造的文化。这一层面的儿童文化研究还关涉了儿童文化的内涵与特质、生成机制，以及儿童文化与成人文化的关系、儿童文化与游戏的关系、儿童文化与教育等基本问题。而《儿童文化引论》强调的是事实层面的儿童文化，即一定社会文化背景中的儿童文化整体，既包括"儿童的文化"，也包含"为儿童的文化"。

儿童文化研究大体可以划分为"为儿童的文化"和"儿童的文化"两条路径，二者具有关联性，但是分别立足于不同的文化概念。前者使用的是结果性和物质性的客体文化，后者采用的是过程性和行动性的主体文化。"为儿童的文化"和"儿童的文化"两条研究路径以二分的方式组织儿童的世界，"为儿童的文

---

① 朱自强. 儿童文学的"思想革命" [M]. 青岛：青岛出版社，2017：270.

化”与结构相联系，而“儿童的文化”则与行动（agency）关联。①

（一）儿童文化研究领域的划分

1997年，在丹麦的埃斯比约举行了名为“童年和儿童的文化”（Childhood and children's culture）的会议。在将这一主题下的论文集结成册时，弗莱明·莫里特森（Flemming Mouritsen）和延斯·夸沃特普（Jens Qvortrup）说道：“儿童文化（child culture）领域包括这些研究：（1）为儿童的传统媒体（比如文学、戏剧、玩具）、现代媒体、文化历史、美学、幼儿教育②等；（2）儿童的游戏文化，一般来说包括儿童的符号学审美表达，儿童的社会和文化网络、儿童利用精神环境、物理环境和媒体的方式；（3）儿童、‘成人’文化和儿童文化之间的中介作用。”③他们认为，儿童文化研究植根于对儿童的能动性的认识。“对儿童生活的文化视角研究高度关注儿童自身对他们的文化的生产以及他们对或多或少有意为他们生产的文化的积极接受。”④

莫里特森也依据“文化”广义和狭义上的划分，对“儿童文化”进行了相应的分类。广义的文化是相对于自然的、独属于人的创造物。“文化是通过对天然材料、‘自然’基础的‘培育’

① Sparrman A., Samuelsson T., Lindgren, A－L, Cardell, D. The ontological practices of child culture [J]. Childhood, 2016, 23 (2): 255－271.

② 原文为reception，本文根据牛津词典的释义“the first year of infant school”，将其意译为“幼儿教育”。

③ Flemming Mouritsen, Jens Qvortrup. Childhood and Children's Culture [M]. Odense: University Press of Southern Denmark, 2002: 7.

④ Flemming Mouritsen, Jens Qvortrup. Childhood and Children's Culture [M]. Odense: University Press of Southern Denmark, 2002: 9.

而产生的人类活动、生产和表现形式、行为方式和社会制度。”①相应地，“儿童的生活（children's lives）本身，儿童和成人的生活，他们的活动和建立的联系，以及任何可以被认作、描述和理解为文化表达的东西都是广义文化概念层面上的儿童文化（child culture）。当我们在这个层面上谈论儿童文化研究时，我们是从独特的文化取向（culture-oriented）的视角进行的，而不是从社会学、生物学、医学、心理学或教育学视角进行的——这里提到的是迄今为止应用于儿童和儿童的生活的一些最突出的方法。”②狭义的文化是指一种艺术的表达方式，是一种表达自身的象征形式。③儿童的游戏文化（play culture）则是儿童文化的某一特定部分，即审美的、象征的表达形式。④

莫里特森继续将广义的儿童文化分为三种类型：成人为儿童生产的文化（the culture produced for children）、和儿童一起的文化（culture with children）以及儿童的文化（children's culture）。⑤第一，成人为儿童生产的文化包括儿童文学、戏剧、音乐等传统媒介文化，电影、电视、录像、电脑游戏等新媒介文化，以及面向儿童的玩具、广告、零食等文化现象。它可以进一步划分：为儿童生产的有质量的发展导向（the formatively oriented）的文化和市场导向（the market-oriented）的文化。第二，和儿童一起的文化是指成人一同参与的各种活动。⑥它可以分为成人特意为儿

① Flemming Mouritsen, Jens Qvortrup. Childhood and Children's Culture [M]. Odense: University Press of Southern Denmark, 2002: 14.

②③④ Flemming Mouritsen, Jens Qvortrup. Childhood and Children's Culture [M]. Odense: University Press of Southern Denmark, 2002: 15.

⑤⑥ Flemming Mouritsen, Jens Qvortrup. Childhood and Children's Culture [M]. Odense: University Press of Southern Denmark, 2002: 16.

童准备的、儿童可以去参加的专门的休闲活动以及儿童自己组织、和成人一起进行的非正式的项目。“它们是向儿童开放的有表现力的媒介，并为儿童建立的空间，使得儿童得以作为文化的行动者。这种视角是为了调节成人的文化和儿童的非正式文化之间的关系。”① 第三，儿童的文化是指儿童在自己的关系网络中生产的文化。莫里特森将之统称为游戏文化（play culture）。它包括许多表现形式，比如游戏、传说、歌曲、童谣、谜语等经典的儿童民俗（children's folklore）；也包括儿童日常生活中偶尔出现的韵律、小调、步伐、玩笑等；还包括儿童在游戏活动中，以传统媒介或新媒介为工具，进行自我表达和关系建构。②

同样，亨利·詹金斯（Henry Jenkins）认为“儿童文化”（Children's Culture）包括为儿童生产的文化，由儿童生产的文化以及关于儿童的文化（produced for, by, and about children）。③其中，关于儿童的文化是指“文化如何定义儿童”。④

（二）“为儿童的文化”研究

“为儿童的文化”的出现建立在儿童和成人的区分之上。阿利埃斯（Philippe Ariès）认为，自中世纪到17世纪左右，儿童被当作身材缩小的成人或不具有价值的存在。“一旦在体力上勉

① Flemming Mouritsen, Jens Qvortrup. Childhood and Children's Culture [M]. Odense: University Press of Southern Denmark, 2002: 16.

② Flemming Mouritsen, Jens Qvortrup. Childhood and Children's Culture [M]. Odense: University Press of Southern Denmark, 2002: 16-17.

③ 来源于 Henry Jenkins 的博客对“Children's Culture”的阐释。HenryJenkin. Children's culture [EB/OL]. http://web.mit.edu/~21fms/People/henry3/children.html.

④ Henry Jenkins. The Children's Culture Reader [M]. New York & London: New York University Press, 1988: 3.

强可以自立时，儿童就混入成年人的队伍，他们与成年人一样地工作，一样地生活。”① 儿童和成人在生活上的混同，也意味着儿童和成人所接受的社会文化没有区分。“儿童几乎一学会走路就被期望参与家庭经济。……儿童所处理的物品与成人所拥有的文化物品没有什么不同，儿童的生活本质上与成人没有什么不同。”② 直到 17 世纪，儿童逐渐有了自己年龄特有的服装、游戏、玩具、儿童读物、学校教育等。或者说，当儿童和成人生活逐渐被区分，成人为儿童生产的文化也随之出现。

19 世纪，“儿童是无辜的生物（innocent beings）”③ 成为社会的主流认识，童年生活围绕“保护儿童”的新框架进行建构。“封建世界观与我们这个世纪深切地关怀儿童的权利、休闲和快乐形成了鲜明的对比——态度上的转变最明显地表现在大量的玩具和特殊设计的物品充满了典型的儿童自己的房间。”④成人保护儿童的主张将儿童和成人进行区隔，成人社会的生活拒绝儿童直接进入成人世界。在某种程度上，学校机构就是成人精心设计的区隔空间，学校取代学徒制成为儿童接受教育、获得社会文化的场所。成人为儿童生产适宜儿童的文化，甚至精巧、细致地对应某一具体年龄阶段，是为了构建提供保护和支持的理想童年情境。此时，“为儿童的文化”与传统的社会化概念紧密联结。“由于心理结构必须通过童年这个狭窄的漏斗代代相传，一个社

① ［法］阿利埃斯. 儿童的世纪：旧制度下的儿童和家庭生活［M］. 沈坚，等译. 北京：北京大学出版社，2013：1.

②④ Henry Jenkins. The Children's Culture Reader［M］. New York & London：New York University Press，1998：97.

③ Henry Jenkins. The Children's Culture Reader［M］. New York & London：New York University Press，1998：98.

会的育儿实践不只是一系列文化特征清单中的一项。它们正是所有其他文化元素传播和发展的条件，并对历史上所有其他领域所能取得的成就施加了明确的限制。"① 童年是依赖于成人指导、传递文化的缺乏状态，因此成人需要为儿童准备适宜的文化。"为儿童的文化"是儿童"社会学习和社会化的宝库"，也是社会维护文化信仰、加强文化传播的中介。②

20世纪90年代以来，随着多学科童年研究的兴起，儿童从"受保护者"的形象转变为"能力者"角色。研究更加重视儿童在应对"为儿童的文化"时的主动能力。雪莉·斯坦伯格（Shirley R. Steinberg）创造"kinderculture"一词指称"儿童文化"，包括电影、书籍、电子游戏、电视节目等成人为儿童生产的文化。他说道，既不能从流行文化、学校和成人的角度将"儿童和年轻人幼稚化（infantilized）"，认为他们"'太'年轻、几乎不能做任何事情"，也不能从市场的角度将儿童定义为"经验老到的成人"，能够自如地应对为儿童生产的文化。③ 在儿童和儿童文化的问题上，斯坦伯格试图调和"结构—能动"的二元关系。一方面，社会建构童年。社会文化影响童年、塑造儿童的文化，他尤其强调信息技术、媒体、商业环境等对童年的影

---

① Henry Jenkins. The Children's Culture Reader [M]. New York & London: New York University Press, 1998: 95.

② Henry Jenkins. The Children's Culture Reader [M]. New York & London: New York University Press, 1998: 24.

③ Shirley R. Steinberg. Kinderculture: the Corporate Construction of Childhood [M]. Boulder: Westview Press, 2011: 1.

响。[①] 另一方面，儿童被认为是能动的。儿童不再被认为是依附成人的“顺民”，成人也不再具有控制儿童的天然特权。“我们聚焦于年龄和代际，认为儿童不同于成人，但是不次于成人。儿童不只是走向成年的存在；他们是因他们现在所是而具有内在价值的个体。”[②] 儿童不是等待成人为他们的生活做决定的被动存在，而是能够对自身生活做决定的重要参与者。[③] 从这一能动的视角出发，儿童以自己的方式建构社会文化。“通过主张儿童构建他们自己的生活，主张能动视角的学者认为孩子们有能力避免公司广告的操纵，并积极利用消费行为和消费产品。例如，能动视角的提倡者认为，儿童以创造性的方式挪用玩具和媒体产品，使它们的意义完全出乎生产者的意料。”[④]

近年来，儿童消费文化、儿童媒介文化等方面的研究更加着力消解结构和能动的二元对立，儿童不仅处于文化结构之中，又同时具有一定的应对文化的能动性。“儿童和成年人一样，既可以被利用，也可以同时拥有能动性。每当个人面对充满意识形态的、为霸权统治的产品时，他们就在处理这些竞争的动态关系。”[⑤]在突出儿童的能动性时，并不意味着儿童不再需要成人的保护了。儿童也可以像在教学环境中一样，与成人合作，共同创

① Shirley R. Steinberg. Kinderculture: the Corporate Construction of Childhood [M]. Boulder: Westview Press, 2011: 10.

② Shirley R. Steinberg. Kinderculture: the Corporate Construction of Childhood [M]. Boulder: Westview Press, 2011: 5.

③ Shirley R. Steinberg. Kinderculture: the Corporate Construction of Childhood [M]. Boulder: Westview Press, 2011: 7.

④⑤ Shirley R. Steinberg. Kinderculture: the Corporate Construction of Childhood [M]. Boulder: Westview Press, 2011: 11.

造一个认识和批判社会文化的最近发展区。儿童分析、批判社会文化的能力得到提高，能够避免儿童受到社会文化的伤害。儿童能够在社会文化中获得对剥削的敏感性，同时制定避免影响的策略。①

（三）“儿童的文化”研究

布朗·萨顿-史密斯（Brain Sutton-Smith）等人研究的儿童的民俗（children's folklore）则是“儿童的文化”研究的重要组成部分。在20世纪80年代左右，萨顿-史密斯联合芭芭拉·科瑞什布拉特（Barbara Kirshenblatt-Gimblett）和汤姆·伯恩斯（Tom Burns）在美国民俗学协会（AFS：American Folklore Society）之下创办了儿童民俗学分会（Children's Folklore Society），并创办了期刊《儿童民俗学评论》（*Children's Folklore Review*）。② 儿童民俗学兴起的背景是民俗学内部的转型——从研究古老的生活方式的文化遗留（包括代代口头相传的传统故事、舞蹈、谚语、谜语、物质文化和习俗等）转向研究这些文化在实际生活中的呈现，以及在特定文化背景下的功用和美学特征。③

---

① Shirley R. Steinberg. Kinderculture: the Corporate Construction of Childhood [M]. Boulder: Westview Press, 2011: 9, 11.

② Brain Sutton-Smith, Jay Mechling, Thomas W. Johnson, Felicia R. McMahon. Children's Folklore: A Source Book [M]. Logan: Utah State University Press, 1999: preface xi.

③ Brain Sutton-Smith, Jay Mechling, Thomas W. Johnson, Felicia R. McMahon. Children's Folklore: A Source Book [M]. Logan: Utah State University Press, 1999: 3.

儿童的民俗讲述的是儿童“自己群体的传统”（own group traditions）。[①] 他们认为，儿童之间可以构成儿童民间组织（children's folk group）。儿童民间组织建立在艾伦·邓蒂斯（Alan Dundes）所说的“民间组织”之上。在邓蒂斯看来，民间组织不再是一个与世隔绝的存在，而是至少由两个人组成的团体，所有的成员共享语言、信仰、娱乐等方面的传统，并在传统上建立认同感。只要每个成员之间能够面对面的互动，规模的大小不影响民间组织的形成。[②] 就儿童而言，玩伴、同胞、邻里之间以及街头组织、游戏群体、学校班集体内部等都能构成正式的或非正式的民间组织。在成人为儿童组建的活动中，儿童也能形成民间组织。但是，更为常见的是，儿童形成民间组织是为了反抗成人为他们组建的群体，并确认自己的群体文化。[③]在儿童民俗学家看来，儿童文化是一种亚文化，儿童“建立自己的文化”，并“将自己的文化与周围的传统成人文化拉开距离”。[④]

在“语言民族志”（ethnography of speaking）的影响下，儿童的民俗研究主要集中于言语游戏（speech play），包括童谣

---

① Brain Sutton-Smith, Jay Mechling, Thomas W. Johnson, Felicia R. McMahon. Children's Folklore: A Source Book [M]. Logan: Utah State University Press, 1999: 7.

②③ Brain Sutton-Smith, Jay Mechling, Thomas W. Johnson, Felicia R. McMahon. Children's Folklore: A Source Book [M]. Logan: Utah State University Press, 1999: 8.

④ Brain Sutton-Smith, Jay Mechling, Thomas W. Johnson, Felicia R. McMahon. Children's Folklore: A Source Book [M]. Logan: Utah State University Press, 1999: 144.

(rhymes)、歌曲、谜语、逗乐(teases)、儿童的故事和传说①、诗歌、歌曲等。儿童民俗学家们发现，儿童的言语游戏和儿童自身的同伴社会化压力有着紧密的联系，而和成人的社会化标准意图相违背。这方面奠基性的研究包括芭芭拉·科瑞什布拉特(Barbara Kirshenblatt-Gimblett)的《言语游戏》(*Speech Play*)、约翰·麦克道威尔(John McDowell)的《儿童的谜语》(*Children's Riddling*)。当然，儿童的民俗还关注儿童进入游戏的方式、儿童使用的游戏材料、儿童制定的不同的游戏规则以及儿童传统的游戏等。这方面的研究包括艾奥娜·欧佩(Iona Opie)和彼得·欧佩(Peter Opie)的《街头和运动场上的儿童游戏》(*Children's Games in Street and Playground*)，玛丽·克纳普(Mary Knapp)和赫尔伯特·克纳普(Herbert Knapp)的《一个土豆，两个土豆：美国儿童的教育秘密》(*One Potato, Two Potato: The Secret Education of American Children*)以及西蒙·布朗那(Simon J. Bronner)的《美国儿童的民俗》(*American Children's Folklore*)等。②

萨顿-史密斯认为，在描述儿童时，儿童民俗学采用了和儿童发展心理学不同的视角。在发展心理学中，儿童是研究中的被动的实验对象。儿童按照特定的发展步骤获得语言、道德、社会

① 它指的不是成人为儿童创作的儿童文学，而是儿童自己讲述(oral storytelling)并在儿童间传递的故事(child-transmitted stories)。详见：Brain Sutton-Smith, Jay Mechling, Thomas W. Johnson, Felicia R. McMahon. Children's Folklore: A Source Book [M]. Logan: Utah State University Press, 1999: 144.

② Brain Sutton-Smith, Jay Mechling, Thomas W. Johnson, Felicia R. McMahon. Children's Folklore: A Source Book [M]. Logan: Utah State University Press, 1999: 141-144.

性等方面的进步，一旦儿童错过了某个发展阶段，他或她就会不可避免地遇到发展危机。成人社会的儿童养育方式、性别角色等方面的文化决定了儿童的行为。并且，同伴群体的作用是让儿童社会化。① 萨顿-史密斯认为，在发展心理学建构的标准化的童年样态中，儿童真实的日常生活被忽视了。儿童发展心理学对儿童的叙述最终都被归结为理论和模型的常态或异态。甚至可以说，发展心理学家建构的人类知识只是对人们真实生命的控制。② 与发展心理学不同，儿童民俗学聚焦于儿童的真实生活，它记录下儿童日常生活中的兴趣和行为，尤其关注儿童建立的隐秘的传统。

萨顿-史密斯认为，儿童民俗学试图将酒神或非理性元素与阿波罗式传统的“标准”童年社会理论（the apollonian conventionalities of “normal” childhood socialization theory）结合起来。③ “儿童认为最令人愉悦的事情经常都是狂喜的或颠覆性的：它们不再是成人看来深刻的或感人的事情，而是他们自己的年轻

① Brain Sutton-Smith, Jay Mechling, Thomas W. Johnson, Felicia R. McMahon. Children's Folklore: A Source Book [M]. Logan: Utah State University Press, 1999: 4.

② Brain Sutton-Smith, Jay Mechling, Thomas W. Johnson, Felicia R. McMahon. Children's Folklore: A Source Book [M]. Logan: Utah State University Press, 1999: 4-5.

③ Brain Sutton-Smith, Jay Mechling, Thomas W. Johnson, Felicia R. McMahon. Children's Folklore: A Source Book [M]. Logan: Utah State University Press, 1999: 5.

行动的狂欢，或者是对儿童生活中的体制化和日常霸权的对立反应。”① 萨顿-史密斯认为，儿童的社会（children's societies）具有两面性：既有保守的、仪式化的、受常规制约的一面，也有充满幻想和笨拙的创新（silly innovation）的一面。② 在他们的群体里，儿童似乎被他们从属的社会本身的辩证性所支配。在他们模仿时，他们捕捉到它保守的组织和态度。但与此同时，他们故意讽刺他们所代表的东西。在儿童民俗学家看来，儿童具有适应新事物和处于社会边缘的特征，因而特别具有模仿和嘲弄，表演和戏仿的能力。③

（四）构建不断完善的儿童文化研究领域

综合中西方研究情况，儿童文化尚未得到足够的重视和充分的研究。一个专门化的儿童文化研究正朦胧形成，却还未形成系统的研究领域。儿童文化研究领域的完善需要各个学科的研究者将目光转向儿童，既研究不同历史时期、社会文化背景中儿童生产的独特文化，也研究成人分别在结构、行动、结构—行动框架下为儿童生产的文化。

与“为儿童的文化”研究相比，“儿童的文化”是更加基础性的研究领域。“儿童的文化”研究是第一位的，是需要首先得到充分开展的。“儿童的文化”规定着“为儿童的文化”的建设。“为儿童的文化”的生产受各种动机的主导。它可能受到经

---

① Brain Sutton-Smith, Jay Mechling, Thomas W. Johnson, Felicia R. McMahon. Children's Folklore: A Source Book [M]. Logan: Utah State University Press, 1999: 6.

②③ Brain Sutton-Smith, Jay Mechling, Thomas W. Johnson, Felicia R. McMahon. Children's Folklore: A Source Book [M]. Logan: Utah State University Press, 1999: 7.

济、市场、政治等方面因素的引导，也可能受到某种教育意图的支配。这些动机是必然存在的影响童年的结构因素。但是，在结构的限制之下，“为儿童的文化”也应当为“儿童对文化的积极参与和共享提供充足的平台”①。“为儿童的文化”必须充分遵从“儿童的文化”的规定性。如果“为儿童的文化”在权衡各种利弊之时，忽视了“儿童的文化”，那么必然会伤害儿童的童年，继而引发各种童年问题与危机。“为儿童的文化”只有符合“儿童的文化”，才能有益于儿童构建自身的文化，并最终实现一个更好的社会文化。

具体而言，相对完整的“儿童的文化”研究包括宏观、中观和微观三个层次。宏观层面的儿童文化研究是指从本体论的哲学角度阐明儿童文化的基本问题，包括什么是儿童文化、儿童是否具有文化等论题。国内儿童文化研究的独特贡献即在于此，将儿童文化问题还原为天性和文化的根本性问题。刘晓东提出，儿童文化是儿童天性的表现，“它是历史与现实、文化与自然的和谐统一”。② 边霞将天性视作儿童文化的内部逻辑和规则。③ 中观层面的儿童文化研究将儿童具有文化创造的能力作为基本前提，具体研究儿童在不同文化层面的文化产物，比如儿童的艺术、儿童的哲学、儿童的游戏等。微观层面的儿童文化研究则是指在具体的田野工作中研究儿童群体的文化，尤其指采用主位的研究方

---

① Flemming Mouritsen, Jens Qvortrup. Childhood and Children's Culture [M]. Odense: University Press of Southern Denmark, 2002: 12.

② 刘晓东. 儿童文化与儿童教育 [M]. 北京: 教育科学出版社, 2006: 34-35.

③ 边霞. 儿童艺术与教育 [M]. 南京: 江苏凤凰教育出版社, 2015: 20.

法，从儿童的内部视角解释儿童群体内部的文化现象。在进行儿童文化的田野研究时，研究者需要减弱儿童—成人之间的权威关系，儿童被认为是“田野工作者可接近的研究个体，就像是同学、朋友与成人一样”。[①] 微观层面的儿童文化研究基于人类学、社会学、民俗学和教育学等构成的多学科视角，研究儿童群体内部的同伴文化。“成人世界与儿童文化无法恰巧地采用二分法”[②]，同时儿童群体分享的文化又相对外在于成人世界[③]。因此，在游戏场所等成人介入程度最低的地方，儿童同伴文化能够发展得最为繁盛。“地下生活提供小孩表现出具创意和自主性个体的空间，方式之一是逃避大人制订的规范，把大人看不到的隐藏活动作为符号资源，有创意地进行意义的交换、协商和建构”。[④]

基于此，本书将进一步加强哲学层面的“儿童的文化”研究作为根本目的，希望相关领域的成人在为儿童生产文化时，能够首先认识到儿童的文化行动者角色，并顺应儿童自身创造的文化。比如，儿童教育不能单方面由成人文化主导。儿童教育不是让没有文化的儿童发展为有文化的成人的简单的线性过程，而是儿童文化、成人文化互动、对话的复杂过程，是一种文化和另一种文化的相遇。另外，本书聚焦于哲学层面的“儿童的文化”

① Robyn M. Holmes. 儿童的田野工作［M］. 张盈堃，译. 台北：心理出版社，2008：5.

② Robyn M. Holmes. 儿童的田野工作［M］. 张盈堃，译. 台北：心理出版社，2008：48.

③ Robyn M. Holmes. 儿童的田野工作［M］. 张盈堃，译. 台北：心理出版社，2008：45.

④ 梁琼惠. 幼稚园的生活：田野工作、大人和小孩［M］. 台北：五南图书出版社，2011：136.

研究也是为了在哲学的“儿童的文化”研究之下，将中观层面的“儿童文化”研究和微观的“儿童文化”研究共同纳入“儿童文化”研究的旗下，继而真正建立起相对完善的儿童文化研究领域。

二、核心概念界定：什么是儿童文化

（一）概念说明

本研究中定义的“儿童文化”是“儿童的文化”，而不是“为了儿童的文化”。儿童文化是儿童在社会文化的背景下，主动创造的文化。儿童创造文化的过程，就是儿童表达自身所有的天性的过程。这包括儿童及儿童群体创造的不同于成人的文化，也包括儿童对成人文化的阐释性再生产。

儿童文化是儿童主动创造与建构的文化，也是儿童内在天性的表达、外化或对象化。儿童以“劳作”或创造为“半径”，“规定和划定了‘人性’的圆周”，儿童文化就是展现劳作成果和显现人性的“圆的组成部分和各个扇面”。[①] 儿童在“劳作”过程中，展现了自身的天性。天性存在于儿童创造文化的劳作过程中。

儿童是作为文化生物的完整意义上的人，他既是文化的创造者，也是文化的创造物。一方面，儿童是文化的创造者。儿童的未成熟状态中，包含着积极主动的生长力量。它意味着儿童能够自由地进行创作。创造性是包括儿童在内的所有人都具有的重要

① ［德］卡西尔．人论［M］．甘阳，译．上海：上海译文出版社，2004：95－96.

特征，它是“植根于人本身存在的结构之中”的必然。[①] 儿童的创造性帮助儿童依靠自己的力量解决生存和生长的问题，并最终成就自己。具体地说，儿童进行创作的过程就是儿童生产和建设文化的过程。儿童创造文化的过程，就是能动地弥补自身未完成状态，建设自我、完善自我的过程。儿童在解决自身问题的过程中，自我完成。另一方面，儿童是文化的创造物。儿童生而处在一个社会文化环境中，必然也必须接受其影响。“我们全都是由我们在其中成长和存在的共同群体的传统塑造成的，我们是由自己的过去塑造成的。”[②] 儿童生活在由文化、经验交织而成的“符号宇宙”之中。“符号宇宙”或已有的社会文化是各个时代、民族的人类创造力集结起来的“客观形式”。它们是儿童观看的世界，也影响着儿童观看世界的角度和方式。但是，儿童并不是被动地接受社会文化，而是将其进行阐释和再构。儿童以自己的方式将社会文化转化为儿童文化的内容。儿童文化是儿童能动的创造活动。儿童自身的创造是儿童文化的决定性力量，而社会文化是儿童文化的制约因素。

总之，儿童文化是儿童主动创造的文化，儿童将社会文化按自己的方式进行再构，并将其纳入儿童文化。儿童文化是儿童的本质力量（天性）对象化的过程，也是儿童对自然以及包括成人在内的世界进行“儿童化”的过程。

（二）概念厘清

儿童文化观和儿童观是两个密切相关，但是存在差异的概

① ［德］兰德曼. 哲学人类学［M］. 阎佳，译. 贵阳：贵州人民出版社，1988：229.

② ［德］兰德曼. 哲学人类学［M］. 阎佳，译. 贵阳：贵州人民出版社，1988：237.

念。儿童文化是儿童生命的绽出，因而在成人认识儿童的过程中，也必然包含着自觉与不自觉的儿童文化的认识。一方面，从不自觉的儿童文化认识来看，当卢梭强调童年在人生中独有的位置，并说“应当把成人看作成人，把孩子看作孩子”① 时，卢梭就已经“认识到了儿童的生活与成人生活的根本差异”，也就是“将儿童文化与成人文化进行了区分”②。这种隐含的儿童文化认识不仅基于儿童和成人差异的认识上，而且建立在能动的儿童观之上。“儿童文化”概念的提出意味着儿童不是不成熟的、缺乏的，不是文化的被动接受者。“儿童文化”的意思是，儿童是积极的、能动的文化主体，能够创造文化。另一方面，随着西方童年研究新范式的兴起，能动的儿童观成了成人认识儿童的崭新立场。尤其是部分儿童人类学家和新童年社会学家开始将目光转向作为特殊研究领域的儿童文化，研究儿童对文化的主动建构和生产。自觉的儿童文化认识也随之兴起。

自觉或不自觉的儿童文化认识都建立在“儿童是有能力的文化主体”的儿童观之上。消极的儿童观不可能导向儿童文化认识。在“童年消逝论”中，以波兹曼为代表的学者认为，传统纸媒在儿童和成人之间划分了天然的界限，是否识字成了获取文化信息的关键。而以电视为代表的电子媒介通过图片传递文化信息，童年和成年的区隔被瓦解了。如果暂且搁置电子媒介对儿童带来的负面影响以及成人保护儿童的责任等复杂问题，我们可以

① ［法］卢梭．爱弥儿·论教育（上卷）［M］．李平沤，译．北京：商务印书馆，1978：82.

② 刘晓东．儿童文化与儿童教育［M］．北京：教育科学出版社，2006：35.

看到，“童年消逝论”背后的深层机理仍是假定儿童是没有文化的个体。在这种儿童观之下，儿童积极应对文化、创造性生产文化的能力被小觑了。只有聚焦于儿童主体自身的能动性（包括对儿童的内在本性的认识），才能从文化的角度阐释儿童构建的意义。

不自觉的儿童文化认识潜藏在漫长的儿童观历史中，它需要进一步整合进入自觉的儿童文化认识。也就是说，在进行儿童文化研究时，所有关于儿童的论著，尤其是儿童教育著作和儿童文化作品及著述，只要有儿童能动性的认识，都能向前行进一步，成为关于“儿童的文化”的真知灼见。因而，儿童文化研究是织就在儿童研究这块布匹上的经纬线，可以从整个儿童研究中汲取养分。

三、本书结构说明

本书从追溯文化研究中的儿童文化观开始，分析成人对儿童文化认识的转变过程。在此基础上，进一步提出确立儿童文化的本体论地位的研究任务。本书以西方思想中理性主义思想的批判的演变过程为线索，以反启蒙思想家和浪漫派哲人的思想为核心，梳理和论述儿童和成人都是文化的创造者、文化是内在天性的外化以及儿童是天性的显现者等。并且，相应地补充了中国思想中的相关论述，以形成中西思想互相对话的更为完善的理论认识。其目的是为了探讨儿童文化在教育中的应有位置，从而更好地观照现实。全书的整体架构和内容正是在此基础上形成的产物。

本书分为四个部分，第一部分以西方童年研究为线索，追溯人类学、社会学和考古学中儿童文化的认识情况，剖析儿童文化在文化研究中的边缘化状况及其原因和转变；第二部分重点讨论文化中心主义发展的巅峰时期——启蒙时期兴起的批判，在维柯、卢梭、哈曼、赫尔德等反启蒙思想家的努力下，文化从以理性为中心的少数人的所有物转变为了内在天性的表达。文化成为人人普遍具有的创造物，文化的相对价值得到了肯定。中国哲学思想中的文化和本心的关系是对这一思想的呼应和对话；第三部分在第二部分的基础上，进一步回顾了西方思想中的反理性主义线索中的儿童认识及其人性假设，并重点分析了反启蒙思想家的儿童认识，以及施莱格尔兄弟、诺瓦利斯、荷尔德林为代表的浪漫派哲人的儿童观，最后补充了海德格尔将儿童等同于存在的哲学认识。同样在中国哲学中，许多儒学思想家认为儿童是天命下贯于性命的代表。儿童是天性的显现者，天性的胚芽也必然向外表达为文化；第四部分立足于儿童教育学，提出儿童教育以儿童文化为本位的倡议。儿童不是被动接受文化的白板，而是主动建构文化的创造者，因而儿童教育应当转向儿童文化。转向儿童文化，并不是停留在儿童期，而是向着文化的生长进发。儿童文化不是静止的固态，而是不断生长的流变，向着更丰富的儿童文化生长。最后提出教育是儿童文化生长的乐园的构想。教育是让儿童和成人都充分参与、共同生活的地方。成人需要顺应儿童文化创造的方式，才能真正参与教育生活。同样，儿童参与教育生活的能力和权力也需要得到成人的承认和保障。

第一章　儿童文化的发现

无论历史的车轮驶向何方，亦不管时空的位置定格在何处，只要有儿童，就有儿童创造的文化。儿童文化是儿童生命力量的绽出。儿童是不断发展的个体，这并不使其逊色于其他生命。成人的漠视也不能抹杀儿童文化的存在。但是，无可否认的是，儿童生活的社会文化环境主要是凭借成人力量构建的，儿童的发展也依赖成人的照顾和支持。如果成人没有认识到儿童自身的文化，没有意识到儿童文化之于人类文化的意义，那么成人就无法为儿童提供适合其文化生长的环境，甚至可能阻碍儿童文化的创造和生长。

成人对儿童文化的认识建立在“儿童的发现”的前提之上。18 世纪，卢梭在《爱弥儿》中指出童年期是自然秩序的安排，“大自然希望儿童在成人以前就要像儿童的样子。”① 卢梭主张童年期具有独特的人生价值，并且唤起了成人对儿童及其成长过程的关注。直到 20 世纪，卢梭开启的“儿童发现”仍然指导着儿童研究和养育实践。“20 世纪的思想遗产是郑重承认了儿童不是

---

① ［法］卢梭. 爱弥儿·论教育（上卷）［M］. 李平沤，译. 北京：商务印书馆，1978：101.

消极特性的集合体，或是等待长大的不完整的人，他们就是他们自己。”① “儿童的发现” 是儿童文化被发现的基础。

然而，“儿童的发现” 并没有直接带来成人对儿童文化的认识。20 世纪 80 年代以来，西方社会科学领域多个学科将研究的目光转向儿童，引发童年研究的浪潮。儿童文化的发现伴随着这一过程。研究者发现儿童文化的儿童观基础是 “儿童是行动者”。比如，当新童年社会学家关注儿童在社会行动中的能动性时，将具体研究 “童年的生活世界，儿童的日常生活经验，他们的经历和认识，他们相互之间的互动以及与各种成人的互动，他们的行动策略和技巧”②，也就自然直接关注到儿童在与其他儿童、成人互动时创造的文化。

第一节　早期文化研究传统与缺席的儿童

人类学和社会学是文化研究的经典学科。文化是人类学和社会学学科成立和发展过程中的核心问题。19 世纪中后期，生物进化理论深刻地影响着社会文化研究领域，并且文化进化思想影响着早期人类学和社会学学科的成立。社会文化进化思想首先由社会学创始人赫伯特·斯宾塞（Herbert Spencer，1820—1903）提出，他认为社会生活形式的演变具有组织化进步的特点。斯宾塞虽然不是一个典型意义上的人类学家，但人类学史上的第一个

① ［英］艾莉森·詹姆斯，克里斯·简克斯，艾伦·普劳特．童年论［M］．何芳，译．上海：上海社会科学院出版社，2014：12.

② ［英］艾莉森·詹姆斯，克里斯·简克斯，艾伦·普劳特．童年论［M］．何芳，译．上海：上海社会科学院出版社，2014：125.

流派古典进化论承继并改构了他的社会文化进化思想。① 随着学科的不断发展，人类学的田野工作不再局限于非工业社会，并且也开始致力于解决都市生活中的实际问题。而社会学研究也开始借鉴许多人类学的概念和方法，并将文化视作社会的基本要素之一。人类学与社会学的研究内容越来越呈现出交叉和趋同的趋势，实质上二者共同关注的就是文化现象。“社会学讨论人类社会的根本原则，而人类的社会现象究其实质就是‘超有机现象’（super-organic phenomena），也就是文化现象（cultural phenomena）。而人类学特别是文化人类学所研究的也就是文化现象，因此，就二者所涉及的研究内容来看基本上是相同的。”②

另外，考古学也是文化研究的重要学科。如果说人类学和社会学是从“现在”的时间视角研究人类文化，考古学则是研究“过去”的文化现象。“文化作为考古学研究的核心概念在学科发展的过程中经历了深刻的变化，不同考古学派立足于不同的文化观上。”③ 文化历史考古学试图“运用区系类型重建文化历史的时空框架，追溯文化传播，以及解释民族与文明的渊源”。④ 过程考古学和生态考古学则将文化看作人类适应文化世界的手段，试图运用科学的考古材料分析人类文化行为的变迁。总之，尽管考古学研究的范式各有差异，文化是贯穿其中的核心问题之一。

---

① 朱炳祥. 社会人类学 [M]. 武汉：武汉大学出版社，2004：12.

② 马广海. 文化人类学 [M]. 济南：山东大学出版社，2003：18.

③ 陈胜前. 考古学的文化观 [J]. 考古，2009 (10)：59 - 67+97.

④ 陈胜前. 当代西方考古学研究范式述评 [J]. 考古，2011 (10)：85 - 93.

成人如何看待儿童文化？儿童文化认识史的追溯必须首先回到人类学、社会学和考古学等文化研究的经典学科，走进文化研究学科内部并呈现其中的儿童形象。

一、儿童是原始人

人类学是最早开始对“文化”进行定义与研究的学科。从词源学来看，人类学“Anthropology”由希腊文“anthropos”和“logos”共同构成，意指“关于人的理论”。“据英国人类学史专家艾尔弗雷德·哈登的考证，人类学一词最早是1501年出现的，指人的体质方面的研究”。① 人类学学科的诞生则以古典进化论的出现为标志。

古典进化论或文化进化论是人类学的第一个理论流派。1859年，达尔文在《物种起源》中提出生物进化理论，进化论成为影响整个人类文明发展的时代精神。进化论起源于生物学领域，并辐射当时的社会、文化研究。社会学家赫伯特·斯宾塞不仅使“进化”广泛普及，而且提出了社会进化思想。他认为，复杂的社会组织是由不太复杂的社会形式逐步发展而来，它将几个简单的社会或有机体整合为确定、连贯的有机整体。② 在斯宾塞社会文化进化思想的滋养下，古典进化论逐渐形成，“虽然文化与社会进化论并不是生物进化论的简单移植，但二者之间相互激荡、相互影响的事实是存在的”。③ 具体而言，文化进化论继承了斯宾塞的论述——社会生活形式从简单向复杂发展，并将其改构为

---

① 朱炳祥. 社会人类学［M］. 武汉：武汉大学出版社，2004：1.

② 朱炳祥. 社会人类学［M］. 武汉：武汉大学出版社，2004：12.

③ 朱炳祥. 社会人类学［M］. 武汉：武汉大学出版社，2004：11.

人类文化是从低级到高级发展的思想。

文化进化论的目标是研究社会与文化的进化，并从人类文化发展趋同性与一致性的角度，构建人类文化的发展史。“它们是资本主义繁荣昌盛时期的乐观主义的表现，表现出强烈的欧洲文化中心主义的价值观念”。[①] 文化进化论学者将现存的原始社会视为人类文化发展的初级阶段，而将欧洲文明视作文化发展的顶峰或成熟阶段。正如代表人物爱德华·泰勒（Edward Burnett Tylor，1832—1917）所说，“虽然有个别的退化的事实，而文化从蒙昧向文明的运动则是文化从原始到现代的基本倾向”[②]。英国的约翰·卢伯克爵士（John Lubbock，1843—1913）、美国的摩根（Lewis H. Morgan，1818—1881）和德国的西奥多·韦茨（Theodor Waitz，1813—1886）、阿道夫·巴斯蒂安（Adolf Bastian，1826—1905）等也是文化进化论的主要研究者。

当文化进化论学者研究原始文化时，他们认为原始文明是野蛮的、蒙昧的，因而不易于理解。于是，他们经常将儿童作为某些原始部落成人的参照对象，以便于更好地解释原始文化，说明其“低级”的发展特性。比如泰勒、卢伯克等都将儿童等同于“原始人”、“野蛮人”。泰勒认为，人类部落历史的早期阶段如同儿童时期。[③] 部落成员类似于儿童，缺乏“作为社会成员的人

---

① 朱炳祥．社会人类学［M］．武汉：武汉大学出版社，2004：11．

② ［英］爱德华·泰勒．原始文化［M］．连树声，译．上海：上海文艺出版社，1992：20－21．

③ ［英］爱德华·泰勒．原始文化［M］．连树声，译．上海：上海文艺出版社，1992：78．

所掌握和接受的任何其他的才能和习惯的复合体”。① 儿童和成人都不被视作正式的社会成员。儿童被称作“未来的人的父亲”②，却不是“现在的人”，只是代表着不完善的初始阶段。

卢伯克和韦克进一步延续了泰勒的“蒙昧人是全人类的童年时代的代表”③的思想。卢伯克认为：“野蛮人和儿童在思想、语言、习惯和人格上很相似”。④ 韦克则将人类进化的阶段与儿童发展阶段直接联系起来。“这已经成了一种普遍的认识，人类作为一个整体也许可以比作个体人。像他一样，有婴儿期、童年期、青年期和成年期。在世界的早期阶段，人类处于其婴儿期，从这个阶段开始逐步发展，直到现在，至少在欧洲血统的民族中，可以说已经达到了充满活力的成年期。”⑤ 在《道德的进化》（The Evolution of Morality: Being a History of the Development of Moral Culture）一书中，韦克将道德分为五个阶段，自私、任性、情感、经验、理智。他将这些阶段一一与儿童发展相对应，并与不同的人类群体对应。比如，韦克认为婴儿和澳大利亚土著都处于道德发展的第一阶段，“‘完全没有道德规则，在情感的满足中寻求餍足的性情’”。⑥年长儿童及北美人处于第二阶段；青春

---

① ［英］爱德华·泰勒. 原始文化［M］. 连树声，译. 上海：上海文艺出版社，1992：1.

②③ ［英］爱德华·泰勒. 原始文化［M］. 连树声，译. 上海：上海文艺出版社，1992：285.

④ Heather Montgomery. An Introduction to Childhood: Anthropological Perspectives on Children's Lives［M］. Chichester: John Wiley & Sons, 2009: 18.

⑤⑥ Heather Montgomery. An Introduction to Childhood: Anthropological Perspectives on Children's Lives［M］. Chichester: John Wiley & Sons, 2009: 19.

期儿童及黑人处于第三阶段；大龄青年及中国人、印度人处于第四阶段；成年男子及北欧人、美国人处于第五阶段。

文化进化论学者在研究中偶尔提及儿童，不是为了研究儿童本身，而是为了以儿童不成熟的发展状态说明土著人的愚昧与未开化。正如海瑟·蒙特高梅利（Heather Montgomery）所说，“在田野工作之前，儿童是唯一可观察到的‘他者’，是国内的野蛮人。儿童本身可以被研究和观察，他们的发展可以被追踪和记录。儿童使得人类学家能够将陌生的事物熟悉化，并且能够理解野蛮人”①。

二、儿童是发展中的成人

20世纪20、30年代到60年代，文化与人格学派活跃在文化人类学的舞台上。早期文化与人格学派由弗朗兹·博厄斯（Franz Boas，1858—1942）培养的第一代美国人类学家组成，包括爱德华·萨丕尔（Edward Sapir，1884—1939）、玛格丽特·米德（Margaret Mead，1901—1978）等代表人物。

一方面，文化与人格学派进一步吸收、发展博厄斯提出的文化相对主义，认为文化是复数形式的。② 各民族文化的不同并不造成价值的差异，它们是平等的，具有各自的价值。不能以某一种文化为中心衡量其他民族的文化，而应当根据当地的特殊情形来进行理解和评价。不同的地理环境、社会背景和历史传统会孕

① Heather Montgomery. An Introduction to Childhood：Anthropological Perspectives on Children's Lives ［M］. Chichester：John Wiley & Sons，2009：20－21.

② ［日］绫部恒雄. 文化人类学的十五种理论［M］. 周星，等译. 贵阳：贵州人民出版社，1988：76.

育不同的文化，这些文化形态在自身的土壤上是需要且适宜的。① 人类学研究应当采取被研究者的视角，站到他所研究的民族的立场上。

甚至，少数研究者将文化相对主义从民族层面推进到个体层面，认为个体能够生成独特的文化意义。在萨丕尔看来，文化不可能是“真正的客观实体”②，也不是一个既定的封闭系统。“通常人们所说的文化不过是一些观念和行为模式的抽象结构，它对于一个群体中的不同个体来讲，永远都有着不同的意义。”③个体会给文化打上自己的烙印。

另一方面，文化与人格学派关注儿童发展问题。他们认为，儿童的发展具有可塑性，能够随着文化环境的不同而发生适应性的改变。在不同的文化环境中，儿童会表现不同的发展情形，甚至展现差异性的发展特点。博厄斯曾经工作于医学病理学家、体质人类学家鲁道夫·韦尔乔（Rudolf Virchow，1821—1902）的实验室，并受到韦尔乔的可塑性理念影响。韦尔乔认为，可塑性是人体从细胞到器官的每一个层面都需要符合的基本生物原则。④ 环境影响生理的发展，换言之，生理的发展是对环境的适应性反应。博厄斯进一步将生理对环境的适应性扩展到心理层面。“博厄斯形成了一种发展视角，他认为不仅人类（生理的）成长受到环境因素的影响，而且，考虑到人类神经系统的逐

① 朱炳祥. 社会人类学［M］. 武汉：武汉大学出版社，2004：28-29.

②③ ［美］爱德华·萨丕尔. 萨丕尔论语言、文化与人格［M］. 高一虹，等译. 北京：商务印书馆，2011：379.

④ Robert A LeVine. Ethnographic Studies of Childhood：A Historical Overview［J］. American Anthropologist. 2007，109（2）：247-260.

渐成熟，儿童的‘精神构成’也必然受到‘社会和地理环境’的影响。”① 儿童的心理发展受环境的影响，具有一定的心理适应性。

文化与人格学派是“人类学与心理学交汇的一个研究领域”②，他们否定当时的心理学只关注人类生物学意义上的发展和成熟，并将心理学的“发展”问题整合进民族志研究。早期文化与人格学派批评心理学得出的普遍结论忽视了不同文化脉络下心理发展的差异，主要关注不同社会文化环境中儿童的心理发展。到四五十年代，文化与人格学派深受新弗洛伊德学派的影响。基于儿童期是成年期人格形成的关键因素，儿童期成为研究的焦点。研究者关注不同文化脉络中儿童的养育方式，具体包括哺乳、断奶、排泄等。“这种泛文化的资料，使我们明白世界各地儿童养育方法的差异，以及这些不同的养育方式如何使儿童成为不同类型的成年人。”③

总体而言，文化与人格学派的文化观变革并没有带来儿童认识的变化。尽管文化与人格学派以文化相对主义为指导思想，提出文化研究要立足于当地人视角。丰富的民族志研究以鲜活的记录改变了当时生物决定论对心理学研究和成果的主导，却仍未能逃脱心理学构建的“发展的、不足的”缺乏童年论。归根结底，文化与人格学派研究的是儿童发展的问题，并且，研究受成人中

① Robert A LeVine. Ethnographic Studies of Childhood: A Historical Overview [J]. American Anthropologist. 2007, 109 (2): 247-260.

② ［美］维特·巴诺. 心理人类学［M］. 许木柱，瞿海源，译. 台北：黎明文化事业公司，1987：3.

③ ［美］维特·巴诺. 心理人类学［M］. 许木柱，瞿海源，译. 台北：黎明文化事业公司，1987：4.

心视角的束缚。它过于关注文化对儿童的影响，而弱化了儿童对文化的主动作用。

三、儿童是非正式社会成员

在20世纪80年代以前，社会学家关涉到童年的研究大多是从社会化研究衍生而来，社会学家实质上忽视了儿童。“甚至是儿童在功能主义社会化范式中的核心作用也来源于一个不同的科学目标——研究社会系统。”① 即使在社会化理论中，儿童也并不是研究的中心与主题。社会学家们思考的是如何使儿童发展成为一个适应社会的正式成员。儿童仍然被置于线性发展观之下，儿童被认为没有发展完全，没有能力参与所谓由成人主导和掌控的社会。儿童正在发展中，他们“‘被看作有着慢慢接近人类的可能性’”②，而非有能力和权力的完成个体和具有资格的、能够胜任的社会成员。儿童也不被认为能够参与社会生活，他们只是存在于家庭、学校等社会机构中接受成人训导的对象。

艾莉森·詹姆斯（Allison James）等人将早期社会学的社会化研究分为强硬的社会化方式和温和的社会化方式。③ 强硬的社会化方式指的是儿童将社会规则内化，儿童个体的个性成为社会本身的目标和方法的延伸。强硬方式的代表人物是功能主义社会

① Asher Ben-Arieh, Ferran Casas, Ivar Frønes, Jill E. Korbin. Handbook of Child Well-Being: Theories, Methods and Policies in Global Perspective [M]. Dordrecht: Springer Science +Bussiness Media, 2014: 766.

② ［英］艾莉森·詹姆斯，克里斯·简克斯，艾伦·普劳特. 童年论［M］. 何芳，译. 上海：上海社会科学院出版社，2014：20.

③ ［英］艾莉森·詹姆斯，克里斯·简克斯，艾伦·普劳特. 童年论［M］. 何芳，译. 上海：上海社会科学院出版社，2014：21.

学家，包括埃米尔·涂尔干（Émile Durkheim，1858—1917）、塔尔科特·帕森斯（Talcott Parsons，1902—1979）等。功能主义社会学家认为，社会是一个需要协调各部分的生物有机体，社会的稳定和运行是至关重要的。涂尔干将孔德的实证主义哲学用于社会学研究，他将社会作为关注的中心，主要关注“原始社会发展阶段、原始宗教、婚姻和家庭发展史、原始思维以及社会形态等方面”①，对儿童研究本身不感兴趣。直至20世纪40、50年代，功能主义才在帕森斯及其弟子罗伯特·金·默顿（Robert King Merton，1910—2003）的努力下，发展成一个兼具全面性和系统性的理论，建立了结构功能学派。功能主义视角的社会学理论普遍认为，社会是由各个部分系统地结合在一起的有机整体。并且，社会的稳定完全或部分依赖于社会成员共享的价值观。这种理论架构研究的是宏观的社会结构，社会中的个体并不重要。个体只是受结构强制力量作用的分子。功能主义视角的社会学理论没有给个体留下在结构中行动的空间，毋宁说儿童了。当“社会系统的解释是建构在典型的、理性的‘成人’成员之上”时，个体被结构限制的情况在儿童身上进一步加剧了。②

而温和的社会化方式指的是个体试图成为群体成员而进行的交往或谈判协商的过程。③ 主要以20世纪30、40年代乔治·米德（G. Mead，1863—1931）和芝加哥学派提出的符号互动论为

---

① 庄锡昌，孙志民. 文化人类学的理论构架［M］. 杭州：浙江人民出版社，1988：202.

② Chris Jenks. Childhood［M］. London & New York：Routledge，2005：33.

③ ［英］艾莉森·詹姆斯，克里斯·简克斯，艾伦·普劳特. 童年论［M］. 何芳，译. 上海：上海社会科学院出版社，2014：21.

代表。米德认为，社会交往是以象征符号为中介进行的交互作用以及达成的理解。“他发现人类在日常生活中，不断地学习由社会建构并由大家共享的象征意义，同时，人类还与他们自己交流这些意义。按照米德的观点，人类互动是基于有意义的符号之上的一种行动过程”。① 互动论为结构中的个体开放了更多的能动性。互动论在承认客观世界的现实性的基础上，关注作为主体的个人对客观世界的主观解释。他关注的是社会中的个体行动，而不是宏大的社会结构。个体具有了更大的能动性，“互动论者强调，人们总是处在创造、改变它们的生活世界的过程之中”。②

在米德的社会化理论中，“儿童”具有一定的主动性。在建立“客我”的过程中，儿童主动参与模仿、嬉戏和游戏的过程。儿童和自我、外在环境持续地互动，并积极地收集、解释互动过程中的信息。“在米德对社会化过程的解释中，儿童扮演了一个关键的角色：虽然他们不是成年人那样的社会行动者，但从过程的意义上讲，他们确实是行动者，在他们走向社会生活的学习过程中掌控着群体的社会习得。”③ 儿童需要将自己想象为重要他人、一般他人，实践并理解社会普遍期待的行为和态度。在米德的理论中，儿童是与他人以及他人传递的象征符号互动的主体。然而，米德论及“儿童”，并不是出于对儿童自身的兴趣。正如

① ［美］戴维·波普诺．社会学［M］．李强，等译．北京：中国人民大学出版社，2007：131.

② ［美］戴维·波普诺．社会学［M］．李强，等译．北京：中国人民大学出版社，2007：23.

③ Asher Ben-Arieh, Ferran Casas, Ivar Frønes, Jill E. Korbin. Handbook of Child Well-Being: Theories, Methods and Policies in Global Perspective［M］. Dordrecht: Springer Science +Bussiness Media, 2014: 770.

詹姆斯所说，米德的社会化理论仍然是一个成人社会化的视角，并以成人的交际能力为开端。“在这一水平上，它和帕森斯及结构社会学所信奉的社会化理论有很多相似之处。”①

20 世纪 70、80 年代的社会学理论与童年社会学几乎是社会学内部同一时间内进行的理论探索，它们受到同样的社会背景、思想趋势等的影响，理论的共享、范式的共振是必然的。前者主要包括建构主义范式、宏大理论的回归等，这些理论都直接影响着童年社会学，甚至是童年社会学的“理论根基”。建构主义关注的不是客观存在的现实，而是分析现实被行动者加以主观的解释和建构的过程。他们认为，“社会秩序建立在信息的交换上，而不是建立在物品的生产和交换上。现实被认为是一个由符号和表象组成的世界。社会科学的任务是解构这些表象，分析它们是如何产生的，它们是如何创造和生产现实的。”② 尽管，当代社会学理论赋予了个体更多超越结构限制的能动空间，他们的社会化理论中的“儿童”也具有一定的能动性，但是儿童仍然只是内化成人世界的不成熟、待发展的个体。儿童不被认为是社会的一员。

正如卢尔德·盖坦（Lourdes Gaitán）所说，传统的社会学兴趣并不在儿童身上，而是关注儿童接受社会价值和规范的社会化过程。“儿童的生活并没有被看作是正式的研究对象，而是服

① ［英］艾莉森·詹姆斯，克里斯·简克斯，艾伦·普劳特．童年论［M］．何芳，译．上海：上海社会科学院出版社，2014：22.

② Asher Ben-Arieh，Ferran Casas，Ivar Frønes，Jill E. Korbin. Handbook of Child Well-Being：Theories，Methods and Policies in Global Perspective［M］. Dordrecht：Springer Science +Bussiness Media，2014：773.

务于工具目的：维持社会系统的秩序和社会机构的运作。”① 儿童是不成熟的成人，更不是真正的社会行动者。童年也只是儿童在家庭和学校等社会机构接受社会化，为进入社会生活做准备的阶段。他们认为，社会化的过程是有能力的成人将文化信息传递给被动消极的儿童的单向过程。

儿童自身的能力、童年当下的意义并没有得到应有的肯定。儿童存在于社会化理论中，却不是社会学研究的中心。“所有的社会学理论，尽管形式各异，无论是在家庭、同伴群体或者是学校这样的机构背景中，都将童年经历与社会化理论相联系。这三个部分被视为儿童最系统地接受一致的教导过程的重要地点。在这些社会系统中，儿童是一种正式的约束、控制、灌输和模式策略的从属，这些社会系统将把他或她的地位转化为有形的和可理解的成年人的有能力的存在形式。”②

四、儿童是不受重视的破坏者

在传统的考古学研究中，儿童很少被注意到。或者，只有当考古证据与儿童有直接联系时，考古学家才会“勉强”提及儿童。儿童一般在传统研究中“扮演”着两类角色。其一，儿童是解释特定考古记录的工具。在早期考古研究中，儿童被当作微型容器、玩具、小雕像等小物件的主人。在这种情况下，考古学

① Asher Ben-Arieh, Ferran Casas, Ivar Frønes, Jill E. Korbin. Handbook of Child Well-Being: Theories, Methods and Policies in Global Perspective [M]. Dordrecht: Springer Science + Bussiness Media, 2014: 761.

② Chris Jenks. Childhood [M]. London and New York: Routledge, 2005: 33.

家并不是为了还原过去儿童的真实生活的细节，也不是为了展现过去儿童的社会角色和地位，而只是借“儿童”解释考古遗址中不能说明的文物类别。[①] 这些研究往往只停留在对文物的说明上，儿童不是研究的目的，只是用以说明某些特定考古类别的标签。其二，儿童被视作物质文化的破坏者。“当儿童被观察到以不同于成人的方式使用物质材料时，儿童的行为被描述为随机的和不服从的。”[②] 儿童以独特的方式使用物品时，却被认为损坏了成人生产的物质文化。

传统的考古学家在为物质遗迹发声时，将儿童驱逐到边缘地带。这是因为考古学家认为儿童没有能力参与物质文化的生产，儿童使用物质的痕迹也不值得研究。他们认为考古发现的物质材料是由成人生产与创造的，儿童不仅不参与物质文化的生产，还有可能延误成人的生产。“儿童几乎没有为群体生产作出贡献，成人本可完成其他任务的资源却被用来为儿童提供养育”。[③] 另一方面，有些考古学家认为儿童对物质材料的使用不值得研究。一般情况下，儿童对物质材料的使用仅被当作是对成人的模仿。而当儿童以特有的方式作用于物质材料时，儿童的行为被认为是非典型的、非传统的。

传统的考古学忽视了儿童在过去社会中发挥的作用。正如格雷特·利勒哈梅尔（Grete Lillehammer）所说，“考古学在取得主

① Jane Eva Baxter. The Archaeology of Childhood：children，gender，and material culture ［M］. Walnut Creek：Altamira Press，2005：8.

② Jane Eva Baxter. Children in Action：Perspectives on the Archaeology of Childhood ［M］. Berkley：University of California Press，2006：78.

③ Jane Eva Baxter. The Archaeology of Childhood：children，gender，and material culture ［M］ Walnut Creek：Altamira Press，2005：64－65.

题突破前的很长一段时间里，儿童世界的发现是一个随机偶然的过程。一般，这是有力的证据为自己发言的过程。考古学家被迫对考古发现中的人进行反思。"① 传统的考古学家对儿童几乎没有理论和方法上的研究兴趣。

第二节　儿童文化的边缘化

在文化研究的学术传统中，儿童不是研究的重点。在有关儿童的研究中，儿童只是有待发展或等待社会化的不成熟的个体。儿童不值得研究，儿童自身有没有文化也并不重要。具体分析文化研究中潜藏的儿童文化观，可以发现，儿童被认为没有创造自己文化的能力。儿童文化是儿童被动接受成人文化的结果，只是向成人文化发展的低等状态和过渡形态。

一、儿童文化是低等的成人文化

在文化进化论学者看来，儿童类似于原始社会的野蛮人。原始文化是尚未演进为西方文化的低等文化，儿童文化也是还未发展为成人文化的劣等文化。泰勒是文化进化论的创始人，他对文化的定义至今被认为是经典。另一方面，他以欧美文化为中心的立场却是后来文化人类学家所诟病的地方。人类文化普遍遵循向欧美文化发展的自然规律，这是一种影响广泛的文化偏见。他以欧美文化为"衡量标准"，将其他民族的文化按从蒙昧、野蛮到文明的发展梯度进行评判。就这样，泰勒将"当代未开化部落的

① Lillehammer G. A child is born. The child's world in an archaeological perspective [J]. Norwegian Archaeological Review, 1989, 22 (2): 89 - 105.

状态”① 等同于人类文化发展的早期阶段。

泰勒认识到了儿童以神话和诗意构筑文化世界的特点。他认为，儿童早期“处在神话王国的门旁”，② 儿童以神话的方式理解外部世界。泰勒认为，儿童从自己出发解释周围发生的事物，因而将一切无生命的事物赋予了“人格意志”。这种认识类似于皮亚杰的物活论或万物有灵论的解释。在他看来，这是儿童向神话学前进的萌芽。但是，儿童的神话是“以事实为基础的神话”，而不是“以语言为基础的神话”。③ 儿童依据于“现实性”，萌发了诗意。④

但是，泰勒并不重视儿童文化的研究，也不认为儿童文化具有自身的价值。他将儿童文化类比于原始部落文化。人类部落历史的早期阶段如同儿童时期。⑤ 儿童的手势计算，是类似蒙昧人的计算技巧，是最低级的部落之中的系统。⑥ 儿童文化是一种文化遗留。“文明”社会中儿童的游戏是“植根于现存高级文化之

① ［英］爱德华·泰勒. 原始文化［M］. 连树声，译. 上海：上海文艺出版社，1992：20.

② ［英］爱德华·泰勒. 原始文化［M］. 连树声，译. 上海：上海文艺出版社，1992：285.

③ ［英］爱德华·泰勒. 原始文化［M］. 连树声，译. 上海：上海文艺出版社，1992：301.

④ ［英］爱德华·泰勒. 原始文化［M］. 连树声，译. 上海：上海文艺出版社，1992：306.

⑤ ［英］爱德华·泰勒. 原始文化［M］. 连树声，译. 上海：上海文艺出版社，1992：78.

⑥ ［英］爱德华·泰勒. 原始文化［M］. 连树声，译. 上海：上海文艺出版社，1992：271.

中而已灭绝的低级文化的遗留"[①]。文化遗留是"当一种风俗习惯、技艺或观点充分地传播开来的时候",会对"这些习俗或者技艺"产生"长期地影响"的、"正在增长"的"不利的因素"。[②]

泰勒认为儿童文化是不利的低级文化的遗留,是落后与蒙昧的。泰勒对儿童文化的阐释天然地基于文化中心的支配下,儿童文化是"未开化的""蒙昧的""野蛮的"。无论是部落成员还是儿童,都缺少作为一个合格的社会成员所必须具有的才能和习惯。[③] 他们都只是仅具有"薄弱而不确定的"文化的"蒙昧人"。[④] 在泰勒看来,儿童文化和原始部落文化都是不足的,二者都缺乏西方"先进"的文明和知识,最终应该发展为代表"人类的繁荣幸福"[⑤] 的现代文明。

文化进化论学者受文化中心论的支配,将儿童文化类比于"未开化"的"蒙昧人"的部落文化。儿童文化被认为和原始文化一样,同属于文化发展的低级阶段。

---

① [英]爱德华·泰勒.原始文化[M].连树声,译.上海:上海文艺出版社,1992:76.

② [英]爱德华·泰勒.原始文化[M].连树声,译.上海:上海文艺出版社,1992:74.

③ [英]爱德华·泰勒.原始文化[M].连树声,译.上海:上海文艺出版社,1992:1.

④ [英]爱德华·泰勒.原始文化[M].连树声,译.上海:上海文艺出版社,1992:30.

⑤ [英]爱德华·泰勒.原始文化[M].连树声,译.上海:上海文艺出版社,1992:27.

二、儿童文化是成人教养的结果

文化与人格学派的理论和研究受文化相对主义和发展心理学的共同影响。他们认为，在不同文化情境中，成人教养方式各不相同。成人的教养方式将直接决定儿童的发展情况，影响童年早期经验的形成。儿童没有创造文化的能力，只能被动地接受成人的教育和养育。儿童文化是被动接受成人文化的结果。

早期文化与人格学派认为，人类学最重要的问题是婴儿如何成为一个文化人，以及童年早期经验影响成年人格和社会集体文化形成的问题。① 米德关注的是儿童如何发展为成人，文化如何影响儿童发展的问题。她预设的是一个无助、被动、不成熟的儿童形象，儿童被动地接受成人的教养和教育。成人的教养方式，决定了儿童的个性特征，童年的生活状况以及文化的发展情况。

各个地区、民族具有不同的儿童教养方式，这进一步造成了儿童文化的差异。在研究新几内亚北部的马努族儿童时，米德发现马努族儿童虽然夭折率很高，但是存活的儿童都很健康、自信、敏捷而活泼。马努族的父母不重视儿童想象力的发展，也不向儿童讲述故事、传说、神话、谜语等。这种教养方式使得马努儿童没有表现出丰富的想象能力和活动。"'虽然有些儿童有他自己的一套创见，但是大部分的儿童甚至不会想象床下的大熊，除非大人向他们指明'。"② 另外，米德对萨摩亚儿童的生活进行

① Heather Montgomery. An Introduction to Childhood: Anthropological Perspectives on Children's Lives [M]. Chichester: John Wiley & Sons, 2009: 24.

② ［美］维特·巴诺. 心理人类学［M］. 许木柱，瞿海源，译. 台北：黎明文化事业公司，1987：155.

了人类学研究。她发现，萨摩亚父母不向儿童隐藏任何事情，他们让儿童在观察中学会生活中重要的事情。不同年龄的萨摩亚儿童进行难度各异的工作，他们也没有玩具，不被认为有游戏的需要。① 父母教养方式直接决定儿童文化的表现形态。

后期的新弗洛伊德学派人类学家们同样研究的是成人教养方式对儿童的影响。新弗洛伊德学派的人类学家主要分为两大阵营：一是拉尔夫·林顿（Ralph Linton，1893—1953）等人以哥伦比亚大学为阵地进行的基本人格结构的研究；一是约翰·怀廷（John Whiting，1907—1999）等人以耶鲁大学为阵地的泛文化研究。

林顿、科拉·杜宝娅（Cora Du Bois，1903—1991）与精神医学家艾布拉姆·卡丁纳（Abram Kardiner，1891—1981）合作，运用精神分析法进行文化人类学研究。他们提出“基本人格结构”（Basic Personality Structure）概念。基本人格结构是个人适应社会的工具，也是普遍为社会成员共有的人格特征。基本人格结构主要受到童年早期经验的影响，也是家庭因素、亲子关系等共同决定的结果。为了了解不同文化中的基本人格结构，他们在田野工作中聚焦于父母亲的教养行为以及儿童相应的反馈行为。研究的出发点是父母教养方式影响儿童的童年早期经验，并最终影响基本人格结构。

另一方面，以乔治·皮特·穆道克（George P. Murdock，1897—1985）和怀廷为领导的泛文化研究，更加注重跨文化研究，并收集不同地区儿童教养方式影响成年人格的泛文化资料。后来，

① Margaret Mead. Samoan Children at Work and Play [J]. Education, 1974, 94 (4): 301.

怀廷集结了更多的学者共同进行更为广泛的儿童养育研究。他组织六个调查队依据同一个田野研究指导手册对六个文化中的儿童养育情况进行研究，尤其是对母亲与其三岁至十岁的孩子的互动进行观察与访问。最终，各个调查队的报告以及怀廷等人编写的指导手册共同集结为《六个文化——儿童养育之研究》（*Six Cultures. Studies of Child Rearing*）。这项研究同样关注的是儿童教养方式对成年人格的影响。

从文化相对主义出发，文化与人格学派有力地反对了儿童发展的生物决定论。大卫·兰西（David Lancy）认为，“许多被人认为是儿童发展过程当中的‘正常’或自然现象，其实仅是狭隘的文化观点”。[①] 西方主导的标准模式的“童年”可能并不符合当地实际。不同的文化设置了不同的“标准化童年”。他们认为，儿童的发展受文化环境的影响，文化环境的不同也会造成儿童文化发展的差异性。正如罗伯特·勒文（Robert LeVine）所说，“这些发现的重要性不在于假设观察到的儿童行为模式是固定的心理倾向。无论环境是否支持这些倾向，它们都会保持自身。相反，这些发现表明，根据成人的行为标准，儿童的发展方向和早期经验的行为情境，因文化而异。他们也认为，在不同文化中，儿童习得不同的社交技巧和策略、不同的情感表达规则、不同的行为判断标准。”[②]

文化与人格学派在一定程度推广了文化相对论的原则。他们

---

① ［美］大卫·兰西. 童年人类学［M］. 陈信宏，译. 台北市：猫头鹰出版，2017：第一版序 xxvii.

② Heather Montgomery. An Introduction to Childhood: Anthropological Perspectives on Children's Lives［M］. Chichester: John Wiley & Sons, 2009: 29.

认为，文化是多元的，并且认为不同文化在各自文化中具有独特的价值。比如，米德认为，社会模式和结构应该尊重差异、鼓励多元，并且让每个人的天赋都得到发展，从而创造更加丰富的文化。人类全部的潜力构成一个具有多彩价值的丰富的文化，在此之中，每一种不同的人类天赋都能得到适宜的发展和发挥。① 甚至，米德已经认识到文化可以按照不同的年龄群划分。她认为，社会文化不是某种单一色调构成的整齐划一的图景，而是由不同人群、不同性格品质共同协调而成的马赛克。② 不同的年龄群体是社会文化的马赛克图景的组成部分，他们表现出不同的智力、艺术才能和情感等。而且，米德肯定了每一个年龄群的文化的自身价值。虽然每一年龄组可能在追求、信仰等方面是互相冲突的，但是“这个社会的每一参与者都是富有者”。③ 不同的年龄组共同“建立起丰富的文化”。④

但是，在谈及儿童时，文化与人格学派人类学家们对“儿童”的论述仍然没有摆脱心理学家建构的“发展”范式。早期的文化与人格学派关注“成人祖祖辈辈的纵向传承和群体之间的横向传播”⑤，将文化视为“一个装满了各式行为、包装整齐的

① ［美］M. 米德. 性别与气质［M］. 宋正纯，译，北京：光明日报出版社，1989：302.

② ［美］M. 米德. 性别与气质［M］. 宋正纯，译，北京：光明日报出版社，1989：272.

③④ ［美］M. 米德. 性别与气质［M］. 宋正纯，译，北京：光明日报出版社，1989：297.

⑤ ［美］爱德华·萨丕尔. 萨丕尔论语言、文化与人格［M］. 高一虹，等译. 北京：商务印书馆，2011：381.

包裹，里面的行为被零散但不受严重损坏地传递给被动求知的儿童”。[①] 后期的新弗洛伊德学派仍然受成人中心和发展范式的支配。他们聚焦于不同文化背景下各异的教养方式对童年早期经验的影响，目的是为了得出童年早期经验对成年时期人格形成的影响程度。在精神分析学派看来，“父母亲或本阶层中其他个人以不可抗拒的权威将某些价值和概念灌输给儿童，而这些价值和概念的所谓非个人层面便是文化。儿童并未感到自己通过个人参与对文化做出了贡献，他只是被动地接受那些超出了自己理解范围的、具有自己不敢质疑的必要性和优越性的价值观”。[②] 在不同的文化情境下，成人教养方式将决定儿童表现的文化。儿童被动地接受成人文化的输入。儿童文化受制于成人文化，这也导致儿童文化自身的价值没有得到主张文化相对论的“文化与人格”学派的重视。

三、儿童文化是社会化的产物

早期的社会学研究关注的是社会结构问题。“大部分关于儿童及童年期的社会学思考，是从社会化的理论研究衍伸而来。”[③] 儿童不是陌生的研究对象，为了维持社会秩序和结构稳定，社会学家研究儿童学习社会规则、获得人类群体文化的社会化过程，也就是文化吸收的问题。儿童的文化是社会化的结果，儿童不是

---

① ［美］爱德华·萨丕尔．萨丕尔论语言、文化与人格［M］．高一虹，等译．北京：商务印书馆，2011：381－382.

② ［美］爱德华·萨丕尔．萨丕尔论语言、文化与人格［M］．高一虹，等译．北京：商务印书馆，2011：377.

③ ［美］威廉·A．科萨罗．童年社会学：第四版［M］．张蓝予，译．哈尔滨：黑龙江教育出版社，2016：6.

文化的主体。

社会学领域典型的社会化研究由功能主义社会学家涂尔干和帕森斯等人展开。在他们看来，社会化是维持社会稳定和秩序的手段。当社会学家开展社会化研究时，必然关涉儿童，但是经典社会化范式的论述只是“关于儿童的研究”。儿童还不具备正式的社会成员的资格，必须经由教导方能转化为社会成员。儿童只是不成熟的、待发展的个体，甚至是社会制度和社会秩序的潜在威胁。儿童只是“潜在的社会参与者”，是接受社会塑造的消极个体。① 只有经由社会化的过程，儿童方能从“‘自然’的不完整”② 转向为社会、文化意义上的“完整”。更为重要的是，只有儿童完成了社会化，才能“将社会从由其中人口的不完整带来的无序和衰退中拯救出来”③。

涂尔干被认为是最早对童年感兴趣的社会学家。但是，涂尔干所说的童年是指“正常的教育时期”。④ 他对儿童、童年所有的思考与论述都局限在教育、道德方面的理论中。涂尔干认为，儿童的生理发育和道德发展都尚在形成的过程中，童年是接受教育的阶段。“童年的所有明确特征，尤其是教育必须考虑的那些特征，都来源于童年本身的定义。这个年龄的基本功能、自然分派给它的角色和目的，都可以用一个词来概括：这是一个成长时

---

① ［英］艾莉森·詹姆斯，克里斯·简克斯，艾伦·普劳特．童年论［M］．何芳，译．上海：上海社会科学院出版社，2014：20.

②③ Jens Qvortrup，William A. Corsaro，Michael-Sebastian Honig. The Palgrave Handbook of Childhood Studies［M］. Basingstoke：Palgrave Macmillan，2009：37.

④ ［法］涂尔干．道德教育［M］．陈光金，沈杰，朱谐汉，译．上海：上海人民出版社，2001：405.

期，也就是说，这是一个生理上和道德上个体都尚未形成的时期，这是一个人形成、发展和塑造的时期。”① 一方面，涂尔干认为，在接受教育、社会化影响以前，儿童的本性是自私的、反社会的，儿童没有创造文化的能力。儿童凭其本性没有能力过上一种道德的社会生活。② 在涂尔干看来，儿童生而不是一个社会存在，只是刚出生的非社会存在。在人的原始素质中，没有给定的、完全形式的社会存在，也没有能够自发地获得发展的社会存在。“在我们生而具有的本性中，不存在任何东西预先就决定我们要变成作为社会象征的神的奴仆，对它们膜拜并为敬奉它们而自我牺牲。”③ 儿童是社会必须重新建构的一块白板。④ 另一方面，涂尔干反对教育是对人在自身之中的一切发展潜力的观察和引导。⑤ 他认为，“教育是成年的几代对尚未准备好过社会生活的那些人所施加的影响”。⑥ 教育具有创造性，是“在人身上创造新人”⑦。但是，创造的权利属于成人，“为了实施教育，必须有成年一代和年轻一代进行互动，且年长一代对年轻一代施加影

① ［法］涂尔干. 道德教育［M］. 陈光金，沈杰，朱谐汉，译. 上海：上海人民出版社，2001：406.

② Asher Ben-Arieh, Ferran Casas, Ivar Frønes, Jill E. Korbin. Handbook of Child Well-Being: Theories, Methods and Policies in Global Perspective［M］. Dordrecht: Springer Science +Bussiness Media, 2014: 768.

③④⑦ 厉以贤. 西方教育社会学文选［M］. 台北：五南图书出版有限公司，1992：5.

⑤ 厉以贤. 西方教育社会学文选［M］. 台北：五南图书出版有限公司，1992：4.

⑥ 厉以贤. 西方教育社会学文选［M］. 台北：五南图书出版有限公司，1992：20.

响"[①]。儿童是被创造、被灌输的对象，他们被迫接受教育的强制作用。"孩子在教育过程中发生的互动中扮演的角色被描述为是一种催眠恍惚的被动状态。"[②] 在涂尔干看来，教育不是一件个人的事，而"显然是一件社会的事"。[③] 教育是社会化过程中维系社会秩序并实现其稳定的中介。"'所有的教育都是强加于儿童所见、所思和所为的方式的一种持续的努力'"。[④] 作为教育对象的儿童接受世代的压力，并将社会需要的"一些身体、智力和道德状态"内化。[⑤]教师是文化的化身、知识的代表，是社会的肉身表现。儿童单方面地接受成人世界的灌输，服从于教师的权威，并延续"集体生活所需要的基本相似性"[⑥]。总之，在涂尔干看来，儿童在刚出生之时是"不适应社会生活的个体我"，他必须经由教育，才能"克服原始本性"，发展"成为崭新的社会我"。[⑦] 儿童进入家庭、学校等社会机构之前，还不是社会结构中合格的正式成员，甚至有可能威胁整个社会的稳定。

---

① 厉以贤. 西方教育社会学文选 [M]. 台北：五南图书出版有限公司，1992：18.

②⑤ Asher Ben-Arieh, Ferran Casas, Ivar Frønes, Jill E. Korbin. Handbook of Child Well-Being: Theories, Methods and Policies in Global Perspective [M]. Dordrecht: Springer Science +Bussiness Media, 2014: 767.

③ 厉以贤. 西方教育社会学文选 [M]. 台北：五南图书出版有限公司，1992：3.

④ Asher Ben-Arieh, Ferran Casas, Ivar Frønes, Jill E. Korbin. Handbook of Child Well-Being: Theories, Methods and Policies in Global Perspective [M]. Dordrecht: Springer Science +Bussiness Media, 2014: 769.

⑥ 厉以贤. 西方教育社会学文选 [M]. 台北：五南图书出版有限公司，1992：20.

⑦ 厉以贤. 西方教育社会学文选 [M]. 台北：五南图书出版有限公司，1992：22.

涂尔干认为，儿童应该在成人的约束和管制下，接受社会化作用。“儿童成为人”①，成为社会中的一分子。而且，涂尔干寄希望于教育，以培养儿童符合集体生活要求的习惯，维护社会秩序的稳定。“当存在于我们社会组织中的裂缝尚未能深刻地改变儿童本性，或尚未能在儿童身上激起其片面地反抗共同生活的感情时，我们便有了一种控制儿童的独特的、不可替代的机会。这是块处女地，我们可以在上面播种，一旦这些种子生了根，它将会自行生长。”②

帕森斯（T. Parsons，1902—1979）认为社会秩序的维持需要满足获得目标、适应环境、整合社会，以及控制越轨行为的四个基本要求。而社会整合是通过社会成员享有并遵守共同的价值观而实现的。基于此，帕森斯在1960年代左右将社会化理论作为思考的重点。在帕森斯看来，社会化是儿童在家庭、班级、非正规的‘同辈群体’、教会和各种自发组织中习得社会价值标准和承担社会角色的过程，也是将儿童培养成为具备承担未来角色的社会成员的过程。帕森斯认为，家长和教师是“具有优势的成人”③，儿童需要在家庭和学校等社会机构中服从成人的安排和教导。儿童为了获得成人的认同，将社会价值标准内化，并逐步

---

① 厉以贤. 西方教育社会学文选［M］. 台北：五南图书出版有限公司，1992：22.

② 厉以贤. 西方教育社会学文选［M］. 台北：五南图书出版有限公司，1992：33.

③ 厉以贤. 西方教育社会学文选［M］. 台北：五南图书出版有限公司，1992：148.

在未来成为合格的社会成员。① 此外，在同辈群体中，儿童能够脱离成人的控制，展示自己的本领。但是，帕森斯认为，同辈群体的社会化作用是通过“重新建立新的动机系统”“修正当初注入的等级性动机系统”“加强个体的平等观念”，最终实现“个体成人期的成就”。② 帕森斯将社会化过程视作儿童为未来发展成为合格社会成员的预备过程。社会化是“成人单向地施给儿童的东西”③，儿童只是为了获得成人的认同，为了取悦成人，才将社会价值标准、社会角色的要求内化。甚至，帕森斯认为，考虑到儿童有可能威胁社会的稳定、妨害成人社会，成人应该限制儿童的独立行动的能力。“而加强儿童的独立性则会强化反成人的情况，因此未来的趋势应是减少成年人对儿童独立性的期望。”④

四、儿童主动地吸收成人文化

在人类学和社会学理论中，有一些流派或者学者将更多的主动性赋予儿童。他们认为，儿童是文化的主动吸收者。但是，他们只看到儿童主动地接受成人文化，却忽略了儿童对成人文化的再构能力。也就是说，他们仅归还了有限的主动性给儿童。儿童

---

① 厉以贤．西方教育社会学文选［M］．台北：五南图书出版有限公司，1992：150.

② 厉以贤．西方教育社会学文选［M］．台北：五南图书出版有限公司，1992：147.

③ Michael Wyness．童年与社会——儿童社会学导论［M］．王瑞贤，张盈堃，王慧兰，译．台北：心理出版社，2009：143.

④ 厉以贤．西方教育社会学文选［M］．台北：五南图书出版有限公司，1992：153.

自身的文化建构能力，儿童创造的儿童文化仍然没有被重视。

文化与人格学派的爱德华·萨丕尔（Edward Sapir，1884—1939）没有直接对童年进行过民族志研究，但却认识到了儿童具有主动的文化能力。萨丕尔批判将儿童视为被动的文化“容器”的一般认识，即儿童只能被动地接受超出自身理解范围的文化。萨丕尔提出，要将主动性归还给儿童。儿童不是被动接受既定的文化，而是在探索中逐渐发现文化。儿童对文化的接受依据自己的现实生活的环境。① 而且，儿童对文化的习得，不是依赖于成人的给予，而是儿童主动地对文化进行的探索和发现。“［如果我们想要理解文化的传递，或者从发展的角度认识文化的整个问题，］那么这样的时刻就应该来临，三岁儿童的世界应该被了解和定义，而不只是简单地提及。三岁儿童的组织化的本能结构比至今建构的最伟大的心理理论还要可靠和真实。［然而我们认识到的三岁儿童并不完全是一样的。］我们的孩子很早就发展了完全的个性。［我们并不切实知道怎么发生的，但是它相当程度上取决于］儿童三岁以前与早期环境的互动。”② 正如勒文所说，“在1937年以前，萨丕尔就已经建构并提倡了一种童年观，尽管受到他的朋友哈里·斯塔克·沙利文（Harry Stack Sullivan）的精神病学的人际理论的影响，萨丕尔强调儿童经验的意义、类型和组织，而不是病理问题；强调儿童的主体经验而不是儿童行为

---

① ［美］爱德华·萨丕尔．萨丕尔论语言、文化与人格［M］．高一虹，等译．北京：商务印书馆，2011：382.

② LeVine R A. Ethnographic studies of childhood: A historical overview［J］. American anthropologist, 2007, 109（2）: 247－260.

的一致性；认为儿童是积极地决定文化类型的意义的问题决策者。"①

社会学家乔治·米德（G. Mead，1863—1931）是互动理论的奠基人。在米德看来，社会化是通过自我和社会的互动作用而完成的。在外部环境和主我的内外相互作用的过程中，客我（社会我）方才得以形成。"概言之，其兴趣的焦点不仅是行动，而且是自我的行动和在社会互动、符号互动结构中的自我的行动。"② 自我和自身、外部世界发生相互作用，以一个想象的他人的视角和角色来自我审视、自我要求，从而获得社会规范。"社会"不再是功能主义视角下个体只能听命与服从的权威，而是由主体作出主观解释的客观事实。

同样，儿童也是在和外部环境进行互动的过程中，形成了自我，这包括"主我"（I）和"客我"（me）。客我是内化社会要求并对其产生自我意识的社会化的我。米德认为，儿童的社会化，也即儿童"客我"的形成经历了三个阶段：0—2 岁的儿童处于对父母动作的模仿阶段（imitation stage）、2—4 岁的儿童处于角色置换的嬉戏阶段（play stage）、4 岁以后儿童进入群体游戏阶段（game stage）。在嬉戏阶段，当儿童开始对重要他人（significant others）的角色进行模仿，儿童的"客我"就开始发展。而到群体游戏阶段，儿童开始考虑与家庭无关的、在整个社会整体之中的一般他人（generalized others）的要求、期望和行

① LeVine R A. Ethnographic studies of childhood: A historical overview [J]. American anthropologist, 2007, 109 (2): 247 - 260.

② 于海. 西方社会思想史 [M]. 上海：复旦大学出版社，2010：252.

为等，客我已经形成。[①] 当重要他人或一般他人对儿童的行为作出回应时，儿童接收到他人行为的意义，并通过扮演共同活动中他者的角色来理解社会的规范和秩序，获得群体文化。

20 世纪 70 年代，建构主义思潮下的西方社会化理论不再将儿童视作需要被管制、被压迫和灌输的社会威胁因子。儿童具有一定的主动能力，但是儿童的社会地位和文化能力仍没有得到充分肯定。社会化仍是儿童获得社会成员身份和成人文化的必经途径。彼得·L. 伯格（Peter L. Berger，1929—2017）和托马斯·卢克曼（Thomas Luckmann，1927—2016）的《现实的社会建构：知识社会学论纲》拉开了 20 世纪后半期“社会建构主义”的帷幕[②]。

伯格和卢克曼的社会化思想受到米德及其后的象征互动主义学派的影响。[③] 他们认为社会是人类的主观意义和自身活动的外化，并在人类外化活动的产品中获得客观性，转化为客观事实。作为客观事实的社会又被人类内化，在个体身上转化为具有主观意义的社会。这是社会与人发生外化、客体化和内化的辩证过程。个体生活在社会中，他既“在社会世界中外化自身的存在”，也“同时把社会世界作为客观现实予以内化”。[④]

---

① ［美］戴维·波普诺. 社会学［M］. 李强，等译. 北京：中国人民大学出版社，2007：161 - 162.

② ［美］彼得·L. 伯格，托马斯·卢克曼. 现实的社会建构：知识社会学论纲［M］. 吴肃然，译. 北京：北京大学出版社，2019：279.

③ ［美］彼得·L. 伯格，托马斯·卢克曼. 现实的社会建构：知识社会学论纲［M］. 吴肃然，译. 北京：北京大学出版社，2019：23.

④ ［美］彼得·L. 伯格，托马斯·卢克曼. 现实的社会建构：知识社会学论纲［M］. 吴肃然，译. 北京：北京大学出版社，2019：161.

他们将社会化分为初级社会化（primary socialization）和次级社会化（secondary socialization）等阶段。个体在童年期经历的第一次社会化被称作初级社会化（primary socialization），初级社会化使得个体成为社会的正式成员。[①] 伯格和卢克曼认为，儿童只有完成了初级社会化，才能成功地转变为社会的一员。在他们的社会化理论架构中，儿童不是研究的主题，也不是社会的一员，而只是发展中的未来的社会成员。“然而个体并非生来就是社会的一员，他只是天生带有一种社会性（sociality）的倾向，随后才逐渐变成社会的一员。在个体的生命中**存在**着一个时间序列。随着时间的推移，个体被引导着参与到社会辩证法之中。”[②]

而且，在初级社会化中，儿童只是被动地接受成人世界。儿童出生的客观的社会结构和“负责自己社会化过程的重要他人”为儿童所要接受和内化的世界做出了定义。[③]这是重要他人和社会结构强加在儿童身上的“一种客观事实”，儿童不具备选择和更改的权利。[④]儿童在“承袭”之外也不具有行动的可能。个体被引领进入客观的社会事实，却几乎不能有超越客观世界的任何更改和再创造的自由。“当然，就‘承袭’本身来讲，它是发生于个人有机体中的一种原始过程，而世界被‘承袭’后也**有可能**被个体创造性地修正，甚至是再创造（尽管可能性不大）。”[⑤]个体在社会化过程中有限的能动性——个体在“承袭”世界的

---

①③④ ［美］彼得·L. 伯格，托马斯·卢克曼. 现实的社会建构：知识社会学论纲［M］. 吴肃然，译. 北京：北京大学出版社，2019：163.

② ［美］彼得·L. 伯格，托马斯·卢克曼. 现实的社会建构：知识社会学论纲［M］. 吴肃然，译. 北京：北京大学出版社，2019：161.

⑤ ［美］彼得·L. 伯格，托马斯·卢克曼. 现实的社会建构：知识社会学论纲［M］. 吴肃然，译. 北京：北京大学出版社，2019：162.

过程中进行创造性地修正是个体在社会化过程中的能动性力量的彰显。然而，个体所拥有的极其有限的能动性并不为儿童所有。在伯格和卢克曼看来，初级社会化过程中，个体的能动性由重要他人体现，而非儿童。“重要他人将世界中转给他，并在中转过程中对这个世界进行修改。”① 儿童只是吸收重要他人赋予这个社会世界的个性色彩。

尽管伯克和卢克曼肯定了童年在人一生中的价值。童年经由社会化而构建的首属世界（the first world），是会被个人保留一生的关于现实的确定性。② “但无论如何，孩提世界都能在人们的追忆中保持特殊现实的地位。它就像一个‘家的世界’（home world），不管后来人们跑到离家多远的异乡，‘家的世界’永远都在那儿。”③ 并且，他们已经萌发了“童年是一种社会建构”的新童年社会学的基本观点。“在一个社会中被定义为与童年有关的事情到了另一个社会中可能就被定义为成年人的事情；对不同的社会来说，‘童年’的社会含义也可能存在巨大差异，如其中的情感特质、道德责任或智力水平等。”④但是，伯克和卢克曼对儿童能动性的认识是极其有限的。在他们看来，儿童在社会化过程中的主动性仅仅体现在：当儿童以多种情感方式认同重要他人时，儿童才能习得重要他人的角色和态度，并将其内化。“孩子是天生弱势的。在社会化的过程中，即便孩子并非简单地处于

① ［美］彼得·L. 伯格，托马斯·卢克曼. 现实的社会建构：知识社会学论纲［M］. 吴肃然，译. 北京：北京大学出版社，2019：163.

② ［美］彼得·L. 伯格，托马斯·卢克曼. 现实的社会建构：知识社会学论纲［M］. 吴肃然，译. 北京：北京大学出版社，2019：168.

③④ ［美］彼得·L. 伯格，托马斯·卢克曼. 现实的社会建构：知识社会学论纲［M］. 吴肃然，译. 北京：北京大学出版社，2019：170.

被动的地位，游戏规则也总是由父母设定的。孩子可以热情地或愠怒地参与到游戏中，但是除了这个游戏外就再没有别的游戏了。”①

此外，20 世纪 80 年代左右，现实主义者和建构主义者间的辩论带来了宏大理论回归，包括吉登斯（Anthony Giddens，1938— ）、哈贝马斯（Jürgen Habermas，1929— ）、布迪厄（Pierre Bourdieu，1930—2002）等社会学家都寻求一个整体而全面的社会学分析框架，并试图在“结构—能动”的二元对立之间架起桥梁。② 这些理论都为结构之中的个体争取了最大的能动性，个体是社会之中的行动者。虽然他们可能很少谈到儿童，甚至没有提及儿童，但是在他们为结构之中的个体“代言”时，实质上也为家庭、学校等社会机构之中的儿童“发声”了。盖坦说道，吉登斯从进化论视角阐释儿童发展的早期阶段，来更好地理解“儿童被认为是‘人类’的过程”。③ 吉登斯认识到，新生儿能够有选择性地应对差异性环境，而且儿童的反应和行动能够直接影响成年人的行为。儿童的需要和要求会直接影响重要他人。儿童一开始就是积极的存在。④另外，正如科萨罗所说，在布迪厄的惯习概念中，儿童和社会行动者能够将惯习创造性地加

① ［美］彼得·L. 伯格，托马斯·卢克曼. 现实的社会建构：知识社会学论纲［M］. 吴肃然，译. 北京：北京大学出版社，2019：168.

② Asher Ben-Arieh, Ferran Casas, Ivar Frønes, Jill E. Korbin. Handbook of Child Well-Being: Theories, Methods and Policies in Global Perspective［M］. Dordrecht: Springer Science+Bussiness Media，2014：773－774.

③④ Asher Ben-Arieh, Ferran Casas, Ivar Frønes, Jill E. Korbin. Handbook of Child Well-Being: Theories, Methods and Policies in Global Perspective［M］. Dordrecht: Springer Science +Bussiness Media，2014：778.

以发挥，从而维护自身的个人自我感和社会地位。① 在更为重视个体能动性的宏大理论的回归中，也隐含这一个更为积极的儿童。

第三节　成人中心主义文化观：发展范式的建构

成人中心主义文化观是文化中心在儿童文化和成人文化之间的体现。“成人中心主义”（gerontocetrism）是由克里斯·詹克斯（Chris Jenks）创造的词语。他解释道，为了与“民族中心主义”（ethnocentrism）保持一致的形式，他“勉强”创造了一个新词“成人中心主义”。②

“成人中心主义”是指将成人世界的规范结构作为自变量，来衡量儿童文化，儿童自身“特定的连贯的意义结构被完全忽略了”③。成人中心主义实质上是将成人、成人文化作为标准，用比较的观点看待儿童、儿童文化。儿童文化被认为是一种缺乏状态，需要历经发展，才能达到成熟的成人文化。发展程度是衡量文化状态的手段，也是填补文化空缺的工具。在这种比较视角下，儿童文化自身的价值没有根据儿童这一“文化本地人”视角进行内部阐释，而是由来自另一个文化的成人所评定。正如杜威所说，“我们所以仅仅把儿童期当作匮乏，是因为我们用成年期作为一个固定的标准来衡量儿童期。这样就把注意力集中在儿

---

① ［美］威廉·A. 科萨罗. 童年社会学：第四版［M］. 张蓝予，译. 哈尔滨：黑龙江教育出版社，2016：8.

②③ Chris Jenks. Childhood［M］. London and New York：Routledge，2005：9.

童现在所没有的、他成人以前所不会的东西上。”①

成人中心主义文化观主要奠基于心理学家构建的发展范式。在心理学家看来，发展的儿童是消极的、不成熟的，需要接受成人文化，并向着成人发展。然而，儿童当下的生活、儿童自身的文化却被忽视了。正如萨顿-史密斯所说，“人类发展的科学家们对发展采取了一种以成人为中心的观点，在这种观点中，他们把成人阶段置于儿童阶段之上。……他们讲述的‘主角’故事是一个代表成年人的故事。在它的‘科学’的角色中，它没有认识到这个经典的西方‘英雄’故事是早已经被人类学反对的文化进化理论的‘遗留’。”②

“发展”的儿童形象主要由发展心理学家提出并论证。“发展”意味着进步，儿童发展为成人，是从不成熟、依赖他人的阶段发展为成熟、理智、自治的阶段。这也就意味着，成人文化具有高于儿童文化的权威性，儿童文化是劣等的，甚至儿童没有自己的文化。

一、儿童发展类比人类进化

早在19世纪晚期，心理学家就将儿童作为观察与研究的中心，研究随着年龄的改变，个体在心理功能上的变化。它主要聚焦于儿童时期，尤其关注儿童在某一年龄阶段的能力，并以此衡

① ［美］杜威. 民主主义与教育［M］. 王承绪，译. 北京：人民教育出版社，2001：49－50.

② Brain Sutton-Smith, Jay Mechling, Thomas W. Johnson, Felicia R. McMahon. Children's Folklore: A Source Book［M］. Logan: Utah State University Press, 1999: 5－6.

量儿童能否成功地走向成年。然而，儿童自身并不是心理学家研究的中心。他们关注的是儿童从不成熟到成熟的发展过程，其实质研究的是儿童在多大程度上转变为了成人。心理发展与生理发展结合在一起，并通过实验等方法加以论证，这都使得发展具有了不可驳斥的普遍性和科学性。最终，一个不成熟的、以成年为目标的儿童形象被误认为是关于儿童的普遍事实。

心理学对儿童发展问题的关注受到工业化和城市化的影响。特别是，随着义务教育的推进，儿童成了需要在学校接受教育的独特群体。心理学家将研究目光锁定在儿童身上，并根据年龄来划分和研究儿童发展的阶段。19 世纪，进化论也影响了儿童心理的研究。自达尔文以来，人类被认为是进化的产物。“达尔文将他对进化的研究延展为个体发展（个体的进化过程）重复或重演种系发生（种类的进化）。”① 达尔文将研究者引向“发展”问题的思考。儿童发展是研究人类进化的中介和实验对象。“达尔文的进化论（发表于 1859 年的《物种起源》）挑战了关于创造和人类与其他物种关系的信念。它还把注意力集中在关于年幼人类不成熟的意义的新问题上。为什么人类这个物种——在很多方面是地球上最复杂、最老练的动物——会在这么长一段时间里，产下如此无助、如此依赖照料和养育的后代？延长童年期是为了什么？儿童独特的心理和生理需要是什么？有可能发现一个从婴儿期到成熟期的自然过程吗？”② 达尔文从根本上改变了观

① Mary Jane Kehily. An Introduction to Childhood Studies [M]. New York: Open University Press, 2004: 99.

② Jens Qvortrup, William A. Corsaro, Michael-Sebastian Honig. The Palgrave Handbook of Childhood Studies [M]. Basingstoke: Palgrave Macmillan, 2009: 48.

察儿童的视角，儿童的身体、兴趣、态度等开始受到关注，尤其是儿童的成长阶段成了研究的中心。“‘儿童作为一个类别首次被挑选出来进行科学研究。’”① 达尔文在1877年出版的《一个婴儿的传略》被认为是最早的儿童心理发展研究的观察报告。

研究婴幼儿是因为婴幼儿几乎没有受到过教育和经验的影响，因而最接近自然，能够揭示人类的奥秘。很多发展心理学家都试图从儿童发展入手，以说明人类的进化历程。儿童研究运动的出发点亦是如此。以美国儿童心理学创始人斯坦利·霍尔（G. Stanley Hall，1844—1924）为代表的美国学者发起了儿童研究运动。霍尔接受了海克尔等人的生物发生律，他认为个体心理发展是对种系进化过程的复演。研究儿童的心理发展最终也是为了揭示人类进化的过程，更为直接地说，研究幼儿是为了探究成人心智的奥秘，探究心智的起源和特殊性。“儿童研究运动是发展心理学的学科基础之一，它探讨了一个发展概念——个人的和进化的——发展的特征是有秩序、定向的逐步上升的层级。”② 儿童研究运动主张对儿童进行观察、称量和测量，以实证的方式研究儿童。

二、向成人递进的线性发展阶段

到20世纪，儿童发展已经成为心理学的重要问题，各个流派的心理学理论都围绕着儿童发展研究。总体来说，发展心理学

---

① Jens Qvortrup，William A. Corsaro，Michael-Sebastian Honig. The Palgrave Handbook of Childhood Studies ［M］. Basingstoke：Palgrave Macmillan，2009：48.

② Berry Mayall. A History of the Sociology of Childhood ［M］. London：the Institute of Education Press，2013：3.

研究的主要问题包括：确定发展的里程碑、解释发展的过程以及探究环境对发展的影响等。[①] 首先，大多数发展心理学家认为儿童按一定顺序和阶段发展，年龄是衡量儿童发展阶段和发展水平的时间指标。在这层意义上，许多儿童心理学研究都是对19世纪达尔文进化论思想的延续，也即认为儿童的发展遵循一条自然的、有规律的生物进化主义的道路。阿莫尔德·格塞尔（Amold Gesell，1980—1961）是成熟势力的发展理论的代表人物，他建立了耶鲁儿童发展诊所（the Yale Clinic of Child Development）。通过观察和实验收集了大量不同年龄阶段幼儿行为的数据，格塞尔归纳出发展的一般过程中会出现和历经的阶段性行为标志。格塞尔解释说，物种和生物的进化决定了发展是由遗传因素控制的一个按固定顺序前进的过程。在格塞尔看来，婴儿具有生物进化赋予的“天然进度表”。[②]

许多发展心理学家的研究任务是发现儿童发展过程中普遍存在且规律性的行为、思维或推理模式与阶段。皮亚杰通过研究儿童认知的发展试图寻找人类认知发展的规律，解释人类认知结构的发生过程。在皮亚杰看来，儿童发展心理学的研究本身并不重要，发展是对最终状态的解释，“‘发展心理学是利用儿童心理学来发现一般心理学问题的解决方案’”[③]。儿童经由一个普遍的发展顺序逐步获得认知能力。发展是由低级到高级的过程，是

---

① Jens Qvortrup, William A. Corsaro, Michael-Sebastian Honig. The Palgrave Handbook of Childhood Studies [M]. Basingstoke: Palgrave Macmillan, 2009: 48.

② 转引自：王振宇. 儿童心理发展理论［M］. 上海：华东师范大学出版社，2000：33.

③ Chris Jenks. Childhood [M]. New York: Routledge, 2005: 20-21.

一步步走向成人的认知状态过程。儿童的认知发展过程从依赖先天反射理解世界，到自我中心思维，再到跳出自我中心，从表象思维理解世界，最后进化为通过运算构建认知。儿童不断更新图式，超越图式，并不断改变和世界的关系。儿童的理性能力、推理能力不断提升，直至达到成人的理性状态——形式运算水平。“这一发展过程的成功结果就是后来典型的、著名的‘科学理性’（scientific rationality）。在这个阶段，儿童（现在是个成人）变成了一个具有关于宇宙的逻辑结构的人。此时，儿童成熟了的思维使其成为‘科学圈’的一员，‘认知发生论’计划也达到了成熟；它完成了。”① 皮亚杰关注的是儿童发展成为一个有理性的成人，这使得他贬低儿童自身的活动的重要性。在他看来，“游戏只是产生趣味或幻想；它使儿童偏离他真正的使命和理性范式下的逻辑的目的”。② 在皮亚杰之后，越来越多的心理学家提出皮亚杰的心理学实验并不能真实地测量儿童实际的认知情况。皮亚杰在设计实验时，他对儿童的认识、对认知的看法等因素都会影响最终的实验结果。皮亚杰在临床法中对儿童的提问也可能并不适合于儿童的理解能力和语言表达能力。正如瓦莱丽·沃尔克戴尼（Valerie Walkerdine）所说，“当我们看到一个孩子能够成功地完成一个皮亚杰任务时，例如液体守恒，看起来这个理论一定是有效的和正确的。但是，完成这项任务与所谓的发展之间并没有必然的联系。这个任务本身是一个理论框架的一部分，这个理论框架对思维的本质、童年、进化以及预先设定的主

① Chris Jenks. Childhood [M]. New York: Routledge, 2005: 23.

② Chris Jenks. Childhood [M]. New York: Routledge, 2005: 25.

体如何适应物理世界等做出了一定的假设。”①

此外，以弗洛伊德、埃里克森等为代表的精神分析学家也认为，发展是阶段性的、具有固定顺序的过程。精神分析发展理论突出儿童早期经验对成年人格的影响，成年人格取决于童年早期经验。弗洛伊德认为，儿童时代一直存在于个体身上，成年时的人格不过是“‘儿童时代的遗迹’”。② 同样，霍妮也强调童年经验对人一生的发展的决定性影响。她认为，童年的整个经历带来了某种性格结构。③ 精神分析发展理论还认为，成人的教养方式是影响儿童心理发展的重要因素。成人是心理发展的决定性因素。精神分析发展理论强调童年早期经验，也强调成人在儿童形成早期经验中的作用。埃里克森认为，人的心理发展是逐渐形成同一性的过程。在儿童早期，儿童通过心力内投，即将父母的命令和表现结合，达到情感共鸣。而在儿童晚期，儿童通过自居作用，从成人身上获得自居认同，从而对自己感到满意。养育者对待婴儿的方式决定了婴儿能否获得信任感，父母对幼儿行为的适度控制和恰当的评价决定了幼儿自主感、主动感的形成。在学龄期，教师是儿童自居的榜样，决定着儿童能否产生勤奋感。在儿童心理发展、同一性形成的整个过程中，成人发挥着决定性的作用。成人的行为和教养直接决定了儿童的发展情况。

其次，在发展心理学家看来，儿童发展受到遗传或环境的影

---

① Mary Jane Kehily. An Introduction to Childhood Studies [M]. New York: Open University Press, 2004: 100.

② 转引自：王振宇. 儿童心理发展理论 [M]. 上海：华东师范大学出版社，2000：133.

③ 王振宇. 儿童心理发展理论 [M]. 上海：华东师范大学出版社，2000：138.

响，或者是遗传和环境的共同作用的产物。哪怕在强调遗传对儿童发展的决定性作用时，发展心理学家也没有重视儿童自身的主动性。发展似乎只是自然或者遗传在儿童身上的展开，而与儿童本身无关。格塞尔是遗传决定论的代表人物之一，或者说是发展的“自然主义”理论的代表。在他看来，发展是基因编码计划实施的过程，成熟决定儿童的发展，儿童自身不过是发展的载体，无法影响发展的行进。儿童的活动和行为只是生物因素控制下的结果。而在环境决定论中，儿童的主体性更是被忽略了。在20世纪初到50年代左右，行为主义发展理论占据了支配地位。包括华生、斯金纳、班杜拉等在内的行为主义心理学家认为，外部环境作用于儿童，使得儿童发生了反应或变化。发展是经验增长的学习过程，取决于外部环境的作用。在斯金纳看来，儿童表现出的行为都是成人强化的结果。成人借由合适的强化方式能够逐渐塑造并且控制儿童的行为。班杜拉认为，借由观察学习，儿童逐步遵循社会规范，发展成为社会化了的成人。通过观察他人的行为及其行为的结果，儿童获得替代性学习。另外，分别以皮亚杰和维果茨基为代表的认知发生理论和社会文化发展理论则介于自然主义和环境主义之间，他们认为发展是内部与外部相互作用、相互建构的过程。尽管儿童的主体性得到了更大程度的解放，但是儿童自身的价值仍然没有从比较层面的法则限制中突围而出。

最后，在发展心理学中，儿童被视为科学研究的对象，被置于受控的实验环境中，而不是实际生活中拥有主动经验和感受的独立主体。戴尔尼·霍根（Diane Hogan）总结了三种发展心理学的儿童假设：脱离情境的儿童（the context-free child）、可预测的儿童（the predictable child）以及不相关的儿童（the irrelevant child)。[①] 其一，脱离情境的儿童是指心理学研究中儿童生活的背景被心理学研究排除出去，儿童被概念化、抽象化。发展心理学家研究的是影响和支配儿童发展的普遍规律。儿童的行为和能力被看作不受社会文化环境影响。儿童在社会文化环境中的真实的生活被忽略了。其二，可预测的儿童是指儿童的生理、心理和行为是按照一定发展轨迹变化的。儿童发展是自然进行的线性过程，只要知道儿童的年龄参数，就能推测出儿童的身体表现和心理状况等。其三，不相关的儿童是指儿童不能为研究提供任何信息。甚至，与儿童自身相比，成人能够提供更多儿童的讯息。这是因为在心理学家看来，儿童是未成形的人。仅因儿童是将来的成人，儿童才成为研究的对象。儿童自身是不被重视的。未来控制现在，成年掌控童年。童年只是影响成年发展的早期经验，而不是具有自身价值的当前经验。儿童也被心理学家看作是消极的依赖者。在一些心理学研究中，儿童被看作是区别于成人的存在，但是只有结合了成人的观点，儿童的观点才会被研究所采纳。儿童被认为没有自己的想法，或者自己的想法很容易受外界影响，因而是不可靠的信息提供者。儿童在表达观点上的语言能力被等同于儿童的认知能力。这也限制了心理学家将儿童视作有能力的存在。事实上，当研究者在真实的生活情境中，以儿童能理解的合适的方式提问时，儿童能够提供可靠的回应。

在发展范式中，尽管童年被视作重要的发展阶段，儿童也被认为不能等同于成人。但是，儿童之所以受重视仅仅是因为他或她是未来的成人。儿童并未因其自身而受到重视，儿童只是不成

---

① Sheila Greene, Diane Hogan. Researching Children's Experience: Methods and Approaches [M]. London: Sage Publications, 2005: 25－29.

熟的、发展中的成人。尽管发展范式的儿童观有益于倡导成人注重对儿童的养育和照顾，并且认为成人有维护儿童、为儿童负责的义务，但是这些主张的出发点都不是源自一个真实的儿童，而是发展中的被动的儿童。这种儿童观使得儿童生活的家庭、学校和社会成为控制儿童的社会机构，而不是儿童自由生长、主动参与并和成人共同创设的社会文化。儿童的权利和主体地位仅在成人的许可下得到有限的体现。

三、面临危机的发展范式

到 20 世纪 70 年代，发展理论和研究方法几乎涵盖了儿童研究的所有方面，尤其受到社会学和人类学方面的儿童研究的推动。① 也正是此时，发展理论也面临着极大的理论危机和挑战。尤其是西方童年研究的兴起更是出自对“发展”的儿童的直接批判。“事实上，新的童年社会研究是以一群学者的提议为前提，他们提出要把发展心理学、精神分析和常识一起扔进历史的垃圾桶。”② 他们批判“发展心理学没有充分地描述和理解儿童的日常生活和他们对社会世界的积极参与，或者换言之，没有研究儿童的主观经验”。③

① Jens Qvortrup, William A. Corsaro, Michael-Sebastian Honig. The Palgrave Handbook of Childhood Studies [M]. Basingstoke: Palgrave Macmillan, 2009: 49.

② Jens Qvortrup, William A. Corsaro, Michael-Sebastian Honig. The Palgrave Handbook of Childhood Studies [M]. Basingstoke: Palgrave Macmillan, 2009: 50.

③ Sheila Greene, Diane Hogan. Researching Children's Experience: Methods and Approaches [M]. London: Sage Publications, 2005: 22.

一方面，“发展”范式假定的文化普遍性被推翻了。心理学家在论述儿童的发展阶段和规律时，往往将在特定文化背景的儿童身上得出的规律普遍化。心理学家和其他学科的学者要求在思考儿童发展问题时必须要考虑社会文化背景的特殊性。在心理学内部，尤其是主导心理学和教育学领域的皮亚杰理论受到了批判和更正。“皮亚杰经典实验的一系列富有想象性的变化令人信服地证明了年幼儿童的推理能力内嵌于‘人类意识’中，并将注意力吸引到社会环境和社会过程塑造儿童发展的方式上。”① 普遍的发展理论受到了攻击。同时，其他学科也对儿童发展理论的普遍性提出挑战。尤其是“文化与人格”学派的人类学家们通过研究不同地域儿童的发展，以翔实的非西方社会儿童发展的民族志资料挑战了心理学家的生物决定论，及其对儿童发展的普适性的主张。文化与人格学派对整个西方童年研究最重要的影响是打破了心理学建构的标准化童年，发现了不同文化中童年的多样性、研究和解释本土的童年。不同的文化因其自身独特的政治、经济、文化条件等，在生育儿童、教养儿童、对待儿童等方面演绎出了多样的“童年”现实形态。文化与人格学派人类学家们将“文化”和“发展”联系在一起，以源自田野的材料证明心理学家建构的儿童发展的普遍架构并不适用于所有文化的儿童。正如大卫·兰西（David Lancy）所说，所谓儿童发展过程中的正常现象或自然规律，只是局限于某一文化的狭隘观点。② 西方主

① Jens Qvortrup, William A. Corsaro, Michael-Sebastian Honig. The Palgrave Handbook of Childhood Studies [M]. Basingstoke: Palgrave Macmillan, 2009: 50.

② ［美］大卫·兰西. 童年人类学［M］. 陈信宏，译. 台北市：猫头鹰出版，2017：第一版序 xxvii.

导的标准模式的“童年”可能并不能符合当地的实际。不同的文化设置了不同的“标准化童年”。儿童发展的普遍规律不断受到挑战，儿童发展的生物决定论也随之被推翻，“发展”的儿童研究范式也被不断地质疑。

另一方面，心理学研究将儿童过度客观化以及对儿童主动性和能动性的忽视也越来越被诟病。“‘因为在本世纪的大部分时间里，主流儿童心理学对儿童的概念化就像化学家对一种有趣的化合物的概念化一样，所以心理学家绝对有必要把儿童带到实验室进行更仔细的检查和测试。’”① 在研究儿童时，儿童被当作一个客观的研究对象，被描述为验证实验假设的自变量或因变量。心理学研究的开展是按照成人的设计进行的，儿童是发展中的、易受到影响和伤害的被动的对象。在发展心理学研究中，儿童的经验和观点被忽略了。成年状态成为描述、解释和分析儿童生活和生长的参照物。在整个研究过程中，儿童都是被成人控制、需要成人照管的消极对象。“正如 Verhellen 所说，在发展范式中，儿童处于“尚未存在”（‘not yet being’）的状态。作为生活的不成熟的学习者，他们是一系列的‘可能’，是‘正在形成中的项目’。在一个评估框架中的研究主要感兴趣的是儿童在走向成熟、理性、有责任、自治具有成人能力的阶段性旅途中所处的位置。”② 儿童被当作“形成中的人类”（human becomings），

① Jens Qvortrup, William A. Corsaro, Michael-Sebastian Honig. The Palgrave Handbook of Childhood Studies [M]. Basingstoke: Palgrave Macmillan, 2009: 52.

② Jens Qvortrup, William A. Corsaro, Michael-Sebastian Honig. The Palgrave Handbook of Childhood Studies [M]. Basingstoke: Palgrave Macmillan, 2009: 54.

而非“存在的人类”（human beings）。在发展范式中，儿童当前的兴趣和能力被贬低了，他们仅因未来的潜力与可能而受到重视。正如心理学家约翰·福拉威尔（John Flavell）所说，“‘我们很少试图推断他们是什么样的人，也很少了解他们眼中的世界是怎样的，因为（我们关心的是）他们在认知上是否取得成就。当知识和能力从合理地称为‘认知’的整体中抽离，一个重要的剩余部分当然是一个人的主观经验：就那个人的知识和能力而言，自我和世界对他而言是怎样的。”① 儿童在成年、成熟的道路上前进得多远并不应该遮蔽儿童基于自身知识和能力构建的文化。认知、道德的发展阶段并不能成为否定儿童自身能力的指标。随着年龄的增长，儿童具有的能力在变化。但是，年龄的增长不是价值的上升。童年是一段无法替代的独特阶段，它既不能被加速，也不能被忽视。只有拥有一个足够丰饶的童年，才能生长出充满活力的生命之树。

然而，直到现在，发展范式仍然牢固地占据着成人思考儿童的方式。在教育情境、日常生活和学术研究中，我们仍然从“发展”的角度看待儿童。随着《联合国儿童权利公约》对儿童发展权的确认和强调，“发展研究已经成为一个充满活力、兼收并蓄的全球活动”。② 发展心理学对儿童研究、儿童认识和儿童教育等方面的作用是不容置疑的。发展心理学理论的确解释和说明了特定文化中儿童发展的事实，并且能够给家长、教师以及整个

① Sheila Greene, Diane Hogan. Researching Children's Experience: Methods and Approaches [M]. London: Sage Publication, 2005: 23.

② Jens Qvortrup, William A. Corsaro, Michael-Sebastian Honig. The Palgrave Handbook of Childhood Studies [M]. Basingstoke: Palgrave Macmillan, 2009: 51.

为儿童的社会文化建构提供指导性建议。童年期的一个典型特征就是不成熟。错误地是，我们不应该在发展、不成熟的事实之上添加价值的比较。儿童和成人不应该以“发展”为指标，以成人为模本进行对比，也不应该以成人中心主义文化观衡量儿童文化。儿童是发展中的未成熟个体，但是却具有主动建构文化的主动性。儿童具有自己的文化。比较视角下的发展范式低估了儿童的能力，同时也高估了成人的能力。“更严格版本的发展理论无疑低估了儿童的社会意识、理解能力和同情能力——并且隐晦地高估了成人社会对这些品质的拥有。”① 事实上，在发展心理学的理论架构中，“研究儿童对他们的世界的经验、儿童的观点与研究儿童的发展，不必相互排斥。……在发展的框架内与儿童一起研究他们的生活，以及在相关学科之间合作有足够的空间”。②

第四节　儿童文化的登场

20 世纪 70、80 年代以来，社会科学领域很多学科都将目光转向“儿童”。心理学建构的不成熟的消极的儿童形象被主动建构文化、参与社会行动的儿童观念替代。新童年研究基于“童年是一种建构”的视角，解构了心理学家提出的发展中的儿童形象。他们认为，心理学家自认科学并被信奉为科学的儿童形象只是建构的结果。这种儿童形象的塑造将儿童生理上的不成熟过度

① Jens Qvortrup, William A. Corsaro, Michael-Sebastian Honig. The Palgrave Handbook of Childhood Studies [M]. Basingstoke: Palgrave Macmillan, 2009: 57.

② Sheila Greene, Diane Hogan. Researching Children's Experience: Methods and Approaches [M]. London: Sage Publication, 2005: 37.

推广到儿童整体能力的缺失。对儿童自身而言，儿童不是成人的对比物，儿童在心理、社会、文化等方面是有能力的。儿童是有自己文化的能动者。

一、转向儿童中心的研究

早在1973年，夏洛特·哈德曼（Charlotte Hardman）发表《可以有儿童人类学吗?》（*Can there be an Anthropology of Children*），标志着人类学研究开始转向以儿童为中心。直到20世纪90年代，人类学家才开始广泛地讨论儿童中心问题。1992年，英国皇家人类学学会（Royal Anthropological Institute）在剑桥大学罗宾逊学院主办了“儿童是社会行动者”（Children as social actors）及“儿童的民族志”（ethnography of children）的主题研讨会。这次研讨会集结了人类学、社会学、儿科医学、发展心理学、精神病学等方面的三十多名学者。他们在儿童人类学研究上达成了一个共识：“应当以饱满的学术热情研究儿童人类学，儿童人类学是一个包罗广泛的学科，应该特别关注某一社会中儿童与成人的关系。儿童与成人对自我世界理解的差异意味着转化。”① 在研究方法上，他们呼吁“要特别重视儿童的言语行为、非言语交流和图像化语言（比如绘画）”。②在研究内容上，他们认为，“我们也应该抛弃以前的‘社会化’概念，社会化意味着学习就是知道。而应当进一步被发现的是，儿童是如何获得认识的。”③

次年，布鲁内尔大学开创性地为儿童和儿童发展社会人类学（the social anthropology of children and child development）提供硕

①②③　Benthall Jonathan. Child-focused research [J]. Anthropology Today. 1992, 109 (2): 23-25.

士学位。并且，布鲁内尔大学在1998年建立儿童人类学研究中心（C-FAR：Centre for Child-Focused Anthropological Research），由克里斯蒂娜·托伦（Christina Toren）担任主任。它致力于“将研究儿童变化的观念构成作为当代人类学理论的研究中心。其目的是超越传统的社会化研究，摆脱旧观念：儿童只有通过成人的努力才能融入社会。我们的目的是要证明，因为我们生来就具有社会性，并逐渐了解世界与他人的关系，孩子们在理解成人思想的过程中不可避免地会改变成人的思想。将儿童发展纳入传统的民族志研究提供了一个机会来调查成年人认为是理所当然的社会实践是如何随着儿童理解力的增长而不断产生变化的。”①

进入二十一世纪以后，“儿童”真正地成了人类学研究的中心。也直至2001年，哈德曼于1973年发表的《可以有儿童人类学吗?》被《童年》杂志重刊。哈德曼对儿童人类学的讨论与设想方才得到应有的重视。同年，“儿童、青少年与童年人类学委员会”在国际人类学与民族学联合会的批准下正式成立。它意味着人类学从将儿童视作“研究之物”（objects of study）转向作为积极参与者的儿童。② 此后，一些著作和专刊的陆续出版，也表明人类学家开始转向以儿童为中心的研究。2001年，加拿大人类学会（CASCA：the Canadian Anthropology Society）官方刊物《人类学》（*Anthropologica*）出版了关于儿童研究的专刊。同年，海伦·施瓦兹曼（Helen B. Schwartzman）编辑出版论文集《儿

① Gillian Evans，Ruth McLoughlin. Children in their places［J］. Anthropology Today. 2001，17（5）：27－28.

②［印度］Deepak Kumar Behera，刘志军，秦红增. 儿童、青少年与童年人类学委员会简介［J］. 广西民族学院学报（哲学社会科学版）. 2005（5）：74－77.

童和人类学：二十一世纪的观点》（*Children and Anthropology: Perspectives for the 21st Century*）。2007 年，《美国人类学家》（*American Anthropologist*）杂志也出版了专刊。2008 年，大卫·兰西（David Lancy）出版独著《童年人类学》（*The Anthropology of Childhood: Cherubs, Chattel, Changelings*）。罗伯特·勒文（Robert LeVine）和丽贝卡·纽（Rebecca New）出版《人类学和儿童发展》（*Anthropology and Child Development*）。次年，希斯·蒙特高梅丽（Heather Montgomery）出版《童年的介绍：人类学视角下的儿童生活》（*An Introduction to Childhood: Anthropological Perspectives on Children's Lives*）。

同一时期，儿童遭遇的社会问题引发了社会公众的讨论与关注，各个社会科学的后继研究者也不断向建构消极儿童形象的传统理论提出挑战。在社会学领域，越来越多的学说强调社会结构之外个体的能动性，包括注重对日常生活的解释主义取向、更强调儿童主动参与文化同化的社会化理论、描绘社会生活的理解过程的结构主义和符号学以及探索社会建构的理论等。① 另外，在 20 世纪 60 年代，一系列亚文化群体运动先后发生，包括反文化运动、女权主义和反殖民运动等，它们不仅挑战了当时社会的霸权和主导话语，也激发了社会科学对不同亚文化群体所表达的世界观的兴趣。②在这样的背景下，社会学家开始转向童年研究的新范式，开始正视儿童的本体地位，而非将儿童视为成人的附属物。而且，童年社会学家也从反对儿童被动地向成人学习的社会

---

①② Jens Qvortrup, William A. Corsaro, Michael-Sebastian Honig. The Palgrave Handbook of Childhood Studies [M]. Basingstoke: Palgrave Macmillan, 2009: 38.

化概念开始，研究儿童的活动本身创造的文化意义，理解儿童、成人以及其它儿童共同进行文化建构的集体活动。① 童年社会学家从研究社会化到注重研究儿童文化。

另外，在这一阶段，斯堪的纳维亚半岛的考古学家开展早期童年考古学研究。最具影响力的考古学家是格里特·利勒哈梅尔（Grete Lillehammer）。1989年，格里特·利勒哈梅尔在《挪威考古学评论》（*Norwegian Archaeological Review*）发表文章——《一个孩子出生了：考古学视角下的儿童世界》（*A Child is Born. The Child's World in an Archaeological Perspective*）。在该文中，利勒哈梅尔对20世纪初到20世纪七八十年代挪威考古学家进行的童年研究做出了述评。她认为考古学研究仍然要不断地将儿童纳入研究视域。② 这篇文章标志着考古学家正式开始将研究目光转向儿童。瑞典考古学家斯蒂格·韦林德（Stig Welinder）评论道，“考古学中有一个关于童年的理论，所有这些都写在了1989年的那篇文章中”。③ 同样，简·伊娃·巴克斯特（Jane Eva Baxter）认为，“这标志着大多数人认为的童年考古学的诞生。这是第一部系统地从方法和理论上通过考古记录研究儿童的作品。”④ 利

① Jaan Valsiner, Alberto Rosa. The Cambridge Handbook of Sociocultural Psychology [M]. Cambridge: Cambridge University Press, 2007: 444.

② Grete Lillehammer. A Child is Born. The child's world in an archaeological perspective [J]. Norwegian Archaeological Review. 1989, 22 (2): 89-105.

③ Grete Lillehammer. 25 years with the ‘child’ and the archaeology of childhood [J]. childhood in the past: an international journal. 2015, 8 (2): 78-86.

④ Jane Eva Baxter. The Archaeology of Childhood: Children, Gender, and Material Culture [M] Walnut Creek: Altamira Press, 2005: 16.

勒哈梅尔的这篇文章是童年考古学的奠基之作。20 世纪 90 年代以来，童年考古学逐渐发展为一个更加成熟的考古学分支。一系列童年主题的考古学会议陆续召开，大量相关的论文和论文集也先后出版。① 2007 年，国际多学科研究组织——过去童年的研究

① 考古学家们召开了系列童年方面的会议，促进了童年考古学的建设与发展。比较有影响力的会议包括：1993 年，考古学理论委员会（TAG：Theoretical Archaeology Group）召开与性别和童年有关的会议。次年，布莱斯 E. 罗弗兰德（Blythe E Roveland）和马丁·沃布斯特（Martin Wobst）为美国考古学学会（SAA：Society of American Archaeology）组织了一场名为“史前史中的儿童和儿童的史前史”（Prehistory's Children and Children's Prehistories）的会议。1996 年，理论考古协会（Theoretical Archaeology Group）在乔安娜·索菲尔·杰列夫斯基（Joanna Sofaer Derevenski）的主持下，在利物浦召开了与儿童相关的会议——“在过去的儿童”（Children in the Past）。1997 年，帕特里夏·史密斯（Patricia Smith）和威廉·福克斯（William Fox）为加拿大考古协会（Canadian Archaeological Association）组织会议——“童年的痕迹：儿童考古学研究”（Traces of childhood：Studies in the Archaeology of Children）。

另外，一些考古学家也发表了有影响力的学术作品。早期作品包括 1994 年杰列夫斯基在《剑桥考古评论》（Archaeological Review from Cambridge）上发表的社论《对儿童和童年的看法》（*Perspectives on children and childhood*）。1997 年，珍妮·摩尔（Jenny Moore）和埃莉诺·斯科特（Eleanor Scott）合著的书——《看不见的人和进程：把性别和童年写入欧洲考古学》（*Invisible People and Processes: Writing Gender and Childhood into European Archaeology*）。同年，罗弗兰德在《人类学通讯》（*Anthropology Newsletter*）上发表文章《儿童考古学》（*Archaeology of children*）等。2000 年以后的代表作品，包括杰列夫斯基的《儿童和物质文化》（*Children and Material Culture*）、巴克斯特的《童年考古学：儿童、性别和物质文化》（*The Archaeology of Childhood: children, gender, and material culture*）和《行动中的儿童：童年考古学的观点》（*Children in Action: Perspective on the Archaeology of Childhood*）以及特拉奇·阿尔登（Traci Ardren）和司格特·哈特森（Scott Hutson）的《古代中美洲的童年社会经历》（*The Social Experience of Childhood in Ancient Mesoamerica*）等。

协会（SSCIP：the Society for the Study of Childhood in the Past）正式成立。次年发行了国际期刊《过去的童年》（*Childhood in the Past*）。

二、儿童是文化建构者和社会行动者

（一）儿童是文化的主动建构者

传统的儿童人类学认为儿童是被动的、发展不成熟的。“儿童”从不具有目的地位。儿童是“正在成形中的成人”，是“文化上不完备的生物”，是“成人社会的附属品”。[①] 儿童正在向有文化能力的阶段过渡，还不能有效地掌握文化。[②]人类学家对儿童的研究实质上仍是关注儿童发展为成人的问题。“因为聚焦在成人的目的状态和成人对‘实现’社会化的影响，儿童的活动被认为是辅助的或者附属的。因此，儿童对他们自己的发展所做出的贡献经常不是被忽视，就是被抹去了。”[③]传统的儿童人类学研究没有看到儿童建构文化的主动性。传统研究中出现了儿童，却没有真正地研究儿童。劳伦斯·希斯菲尔德（Lawrence A. Hirschfeld）以儿童游戏和玩耍方面的文献为例。他认为，这方面的人类学研究的确提供了有关儿童的丰富信息，但是“这些研究一般强调游戏与成人活动、目的的相关，特别是日常游戏，包括玩耍，是如何使儿童习得成人的规则、标准等方面的文化的”。[④]也就是说，这类研究从“成人”“发展”的角度解释儿童的活动，却“阻碍了认识儿童在习得文化敏感性中做出的贡献”，“高估了成人实际施加的影响”。[⑤]

①②③④⑤ Hirschfeld L A. Why don't anthropologists like children? [J]. American anthropologist, 2002, 104 (2): 611 - 627.

新儿童人类学建立在能动的儿童观之上，摆脱了“缺乏”“发展”等比较的视角。人类学家关注的是儿童的“现在”以及儿童进行的文化创造。① 儿童不是被动地进入成人创造的文化世界，“儿童，年轻人为自己建构意义”。“儿童积极地生产他们自己的文化，而不是仅仅被文化生产着。”② 在情感和生存上，儿童依赖成人的照顾和爱护，但是这并不意味着儿童是接受成人期望和知识的容器。儿童借助成人的文化来认识和描述自己，但是儿童不是将其作为真理以全盘接收，而是以革新的方式来利用。儿童不仅是在学习成人文化，更是在重新创造成人文化。③

新儿童人类学的目标是理解“儿童是如何贡献于文化创造的”，也即理解“儿童的文化”。④ 首先，儿童创造将成人排除在外的自身独特的文化。对儿童来说，发展成为一个“成功的”成人，并不是他的目标。“儿童的目标是成为一个成功的儿童。”⑤从儿童到成人，儿童不是从一个在文化上未成熟的个体发展为具有成熟文化的个体。儿童发展为成人，是从一种文化传统转向另一种文化传统。⑥ 在儿童成长的过程中，儿童构建自己的、丰富的文化，也建立自己的文化标准和规范。儿童文化的主

---

① Vered Amit, Helena Wulff. Youth Cultures: A Cross-Cultural Perspective [M]. London: New York: Routledge, 1995: 30 - 31.

② Sharon Attard. Emerging perspectives in the anthropology of childhood [J]. Anthropology Today, 2008, 24 (5): 24.

③ [美] 拉波特，奥弗林. 社会文化人类学的关键概念 [M]. 鲍雯妍，张亚辉，译. 北京：华夏出版社，2013：34.

④⑤ Lawrence A. Hirschfeld. Why don't anthropologists like children? [J]. American Anthropologist, 2002, 104 (2): 611 - 627.

⑥ Hirschfeld L A. L'enfant terrible: anthropology and its aversion to children [J]. Etnofoor, 1999, 12 (1): 5 - 26.

体是儿童，它区别于以成人为主体的成人文化，成人也不可能是儿童文化的主体。儿童文化是能够滋养儿童的生命源泉，它既不属于成人文化的一部分，更不是成人文化之前的阶段。① 儿童文化是儿童特有的生长密码，成人并不具备准入的资格。一代又一代的儿童共同维持和构建儿童文化。“儿童参加具有特殊目标的文化活动，这些活动基本上将成人排除在外。儿童发展、维持独属于他们自己的社会、身体空间的社会活动、关系网络、意义系统。这都是毫无疑义的。然而，童年文化的概念不仅是具有特殊目标的儿童中心的活动。儿童的文化包括丰富而复杂的环境，这些环境不仅区别于也独立于他们嵌入的成人环境。儿童具有丰富的游戏和歌曲——文化形式——这似乎没有与成人文化联系。文化形式‘从儿童传到儿童，超过了影响……成人对他们什么也不知道……从一代到一代，这一不自觉的繁荣文化不被成熟的世界注意到，也很少被它影响。’”②

其次，儿童不是填充成人文化的“空桶”，而是文化的主动建构者。在传统人类学研究中，文化被认为是通过教学和模仿，从一代传给另一代的。③ 不成熟的儿童依赖成人的教养，方能“成为文化中能力合格的成员”④。在这个过程中，儿童自身发挥

① Reynolds V. Can there be an anthropology of children? A reply ［J］. Journal of the Anthropological Society of Oxford, 1974, 5 (1): 32-38.

② Lawrence A. Hirschfeld. Why don't anthropologists like children? ［J］. American Anthropologist, 2002, 104 (2): 611-627.

③ Hirschfeld L A. L'enfant terrible: anthropology and its aversion to children ［J］. Etnofoor, 1999, 12 (1): 5-26.

④ ［美］大卫·兰西. 童年人类学［M］. 陈信宏，译. 台北市：猫头鹰出版，2017：238.

的作用被弱化了。“这种情况在新手观察世界并接受指导时发生，他们发展的知识与充当导师的专家的知识相似，注意在这个过程中，孩子扮演的角色是多么微不足道。”① 这种传统的学习理论被认为是西方文化构建的标准化童年模式，它忽视了儿童自身的主动性。然而从大多数民族志记录来看，“主动或直接的教学/指导在文化传达当中极为罕见”。② 在许多非西方文化中，儿童通过观察和模仿主动地学习。“儿童能够从环境吸收以及处理资讯，显示他们拥有一种与生俱来的能力，也就是苔丝金斯与帕拉黛丝所谓的‘开放式注意力’，在社会情境与自然情境里都可以发挥良好效果。”③ 在非西方文化中，可以看到儿童具有主动建构文化的能力，将成人文化“改造”为自己的文化。“儿童的文化大致基于成人文化，存在于成人文化中。但是，儿童文化使成人文化适应于自己的目标，并且包含了成人文化中缺少的元素。’”④“儿童具有认知倾向，这使得他们自发地采取一些特定的文化表现，而另一些必须通过精细的机构支持获得。”⑤“然而，学习无疑不是一个对等的过程，在很大程度上，儿童学会的与成人试图去教或不教的东西没有关系。”⑥

---

① Hirschfeld L A. L'enfant terrible: anthropology and its aversion to children [J]. Etnofoor, 1999, 12 (1): 5-26.

② ［美］大卫·兰西. 童年人类学［M］. 陈信宏，译. 台北市：猫头鹰出版，2017：295.

③ ［美］大卫·兰西. 童年人类学［M］. 陈信宏，译. 台北市：猫头鹰出版，2017：249.

④ Lawrence A. Hirschfeld. Why don't anthropologists like children? [J]. American Anthropologist, 2002, 104 (2): 611-627.

⑤⑥ Hirschfeld L A. L'enfant terrible: anthropology and its aversion to children [J]. Etnofoor, 1999, 12 (1): 5-26.

最后，儿童文化有形塑甚至支配成人文化的可能。儿童不仅有作用于成人文化的能动性，而且从文化传承的角度来讲，儿童是否将成人文化纳入自己的思维和文化环境中，决定了成人文化能否进入儿童文化，从而得到保存。劳伦斯认为，“许多文化形式保持稳定，流传广泛，仅仅是因为儿童易于理解和学习。”①“儿童——尤其是儿童的思维——不仅使得文化可能，而且使得有些文化比另一些文化更为可能。”②

儿童人类学家的儿童文化观和童年社会学家的观点是大体一致的。童年社会学家的儿童文化观建立在“儿童是社会行动者”的观点之上。儿童是儿童，而不能视为有待发展和社会化的未来的成年人。在传统的社会化概念中，儿童是待发展的未来潜在的社会成员，他们等待着成人“投喂”社会价值观、社会规范等。儿童只是接受成人教导的模具，或是可以灌注文化的容器。儿童至多能够主动积极地吸收成人世界提供的“养料”。但是，儿童既不是和成人一样的社会成员，也没有能力影响外部文化世界。传统的社会化概念认为儿童是消极被动的依赖者，儿童没有自我行为的能力、自主的意愿和自创的文化。儿童的一切都被认为来自于成人世界的影响。③

（二）儿童是社会行动者

儿童的社会行动者的身份建立在社会学理论的“结构—能

① Lawrence A. Hirschfeld. Why don't anthropologists like children? [J]. American Anthropologist，2002，104 (2)：611-627.

② Hirschfeld L A. L'enfant terrible：anthropology and its aversion to children [J]. Etnofoor，1999，12 (1)：5-26.

③ [英] 艾伦·普劳特. 童年的未来：对儿童的跨学科研究 [M]. 华桦，译. 上海：上海社会科学院出版社，2014：61.

动”二元问题的基础上。“结构—能动”之争就是探讨个体生活和由社会结构、制度和价值体系构成的社会之间的关系。个体是否能够或具有多大的能力摆脱社会的影响、独立行动。“结构—能动”之争在安东尼·吉登斯（Anthony Giddens，1938— ）的理论中得到了调和。吉登斯认为，结构和能动是交织在一起的，社会结构是人的行动的基础，而社会结构又是人的行动的结果。个体是生活于社会结构和制度之中，受其影响并能在行动中改变社会结构与制度的行动者。作为社会行动者的儿童亦处在结构和能动的交互作用之中，挣脱了完全被结构决定的认识偏见。儿童是社会行动者，意味着儿童不仅影响他们自身的成长和社会化过程，也影响着整个社会生活。“如果吉登斯关于结构和能动之间的相互作用是正确的，那么儿童和成年人一样，都可以被设想为社会的积极参与者。他们也可以被看作是对它的形状和形式做出贡献的人，以及被它‘社会化’的人”。①

儿童是既受社会影响，又能影响社会的行动者。儿童生活在社会文化中，是存在于社会文化之中的存在（beings）。儿童过着自己的生活，建构自己的童年：建立人际关系、获得日常体验，并且面对复杂、真实的社会生活。儿童也是一种生成（becomings），在建构童年的时候，也面向着未来，走向成年。儿童不断生成或发展的特点并不能剥夺儿童本身的社会地位。儿童是一种生成，是以儿童是一种存在为前提的。也就是说，儿童必然也必须发展为成人，但这并不意味着以成人的标准衡量儿

---

① Jens Qvortrup，William A. Corsaro，Michael-Sebastian Honig. The Palgrave Handbook of Childhood Studies［M］. Basingstoke：Palgrave Macmillan，2009：39.

童，也不意味着儿童当下的生活对儿童自身是没有意义的。事实上，在社会生活不断变迁的当代，成人自身也是在不断生成的，也需要不断自我改变与发展。“但是，不管是儿童还是成人，都应被视作一种多样性的生成物。在这个过程中，所有人都是不完整的、非独立的。”① 相反，只有儿童存在于当下，儿童方能向未来生成。儿童存在于当下，这意味着儿童既连接着自己的过去，也面向着可预期的未来。存在就是不断、连续的生成。

儿童既是不断建构当下童年的存在物，也是面向未来成年的生成物。儿童正在发展之中，并且依赖成人的支持。但是，儿童的“生成”的特点不能剥夺儿童社会行动者的地位。“的确，与他人的相互依赖和联系正是所有人类社会行动共同展现的那种关系。就儿童而言，不同之处在于他们周围的人，特别是成年人在多大程度上允许儿童独立行事。这可能会限制他们作为独立行动者的经验，从而对他们的选择产生影响，但这并不会否定所有儿童都有能力成为具有反思能力的社会行动者的论点。”② 儿童和成人一样，都生活在同样的社会文化之中，是社会文化的正式成员。在和儿童相关的社会事务中，儿童是能够引起社会变化的能动者，儿童的声音应该被听到。虽然儿童仍然很少有机会接触社会事务的核心，儿童也很难真正作为“政治的儿童”（political child）而存在于社会。③ “认识到让儿童的声音被听到的重要性，

---

① ［英］艾伦·普劳特. 童年的未来：对儿童的跨学科研究［M］. 华桦，译. 上海：上海社会科学院出版社，2014：68.

② Allison James, Adrian James. Key Concepts in Childhood Studies［M］. London：Sage Publications，2012：115－116.

③ Michael Wyness. 童年与社会——儿童社会学导论［M］. 王瑞贤，张盈堃，王慧兰，译. 台北：心理出版社，2009：235－236.

并且承认儿童和青年能够作为**公民**（citizens）而参与，并*作为儿童*（*as children*）本身贡献自己的想法，这些认识仍然相当不完善。"① 儿童的观点很难真正落实到政策之中。但是，毋庸置疑地是，自1989年《联合国儿童权利公约》出台以来，制定儿童相关的政策时，越来越重视儿童的观点。儿童获得了更大的空间来参与社会事务，表达儿童群体的观点和利益。

儿童之社会行动者（social actors）的身份确证是童年社会学对20世纪70年代以来社会科学领域兴起的童年研究的最突出的理论贡献。"它强调了儿童和年轻人有能力对他们所做的事情做出选择，也有能力表达他们自己的观点。经由这个概念，强调了儿童不仅能够在一定程度上控制自己生活的方向，而且更为重要的是，他们还能够在更广泛的社会变化中发挥一定的作用。"② 这意味着儿童不是身处社会结构之中的被动接受者，儿童能够积极地建构自己的生活，影响他们周围的人的生活，也能够影响他们所生活的整个社会。③

三、儿童创造自己的文化

儿童和成人一样都具有文化，二者具有事实上差异，但不能作价值上的优劣对比。儿童既在群体内部创造、分享区别于成人的

---

① Allison James, Adrian James. Key Concepts in Childhood Studies [M]. London: Sage Publication, 2012: 26.

② Allison James, Adrian James. Key Concepts in Childhood Studies [M]. London: Sage Publication, 2012: 4.

③ Jens Qvortrup, William A. Corsaro, Michael-Sebastian Honig. The Palgrave Handbook of Childhood Studies [M]. Basingstoke: Palgrave Macmillan, 2009: 40.

文化，也能够将成人文化进行阐释性再构，纳入自己的文化之中。

（一）儿童群体内部形成自治的文化

儿童人类学的奠基人玛丽·爱伦·古德曼（Mary Ellen Goodman）认为，“问题是许多成人没有能力欣赏儿童的认知范围，理解人际关系的能力以及处理挫折、紧张和困难的能力。儿童的认知、理解和处理情绪和问题的能力可能在性质和程度上都区别于成人。这是事实。儿童表达自己意愿的能力较弱，这即使不会影响儿童表达观念，也会降低沟通的完整性和清晰度。但这是程度上的差异，而不是种类上的差异。”①

儿童人类学的另一位奠基人夏洛特·哈德曼（Charlotte Hardman）也认为，“对人类学家来说，儿童不是新奇的对象”。②在人类学家的研究中，从来不缺乏儿童。儿童是成人教养的对象，是将要发展为成人的儿童。“真正的儿童”实际上却是缺席的，儿童及儿童群体是“沉默的”。“儿童人类学的开始，是对儿童的信念、价值或者对儿童的观点、儿童对世界的认识的解释。”③儿童人类学作为一个分支学科的确立，是以人类学家开始关注儿童不同于成人的信念、价值、观点、认识为标志的，即是对儿童自己的文化的研究为起始的。

儿童人类学研究的是儿童的当下，而不是发展。哈德曼认为，新的儿童人类学与传统的儿童人类学相比，不强调历时性，而关注当下。④传统的人类学研究将儿童当作一个被动、消极的

① Mary Ellen Goodman. The Culture of Childhood: Child's-Eye Views of Society and Culture [M]. Columbia: Teachers College Press, 1978: 3.

②③④ Charlotte Hardman. Can there be an anthropology of children? [J]. Childhood, 2001, 8 (4): 501-517.

文化接受者。儿童对社会文化没有任何贡献，只是影响成年人格形成的童年早期经验。新儿童人类学关注儿童的当下，也就是肯定童年自身的价值。

哈德曼认为，儿童是主动、积极地文化创建者，他们构造了自我调节的、自治的文化。尽管个体儿童会长大成为成人，并进入成人文化，但是儿童文化作为儿童独有的、区别于其他群体的文化一直存在并保存下来。① 哈德曼认为，儿童是一个完整的文化创造者。儿童文化没有成人的介入，而是在儿童群体之间传递的文化。② “我提出的方法认为人们应当从儿童本身对其加以研究，儿童不是接受成人教育的容器。我的研究是去发现童年是否有一个自我调节的、自治的文化，这个文化不是成人文化的早期发展。如果我们将社会设想为交织、重叠的圈子，这些圈子作为一个整体形成了信仰、价值和社会互动的集合。”③哈德曼将儿童文化作为儿童群体内部形成的文化，是独立于成人的自治的文化圈。这受到艾奥娜·奥佩（Iona Opie）和彼得·奥佩（Peter Opie）的《儿童在街道和运动场的游戏》（*Children's Games in Street and Playground*）的影响。他们认为，儿童文化是“一种繁荣而无意识的文化（‘文化’一词在此是经深思熟虑后使用的）”。④他们

①③ Charlotte Hardman. Can there be an anthropology of children? [J]. Childhood, 2001, 8 (4): 501-517.

② Heather Montgomery. An Introduction to Childhood: Anthropological Perspectives on Children's Lives [M]. Chichester: John Wiley & Sons, 2009: 38.

④ Heather Montgomery. An Introduction to Childhood: Anthropological Perspectives on Children's Lives [M]. Chichester: John Wiley & Sons, 2009: 37.

肯定儿童文化自身的价值，“他们有些玩闹是有思想的，一般是正确的”。并且，他们认为，儿童文化是儿童之间互相传递的，几乎没有发生代际间的影响。“‘这个繁荣的、自然的文化一直没有被成人世界注意到，也很少影响到成人世界。’”①

（二）儿童对社会文化加以阐释性再构

儿童文化既能够通过在儿童群体之间互相学习而形成，也可以是儿童主动从成人文化中汲取的。古德曼认为，“童年文化，和其它文化一样，是能够习得、分享和传播的。就某种程度而言，童年文化是儿童互相学习而得的。然而，它主要是从成人那儿习得的。它是学习而来的，但不一定是教授的。”② 这意味着，儿童并不是被动地接受成人的教导，将社会文化内化为儿童文化。社会文化进入儿童，使得文化得以在过去延续到现在和未来。儿童主动参与这个过程，而非旁观。③ 儿童文化是儿童这一社会行动者进行主动建构的结果，是儿童能力的彰显。儿童对社会文化进行创造性的参与或改造式的参与。儿童不仅局限于社会结构背景，也影响结构背景的变化，甚至促成结构背景的形成。“正因为如此，儿童文化可以被视为儿童能动地参与限制他们的空间和时间结构时自然产生的一种事物。”④ 儿童在社会制度和

① Charlotte Hardman. Can there be an anthropology of children? [J]. Childhood, 2001, 8 (4): 501-517.

② Mary Ellen Goodman. The Culture of Childhood: Child's-Eye Views of Society and Culture [M]. Columbia: Teachers College Press, 1978: 7.

③ [英] 艾莉森·詹姆斯，克里斯·简克斯，艾伦·普劳特. 童年论[M]. 何芳，译. 上海：上海社会科学院出版社，2014：76.

④ [英] 艾莉森·詹姆斯，克里斯·简克斯，艾伦·普劳特. 童年论[M]. 何芳，译. 上海：上海社会科学院出版社，2014：88.

结构的限制之内，对自己的日常生活进行选择性地参与，从而创生儿童文化。儿童文化不是“出现在那些时间和空间秩序的空隙中”① 的剩余物或赘余物，它是作为社会行动者的儿童的产物。

儿童不再被认为是和社会文化割裂的存在。儿童是正式的社会成员，他们和成人一样，身在社会文化的背景之中，他们都同样地受其制约，又反过来对其施加影响。以当代社会生活的典型特征——消费文化为例。当把“儿童”和“消费”联结起来时，人们往往将消费文化作为影响儿童的成人生活的负面因素。波兹曼（Neil Postman）认为，电子媒介毁坏了成人和儿童之间的区隔，造成了“童年的消逝”。儿童的媒体消费破坏了儿童本该具有的“纯真”特性。这其实是一种成人中心的论断，儿童仍然被看作消极、被动的接受者，儿童的社会行动者身份被忽视了。消费对儿童产生的影响是复杂而多面的，正如它是成人生活中的一把“双刃剑”。消费文化是儿童和成人都共同面对的文化环境。当评述儿童和消费文化的关系时，儿童的想法和力量必须被考虑在内。儿童不仅受消费市场的导引，儿童自身也在建构自身的消费。“正如白金汉所主张的，与其简单地赞美或谴责儿童作为媒体消费者的潜在权力，我们需要了解儿童能够参与成人世界的程度和局限。关于媒体，我们需要知道儿童对他们能够得到的、向他们呈现的世界的评价能力，并确定他们可能需要知道什么，以便更有成效和更有效地这样做。”② 儿童文化不是隔离于

① ［英］艾莉森·詹姆斯，克里斯·简克斯，艾伦·普劳特．童年论［M］．何芳，译．上海：上海社会科学院出版社，2014：80.

② Jens Qvortrup，William A. Corsaro，Michael-Sebastian Honig. The Palgrave Handbook of Childhood Studies［M］. Basingstoke：Palgrave Macmillan，2009：44.

社会文化的孤岛，“在儿童与同伴关系之外的儿童生活的社会背景”也是影响儿童文化的重要因子。①

而且，儿童是文化再生产的主体，是构建儿童文化的“主人”。“儿童出生在一个早已存在着传统和符号系统的世界，儿童使用他们逐渐提升的阐释能力参与文化实践。”② 儿童以独特的行动策略和技巧参与文化再生产。儿童和其他儿童、成人一起构建社会关系，积极地建构自己的生活世界、日常生活经验和身边的社会环境。“儿童的社会关系和文化本身是值得研究的，与成人的观点和关注无关。”③ 儿童将成人文化改造为适合自己的样态，这也有利于成人文化的再生产和发展。儿童是积极的行动者，能够建构和决定自己的生活，并对周围人的生活进行再建构。④总之，儿童文化是儿童对社会文化的阐释性再生产（the Interpretive Reproduction）。

阐释性再生产的理论首先由比尔·科萨罗（Bill Corsaro）提出。在他看来，儿童的再生产包含两个方面，儿童既积极地参与文化生产，也作为社会文化的一员受其规约和限制。⑤ 儿童是一定社会文化中的个体，他们的行为受制于他们自己的社会成员的身份。儿童生活于家庭、教育、宗教、政治、经济等社会机构共

---

① ［英］艾莉森·詹姆斯，克里斯·简克斯，艾伦·普劳特. 童年论［M］. 何芳，译. 上海：上海社会科学院出版社，2014：75.

② William A. Corsaro, Peggy J. Miller. Interpretive Approaches to Children's Socialization［M］. San Francisco: Jossey-Bass Publishers, 1992: 6.

③④ Chris Jenks. Childhood［M］. London and New York: Routledge, 2005: 30.

⑤ Jens Qvortrup, William A. Corsaro, Michael-Sebastian Honig. The Palgrave Handbook of Childhood Studies［M］. Basingstoke: Palgrave Macmillan, 2009: 41.

同构筑的“蛛网”之中。儿童受社会文化的影响，但这不是全部的事实。作为社会行动者的儿童是构建“蛛网”的“蜘蛛”，整个对儿童发生作用、产生意义的“蛛网”随着儿童织网建构而发生改变。儿童不是简单地习得社会秩序与规约，而是儿童和成人、其他儿童进行协商、分享和创造文化的过程。① 这就是科萨罗的阐释性再生产理论的出发点。阐释性再生产的过程，就是儿童在参与社会活动时，能够对社会文化加以自己的解释和理解，并且将社会文化知识转化或改造为自己的文化，适应自己的需要。其中，“阐释性”是指儿童能够创造性地参与社会活动。②而“再生产”是指能够积极地参与社会文化的再生产，而不是简单地加以内化。③ 此外，科萨罗强调儿童对社会文化的阐释性再生产发生在同伴群体之中。儿童能够将成人文化加以创造性地吸收和改造，并将其应用于解决自身遭遇的问题，从而创造了独特的儿童文化。④

所有的儿童都生活在一个联结着其他儿童和成人的关系网络中。儿童在这个所有儿童共同构成的关系网以及儿童和成人共同构建的关系网中创造着文化。并且，儿童文化往往以游戏的形式呈现，在游戏中表现。儿童群体往往共同创建游戏形式，一起活动，一起分享欢乐。儿童在自由游戏中，共同创造与分享游戏规则和常规。科萨罗在研究中发现，儿童的幻想游戏是高度复杂的，儿童不依赖任何剧本或计划就生产了一个框架。儿童的幻想

---

①②④ ［美］威廉·A. 科萨罗. 童年社会学：第四版［M］. 张蓝予，译. 哈尔滨：黑龙江教育出版社，2016：15.

③ Allison James, Adrian James. Key Concepts in Childhood Studies［M］. London: Sage Publication, 2012: 73.

游戏完全由儿童之间的互动建构而成。① 儿童建构的游戏或文化的意义就在于当下的生命体验和享受。“斯特兰德尔认为，‘对他们来说，他们参与事件的过程对他们存在于此地的空间和存在于此时的时间具有直接的影响。’”② 对儿童自身而言，他们创造文化不是为了成人经常说的认知、社会性、情绪等方面的发展。“在这个意义上来说，文化创造是童年时代的核心特质，而不是简单地为了社会化过程或发展的实践。当然，这样的文化创造有助于儿童的发展，然而，仅从发展的角度分析儿童的文化创造，会降低它的复杂性，并歪曲它在儿童日常生活中的重要性和即时性。”③

而且，在儿童的游戏中，也很容易看到儿童将成人文化的内容进行吸收，并将其改造为儿童文化的一部分。哪怕是儿童的角色扮演，也不是对成人的直接模仿，而是对成人角色进行改编，并增加自己感兴趣和需要的内容。④ 科萨罗在博洛尼亚的一所幼儿园观察到的“移动银行”的例子，就是建立在成人文化基础上的拓展。孩子们用纸箱创造的“移动银行”来源于现实生活中的银行，但是他们在游戏中使其成为一个更加先进的三维银

① Jaan Valsiner, Alberto Rosa. The Cambridge Handbook of Sociocultural Psychology [M]. New York: Cambridge University Press, 2007: 448.

② Jaan Valsiner, Alberto Rosa. The Cambridge Handbook of Sociocultural Psychology [M]. New York: Cambridge University Press, 2007: 447.

③ Jaan Valsiner, Alberto Rosa. The Cambridge Handbook of Sociocultural Psychology [M]. New York: Cambridge University Press, 2007: 457.

④ [美] 威廉·科萨罗. 我们是朋友 [M]. 张京力，单桐，译. 北京：科学普及出版社，2012：76.

行系统。① 此外，在成人控制的机构中（尤其是学校），儿童不满于成人的控制时，他们会对成人规则进行“次级调整”（secondary adjustments）以维护自己的文化空间和生活的控制权。这个过程包括“儿童认识到为什么成人认为一个规则是必要的（成人文化的再生产）以及使其适应儿童的二次调整（成人文化的变化）。”②

任何历史时代都可以看到儿童创造的文化。在历史图像中，儿童处于弱势地位，但是无论所处的境遇如何，儿童每时每刻都在和社会文化发生关系，也以各自的方式参与建构文化。在不重视儿童的历史文献中，儿童创造的文化可能会被历史的执笔者弱化。但是过去儿童在创作文化时，利用的物质、和物质发生的关系，都被遗物、遗迹与遗址等构成的“外在的客观实在”忠实地记录与保存下来了。童年考古学的考古证据能够还原出任何时代儿童的文化创造。在任何时代，儿童都是社会中的一员，无论儿童的社会成员身份是否得到了成人的认可与保护，儿童都实实在在地生活在真实的社会环境中。纵然在一些社会中，儿童不那么有权力，儿童也“有能力使用各种策略来操控他们的环境”。③他们和成人一样，既受到社会文化的影响，也主动参与社会文化的建构。儿童和成人一样，都有对世界的独特理解，也都有能力

---

① ［美］威廉·科萨罗．我们是朋友［M］．张京力，单桐，译．北京：科学普及出版社，2012：94－95.

② Jaan Valsiner, Alberto Rosa. The Cambridge Handbook of Sociocultural Psychology［M］. New York：Cambridge University Press，2007：458.

③ Kathryn A. Kamp. Where have all the children gone?：the archaeology of childhood［J］. Journal of Archaeological Method and Theory. 2001，8（1）：1－34.

通过交流去改变他人，并受他人影响而发生改变。[1] 正如罗弗兰德所说，“我们也应该记住，儿童他们自己是充满创造性的、社会的积极参与者与生产者。他们不只是被动的（不可见的）消费者。尽管我们也许会将社会化实践和文化规则的传递作为我们的研究的部分，我们也不应该小看儿童，儿童是改变和创新得以可能的来源。”[2]

儿童参与构成过去社会文化的一部分。童年考古学家通过分析考古遗存，发现被保护、照顾的儿童形象只是当代西方中产阶级建构的理想模式。在过去很多社会中，儿童也从事经济活动、文化活动，为社会文化的形成做出贡献。一方面，过去儿童从事一些经济活动，是物质资料的生产者。考古学家研究最多的是儿童的手工生产活动。考古学利用儿童发展心理学方面的知识、测量手工制品上的指印、结合制作工艺的复杂性、容器的厚度、生产原材料的粗糙程度等方面的因素，将儿童生产的物品与其他类型的新手生产的物品进行区分。通过分析儿童生产的手工制品，考古学家不仅可以了解当时的整个社会背景，也可以获知过去儿童是如何社会化的。儿童在学习手工艺的同时，也学习社会角色、社会规范，学会适应整个社会文化。另一方面，过去儿童也是一些仪式活动的重要参与者。儿童进入成年期，需要参加特定的入会仪式（initiation rites）。通过对礼仪用具、宴饮器具、服饰等相关考古遗存的分析，考古学家能够重构过去儿童参与入会

① Jane Eva Baxter. The Archaeology of Childhood: children, gender, and material culture [M]. Walnut Creek: Altamira Press, 2005: 24.

② Blythe E Roveland. Archaeology of Children [N]. Anthropology Newsletter. 1997, 38 (4): 14.

仪式的情景。比如，赛弗斯·吉伦（Cyphers Guillén）发现的卡钦戈（Chalcatzingo）女性小雕像，代表着女性的性别成熟。在女性入会仪式上，当地人使用这些小雕像，将合适的性别角色教给女孩。①

（三）儿童进行社会文化创新

童年考古学家在研究中发现，在许多社会，儿童不具有和成人等同的权力，但是“儿童有能力使用各种策略来操控他们的环境。儿童既向成人学习、接受文化，也向其他儿童学习，进行创新，并将他们的创新传给其他儿童或者成年人”。②过去的儿童或儿童群体也进行文化创新。

在生产活动中，儿童进行文化创新。休伦史前社会（prehistoric Huron society）存在于公元1400—1650年的安大略省中南部，留下了丰富的物质文化，尤其是留下了大量的陶器，因而吸引许多考古学家对其进行研究。彼得·A·崔明斯（Peter A. Trimmins）对位于安大略省西南部的卡尔弗特（Carlvert）的儿童陶器（juvenile pots）和成人陶器（adult pots）的装饰风格进行研究。他发现早期阶段③出现在儿童陶器上的设计，直至晚期才出现在成人陶器上。他认为，“儿童陶器是推动伊诺魁陶器设计的先驱。”④

①② Kathryn A. Kamp. Where have all the children gone?: the archaeology of childhood [J]. Journal of Archaeological Method and Theory. 2001, 8 (1): 1-34.

③ 一般将公元900年到1650年安大略省南部的晚期林地阶段（the Late Woodland period）分为安大略伊诺魁早期阶段（A. D. 900—1280）、安大略伊诺魁中期（A. D. 1280—1400）以及安大略伊诺魁晚期（A. D. 1400—1650）。

④ Jane Eva Baxter. Children in Action: Perspectives on the Archaeology of Childhood [M]. Berkley: University of California Press, 2006: 68.

帕特里夏 E. 史密斯（Patricia E. Smith）同样对休伦史前社会的陶器装饰风格进行研究。帕特里夏发现，儿童制作的瓷器在陶器曲线的一致性、器壁的平滑性、设计分区等方面都没有达到成人制陶的工艺水平。然而，通过比较儿童和成人制作的瓷器的图样元素（motif element），他发现“只有 1. 5%的成人陶器在设计中使用了几何元素，而 19. 5%的儿童陶器使用了几何元素。这表明儿童不仅受母亲和祖母的影响，也受到儿童群体的影响”。①这些研究都说明，儿童在儿童群体的影响下，能够推动陶器生产的创新。

同样，道格拉斯·W·彼尔德（Douglas W. Bird）和丽贝卡·布莱姬·彼尔德（Rebecca Bliege Bird）对梅里亚姆（Meriam）儿童采集贝类海鲜的策略的研究，也说明儿童在生产中受到儿童群体的影响，生产为儿童群体独有的知识。他们发现，“儿童在礁坪采集中特别积极；他们的采集独立于成人，经常是在课后或周末的‘游戏’群体中进行。大多数梅里亚姆儿童参与的捕鱼和采集活动的情况是，当涉及生存时，儿童主要从其他儿童那里学习，而不是成人。成人的教导局限于猎物的可适用性、多样性、捕猎点、质量等方面的概论。至于具体的知识，儿童主要依赖于其他儿童或自己的经验。”②

另外，儿童也构建自己的秘密空间（secret spaces）。童年考古学家通过将遗址中儿童文物的分布情况与成人文物的分布情况

---

① Jane Eva Baxter. Children in Action：Perspectives on the Archaeology of Childhood [M]. Berkley：University of California Press，2006：71.

② Douglas W. Bird，Rebecca Bliege Bird. The ethnoarchaeology of juvenile foragers：shellfishing strategies among meriam children [J]. Journal of Anthropological Archaeology. 2000，19 (4)：461 - 476.

进行对比，发现儿童文物与成人文物在空间上有重合的部分，也有不同的地方。空间的重合意味着儿童的活动与成人有直接或间接的联系。而儿童物品独自存在的空间则是儿童主导的群体活动的遗存。① 巴克斯特曾对位于密歇根州韦斯特兰的农庄遗址——菲尔顿农舍（Felton Farmhouse）进行文物分布研究。通过儿童文物和成人文物的空间分布的对比，巴克斯特发现了三种文物分布类型：其一，儿童文物和成人文物分布在同一空间。在菲尔顿农舍的花园和动物养殖区等地方，既存在成人文物，也有大量儿童文物。这表明，儿童在成人的影响和监督下，参与家庭生产活动。其二，成人文物独自存在于一些空间。在菲尔顿农舍的谷仓、药用植物园、地窖等地只发现属于成人的物品。巴克斯特推测，这些地方的劳动可能不适合儿童或者对儿童来说比较危险。其三，仅发现儿童文物的空间。这些空间是儿童可以远离成人监管的秘密场所。在菲尔顿农舍的北边和西北角都发现了仅有儿童文物的空间。这些地方远离家庭活动，可推测是儿童独有的秘密空间。② 儿童的秘密空间是儿童或儿童群体独有的地方。“这些地方的知识被小心守护。儿童的特殊地方或在那发生的活动，一般不会分享或描述给成人或除亲密的朋友以外的其他儿童。”③ 秘密空间是儿童能够自己控制的环境，也是儿童群体进行文化交流与创造的地方。

---

① Jane Eva Baxter. The Archaeology of Childhood: Children, Gender, and Material Culture [M]. Walnut Creek: Altamira Press, 2005: 63.

② Jane Eva Baxter. Children in Action: Perspectives on the Archaeology of Childhood [M]. Berkley: University of California Press, 2006: 77 - 86.

③ Jane Eva Baxter. The Archaeology of Childhood: Children, Gender, and Material Culture [M]. Walnut Creek: Altamira Press, 2005: 71.

第二章　寻找文化的真义：人人都是文化创造者

回溯儿童文化发现的历史进程，成人对儿童文化的认识受制于儿童观。儿童是不成熟的个体，是有待发展的非正式社会成员。童年期的任务就是发展为成人，积累成人文化。儿童文化是不充足、不完备的成人文化，尚未发展成熟的成人文化，它是成人文化的预备。儿童文化是将要走向成人文化的过渡状态，它是成人文化的复制。儿童既不被认为具有文化创造的能力，也不被期待生成文化。儿童是文化传递的对象，而不是值得尊重的文化所有者。

儿童文化的发现建立在儿童观的更新之上。自卢梭以来，儿童自身的生命价值、童年期的人生意义逐渐成为童年研究的理论共识。儿童既不是小大人，也不是成人的预备军。“各个季节若非这般不和睦，未来/当与现在和过去结合为一体，/春天若是连接着秋天，夏季与冬季相邻，/少年与老年该当结成真挚的游伴”。[①] 儿童是绽放自己生命的存在，儿童首先是儿童，然后才

① 刘小枫. 大革命与诗化小说：诺瓦利斯选集卷二［M］. 林克，等译. 北京：华夏出版社. 2008：167.

会生长为具有充沛生机和活力的成人。尤其是 20 世纪 80 年代左右兴起的新童年研究将儿童视作社会行动者，儿童有能力参与并创造文化。至此，儿童文化成为部分文化研究者关注的问题。

从文化研究的角度来看，人类学、社会学、考古学等学科对文化、儿童文化的研究大多基于民族志资料，研究思路是从具体真实的文化情境和儿童文化现象中提取出共同性的观念。它们的研究偏向于主观层面，“因此，我们是从纯主观的角度界定文化的含义，指一个社会中的价值观、态度、信念、取向以及人们普遍持有的见解。”① 为了从本体论的角度阐释儿童文化，我们还需要回归到哲学的立场，从文化哲学的层面阐明人的文化本质。

文化是人的本质。正如卡西尔所说，人是符号的动物，文化是人区别于其他动物的标志。人是文化的主体，人具有认识、创造、选择文化的主动能力。文化也是人的自我创造活动。当人类从事文化活动，进行文化生产时，目的不是为了创造某种文化产物，“而是为了创造人自身，实现人存在的价值”②。

然而，“文化主体”只针对有限主体，并非所有的人都被给予文化的主体性身份和权力。有限文化主体的观念是理性主义哲学传统的衍生物。理性主义哲学传统以科学主义为特征，研究外部世界以及人是如何认识外部世界的。它将人限制于理性工具之中，试图以理性的方式说明人。于是非理性的人就被剥夺了文化的主体身份。只有站在理性主义哲学传统的另一端，从浪漫主义

① ［美］亨廷顿，哈里森．文化的重要作用［M］．程克雄，译．北京：新华出版社，2002：前言 3.

② 何萍．马克思主义哲学与文化哲学［M］．武汉：武汉大学出版社，2002：92.

传统中思考人的生存意义才能将文化的主体地位归还给一切生存并创造意义的个体。

文化不是少数“文化人”的所有物，不是属于成人的专利。在知识和道德上受过系统的教导并不能决定或判定一个人是否具有文化。文化的真谛就是天性的外化，本心的扩充，这也就是说每个人都是文化的创造者。成人和儿童都是文化的创造者。成人文化和儿童文化并不具有价值上的区分，只是类别上的差异。

第一节　文化不是理性的专属

在中西方“文化”概念起源处，文化便是指知识和道德等获得发展的状态。文化水平取决于发展程度，实质上是以发展、进步为中心。“文化”一词在创造之处就建构了一个理性文化人的形象。到了19世纪中叶，以泰勒为代表的文化进化论者确立了文化中心论，他们认为，西方社会比非西方社会具有发展得更好的文明，更发达的文化。至此，文化中心思想在学科中得到了表述，理性文明代表着最高级的文明形态。同样，在西方思想传统中，理性是文化唯一确定的中心，指示出文化发展、进步的方向。文化应当被一个客观、正确的答案来校准，具有一个中心，即理性。人类只有借助理性方法，才能创造出一切的人类文化。

在理性的架构之下，文化只是人类借由理性具体演绎的产物。只有掌握理性方法的文明才是人类文化的代表。理性成为文化唯一的衡量标准。有没有文化，有怎样的文化，都由理性加以诊断。文化只属于理性人。尚未发育成熟的儿童不具有文化，被界定为非理性的女人不具有文化，非西方社会的人民也不具有文化。文化只属于受良好教养的西方成年男性。

文化相对主义是对文化中心主义的批判，它批判理性主义的传统思维模式。启蒙时期，理性主义发展到最高点，也受到反启蒙的浪漫主义思潮最强烈的抨击。浪漫主义思想家对理性主义的批判动摇了文化中心论的根基，肯定了每个人文化创造的能力和价值。浪漫主义解除了理性主义对文化的拘禁，并将文化归还给所有具有创造力量的生命。自我在创造文化时表达自己的天性，这是人之为人的奥秘，也是人生在世的宿命。

一、“文化”概念溯源：以理性为前提

“文化”是人类构造的最复杂的概念之一。不同的学科赋予其不同的内涵，并架构起庞杂的理论体系。为了分析文化理论蕴含的默认假设，需要回到“文化”概念的开端。“文化”概念可以从一般性词语和分析性范畴两个层面分析。

在中西方文化中，“文化”的一般性词语意涵是相近的。文化是教育或教化的结果。通过教化，人的心智得到发展，成为有知识、有道德的文化人。在文化概念内涵之中，实质上预设了一个有道德、情操高尚，并掌握人类先进知识的理性文化人形象。

在中国，“文化”一词由“文”和“化”两个单音节词组合而成。“文”“化”以及“文化”都有通过教育等外部方式，激发、涵养人的道德教化之意。首先，“文”一般具有三层含义：第一，“文”的本义来自甲骨文的“文”（[illegible]），它形似由数条交错的线组成的图形。“文”是象形字，是交错而成的形状。“《说文》：‘文，错画也。象交文。’”① 意指“图样、装饰”。第二，

① 马如森. 甲骨文书法大字典［M］. 上海：上海大学出版社，2010：660.

公元前二千年间的甲骨文和早期金文中的“文”是一种以“心的图形”呈现的象形文字。从“文”引申出的意思是，“文化上的转变”，用社会的、伦理的规范装点精神。① 第三，公元前500年左右，文的意义进一步扩展为与武相对的文明，包括书面、口头等形式的文化教养和知识装饰。②可见，“文”的核心是以图样、规范等对人进行装饰。其次，“化”（𠤎）在甲骨文中由一个站立的人和一个倒立的人组成，有变化之意。“化”是象意字，《说文》释义为：“化，教行也。”③ 中国古人对“化”的使用有两个层面：一是指自然的变化；一是指教化而致的变化。前者依循的是天道，后者遵照的是人道。但二者的实质是一致的，因为“在中国古典文化中，天道与人道是相通的，化物与化人的规律是一致的”④。“文化”之“化”是按照自然规律进行的教化，是遵循天道的“化人”。因而，自汉代以来，“文”和“化”联合组成的“文化”，它的含义也由“文”和“化”共同构成。“文化”的本义是指以知识和道德改变人。“其基本含义已明确是以道德感化、道德教化为中心的文治教化、人文教化、人文化成。”⑤“文化”是在知识和道德上得到了发展的文化人的所有物。

在西方，早在“Culture”这一单词演变的过程中，就逐渐衍生出“发展”的含义。“文化”一词最开始与“耕耘”或“掘

---

①② ［波］K. 高里科斯基. 中国人关于文化概念的演变［J］. 罗非，译. 国外社会科学，1990（9）：48－51.

③ 马如森. 甲骨文书法大字典［M］. 上海：上海大学出版社，2010：614.

④⑤ 黄有东. “人文化成”：“文化”的中国古典意义［J］. 现代哲学，2017（4）：115－120.

种土地”有关。“文化”最初的形式是古拉丁词“colere”，有“居住、培植、保护和尊崇”等含义。之后，“colere”进一步演变为拉丁文“cultura”，它是指“（土地）耕种”。“耕种”层面的“cultura”进一步在古罗马思想家西塞罗等人的努力下发展出相关引申义。西塞罗所指的不再是土地的耕作，而是智慧的耕耘（Cultura mentis），也就是内心世界被外力改造和完善的过程。人的心智受到“耕种”，从而成为理想的公民。[①] 之后，随着古希腊罗马文明得到大力推崇，西塞罗引申的“文化”在文艺复兴时期得到了广泛的传播，成为文化流传至今的主要含义之一。16世纪，“文化”的发展的意味愈加浓烈。比如，德国学者塞缪尔·冯·普芬多夫（Samuel von Pufendorf，1632—1694）就将文化指称经由人的创造而来的个人及社会的智慧和情操方面的发展。并且，他将文化与自然相对立。[②] 在十八世纪，法国的一些思想家用“文化”来指代受教育的个人在心智上的变化。伏尔泰等人认为，文化是心智上受到的训练或修炼，也就是教育的结果，包括良好的风度、文学、艺术和科学等。[③] 此时，西塞罗引申出来的“文化”含义成了普遍为人认可的意义。“文化”代表着在教育的作用下，人在心智上的发展。文化是人通过教育获得的智慧和道德上的素养和能力。作为发展结果的“文化”经由马窦·阿诺德的《文化和无政府状态》得到了推广，成了普遍

---

① 丁恒杰．文化与人［M］．北京：时事出版社，1994：50.

② 何平．中国和西方思想中的“文化”概念［J］．史学理论研究，1999（6）：69－81.

③ ［美］菲利普·巴格比．文化：历史的投影——比较文明研究［M］．夏克，李天纲，陈江岚，译，上海：上海人民出版社，1987：88.

的用法。[①] 在阿诺德看来，文化是通过倾听宗教、艺术、科学、哲学等方面的声音而取得的完美状态。而且，文化所构想的完美是“不断成长，不断转化”的过程，也是和谐发展的过程。[②]

在中西方原初“文化”含义的形成过程中，已经包含了文化假设：只有在智慧和道德方面充分获得发展的理性人有文化。文明人就是有文化的人，也就是从“野人”的状态被改造了的人。有文明教养的人，是言谈、行为都被适当的规范、道德义务规定着的人。[③] 只有经过教化、养育的过程，也就是获得了智慧和道德等方面的发展，才是具有文化的人。因而，“文化”是文化人的所有物，“文化”是个体经过教育和教化作用而获得的发展的状态和结果。

作为分析性范畴的“文化”概念首先出现在19世纪中叶的人类学中。“文化”成为人类学研究的中心词，“文化”逐渐从一般性词语转变为学术分析的范畴。当人类学家泰勒对“文化”给出经典定义时，“文化”开始指向社会生活的各个方面。文化表面上似乎摆脱了“发展”的含义。但是，泰勒的文化观建立在文化进化论之上。他将西方文化视作文化的标准，建立了西方中心的文化进化论。他认为，非西方文化处于野蛮状态，而西方文化则是获得了发展的文明状态。文化进化论仍然是将文化的真谛归结于人的知识、科学、技术的发展与进步。文化进化论所说

① ［美］菲利普·巴格比. 文化：历史的投影——比较文明研究［M］. 夏克，李天纲，陈江岚，译，上海：上海人民出版社，1987：88.

② ［英］阿诺德. 文化与无政府状态［M］. 韩敏中，译. 北京：生活·读书·新知三联书店，2012：10-11.

③ ［波］K. 高里科斯基. 中国人关于文化概念的演变［J］. 罗非，译，国外社会科学，1990（9）：48-51.

的“文化”仍然保留了原初“文化”的“发展”含义。“文化”是一个民族的经济、科学、技术等方面得到发展的状态和结果，即进步的方面或文明。

二、思想传统形成：以理性为文化中心

西方思想有着悠久的理性主义传统。早在古希腊时期，以柏拉图为代表的思想家就已经奠定了理性的统治地位。在柏拉图看来，理性认识是最高存在，是“一种本质上是先验的自明认识和与此相应的颇为神秘的理智直观”①。理性认识是先天具有、却在后天生活中遗忘的理性知识，不在感觉经验的范围内。理性认识是理念，代表着本质存在，而经验世界是现象存在，是被唤醒的关于理性知识的回忆。在柏拉图的影响下，理性成为西方哲学的核心概念，并成为西方思想的主导。

及至近代，人类在科学领域取得丰硕的成果，理性也随之被极力地凸显与颂扬。人类被认为凭借理性的能力，能够创造先进的文化和文明的社会。17 世纪的哲学思想主要受笛卡尔影响，他建立了近代哲学的第一个理论体系。笛卡尔主张运用科学的方法，甚至是几何学的方法获得对事物的认识。知识是对事物之上的公理的认识，事物之中引申出来的经验不是真正的认识。在笛卡尔影响下的哲学家认为，这种理性能力能够运用到人类生活的各个领域，既包括自然科学，也包括社会生活的方方面面。一切

---

① 聂敏里．西方思想的起源：古希腊哲学史论［M］．北京：中国人民大学出版社，2017：128.

事物都只有被理性化，才能成为真理，并获得科学性。①

18 世纪的启蒙运动思想家同样将理性作为文化的工具。在这一点上，启蒙思想与 17 世纪以笛卡尔为代表的思想之间没有本质的区别。不同之处仅在于，二者选择的理性方法不同。17 世纪从最高的确定性出发，用证明和严格推论演绎出其他命题。而启蒙思想主要受牛顿的“哲学思维准则”的影响，推崇分析的方法，主张从经验材料出发，得出科学原理和规律。启蒙思想家在理性和文化的认识上并没有做出实质性的变革。在卡西勒看来，17 世纪和 18 世纪的思想之间不存在真正的鸿沟与显著的差异。② 18 世纪仍然受唯理论的统一性要求的支配，依赖科学概念。③ 启蒙思想家们试图用科学的方法、理性的架构来框定不能用公式展现的思想、情感以及社会领域的具体现象。人类内在世界、精神世界无法被当作一门建立在实验之上，寻求一般规律的自然科学来研究。然而，启蒙思想家却试图用物理学、数学等领域的科学方法，来寻找所谓的唯一的确定答案。理性的“魔爪”甚至想要“擒住”人类的内在精神，精神的多样性与丰富性被敉平为确定与唯一的答案。这无疑是对人类精神世界的小觑和佞妄。

从柏拉图到笛卡尔，再到启蒙运动，一种理性主导的思想模式已然确立。理性的主导继而直接引发了文化的中心论。文化被

---

① 杜丽燕，尚新建. 启蒙视野中的近代哲学［J］. 清华大学学报（哲学社会科学版），2009（4）：90－95.

② ［德］E·卡西勒. 启蒙哲学［M］. 顾伟铭，杨光仲，郑楚宣，译. 济南：山东人民出版社，1988：20.

③ ［德］E·卡西勒. 启蒙哲学［M］. 顾伟铭，杨光仲，郑楚宣，译. 济南：山东人民出版社，1988：21.

认为具有唯一正确的答案，也被认为必须在理性的“铁床”上接受剪裁。“康庄大道必然存在，头脑清楚的思想家由此即可求得这些问题的正确答案。自然科学如此，道德、社会以及政治领域亦如此，无论其方法是否相同。最深层的道德、社会以及政治问题主导（或应当主导）人类的生活，把这些问题的所有答案集中起来，我们就能解决人类面临的全部问题。”① 正确的答案仅有一个，永恒的真理亦是唯一的。文化也以理性作为衡量进步程度的标尺和中心。

在西方思想传统中，理性是最高的准则，也是文化的中心。理性主义认为存在一个普遍且永恒的答案，也即是理性给出的答案。理性主义认为，“人与人如此不同，文化与文化不同，人们的道德与政治观念各不相同，形形色色的理论、宗教、道德、观念千差万别——尽管如此，人类所关注的那些最深层问题的正确答案，必然存在于某个地方。”② 文化指向一个中心，这个中心是理性规定的。理性是“所有形形色色的精神力量汇聚到了一个共同的力量中心”，“只是一种同质的形成力量的充分展现”。③ 文化受到理性的审判，它决定着哪些文化是先进的、理想的。尽管文化在不同时代和民族呈现出不同的形态，但是只有符合理性要求的文化才是真正有价值的文化。理性是文化的中心，是文化中具有永恒性和统一性的部分。另外，理性成为评价文化的标准

---

① ［英］以赛亚·伯林．观念的力量［M］．胡自信，魏钊凌，译．南京：译林出版社，2019：8.

② ［英］以赛亚·伯林．观念的力量［M］．胡自信，魏钊凌，译．南京：译林出版社，2019：10.

③ ［德］E·卡西勒．启蒙哲学［M］．顾伟铭，杨光仲，郑楚宣，译．济南：山东人民出版社，1988：3.

和引领文化发展的风向标。欧洲文明被认为是一个以理性的把握和利用为基础生产的文化，它代表着人类文化发展历程中的进步和发达状态。

三、文化中心消解：反思理性

随着文化相对主义思想的兴起，理性不再是文化的中心。事实上，早在古希腊智者派哲人的思想中，就已经萌生了文化相对主义思想。比如，普罗泰戈拉（Protagoras）的"人是万物的尺度，是事物存在的尺度，也是不存在事物不存在的尺度"就是相对主义哲学思想的表达。① 而到 18 世纪，反启蒙——启蒙思想内部进行的反思和反叛——是文化相对主义思想的集中和系统的表达。反启蒙的思想家们批判理性及以理性为中心的文化观。有趣的是，理性在启蒙时期被推至顶峰，也同样在启蒙时期受到批判。

反启蒙的实质是启蒙内部对自身的反省，部分启蒙时期的思想家意识到了启蒙思想的缺陷，进而尝试解决和弥补内部问题。"单就构词法而言，'反启蒙运动'是'反/启蒙运动'而不是'反启蒙/运动'。"② 反启蒙运动更贴近启蒙内部的反思，而不是单纯对启蒙运动的反对。不同的反启蒙者出于各自的理由反对启蒙，并建构了不同的启蒙运动景观。③ 但是，他们共同反对的

---

① 杨须爱. 文化相对主义的起源及早期理念［J］. 民族研究，2015（4）：107－119，126.

② 季广茂. 反启蒙与现代西方思想进程［M］. 北京：高等教育出版社，2016：36.

③ 季广茂. 反启蒙与现代西方思想进程［M］. 北京：高等教育出版社，2016：37.

是：启蒙思想过度凸显理性的作用，并使得现实生命的色彩和生活的活力蒙上了阴影。而不能被统一为标准化的答案的情感、激情、非理性等，也就被撵去了角落。他们认为，无论是社会还是人，都不能像无生命的客体一样，被科学地研究、理性地解剖。如若任凭理性凌驾于生动的生命和现实的生活之上，那么必将带来灾难。启蒙思想对理性的寻求，在一定程度上是对人类能力和能量的确认。① 但是，从根本上来说，启蒙哲人并没有给予人类以真正的主体地位。在理性的架构中，理智虽然在重复和构建的过程中，扩展宇宙的界限、穿越无限的时空，但是理智无法创造和发明。② 反启蒙思想家更加突出个体自身的能动性和创造性力量。事物的结构并不是先在的，而是人类的塑造活动的结果。人的一切创造性活动都是自我表达的形式。自我在行动中进行创造，只是为了自身，而非为了任何外在的目的。

反启蒙思想家反对理性的主导地位，同时也是对理性作为文化的中心和标准的批判。他们认为，秩序、进步、完善等不能作为衡量文化的唯一标准，文化是多元的，它们互不兼容、各有千秋。③ 每种文化都是具有独特价值的存在，都有自己的特性。理性无法为文化提供统一的标准，也无法敉平多样性。异质性的文化也具有自己存在的意义。他们率先提出了一种宽容、理解的文化态度，并且进一步打破了文化的“特权”，重新确认每一种类

① 季广茂．反启蒙与现代西方思想进程［M］．北京：高等教育出版社，2016：10.

② ［德］E·卡西勒．启蒙哲学［M］．顾伟铭，杨光仲，郑楚宣，译．济南：山东人民出版社，1988：23.

③ ［英］伯林．浪漫主义的根源［M］．吕梁，洪丽娟，孙易，译，南京：译林出版社，2011：137.

型的文化就其自身而言的价值。

在18世纪的启蒙思想家中，杨巴蒂斯塔·维柯（Giambattista Vico，1668—1744）、让-雅克·卢梭（Jean Jacgues Rousseau，1739—1788）、伊曼努尔·康德（Immanuel Kant，1724—1804）、约翰·格奥尔格·哈曼（Johann Georg Hamann，1730—1788）以及约翰·哥特弗里德·赫尔德（Johann Gottfried Herder，1744—1803）不仅参与构成启蒙思想的一部分，接受启蒙思想的滋养，也同样，作为最为警醒的反思者，从启蒙运动的内部一针见血地直指启蒙的弊端。

维柯开创性地“站到了一条崭新的路径上”，这条路也在后来进一步被拓宽为“一条反启蒙运动的宽广大道”。[①] 维柯首次撼动了启蒙思想家以理性为核心、以自然科学方法为工具建构的普遍、客观的知识架构。他认为，自然科学世界是上帝创造的，而上帝的创造物是不可知的，不在人的认识可达的范围内。与之相对，人类自己创造的事物，是人所唯一能认识的对象。维柯推翻了自然科学的可知性，也就瓦解了启蒙时期以自然学科方法为中心构建的理性准则。在这条反启蒙、反理性的道路上，“他是第一个提出文化观念的哲学家”[②]，他也是首位提出要尊重和理解文化差异性的文化相对主义思想的论者。哈曼和赫尔德以类似维柯的神谕式笔调，延续了维柯提出的文化相对主义思想。哈曼批评理性的权威地位，注重情感和感官经验，并强调历史、文化

① ［美］马克·里拉．维柯：反现代的创生［M］．张小勇，译．北京：新星出版社，2008：导言5.

② ［英］以赛亚·伯林．观念的力量［M］．胡自信，魏钊凌，译．南京：译林出版社，2019：10.

的独特性。“只有情感才给予抽象的概念和假设以手、脚和翅膀。——给想象和符号以精神、生命和说话能力。”① 这些都能在赫尔德的思想中找到遗留的痕迹。哈曼不仅引发了赫尔德对文学、语言、心理等的兴趣，而且萌发了赫尔德最初的文化相对主义思想。正是哈曼启发了赫尔德在描述一个人及其思想和行动时，必须在其生活的信仰、制度之中去理解他。②

此外，卢梭和康德虽然没有直接提出文化相对主义方面的论点，但是他们同样在反思启蒙时，提出了文化的新见解，并有力地消解了文化中心主义的主导权。而且，卢梭和康德、维柯、哈曼、赫尔德同属浪漫主义的父辈，不仅在思想上互有影响，而且都是生长于启蒙思想土地上的反启蒙运动的代表，共同开启了浪漫主义的思潮。

反启蒙思想家们提出的是文化相对主义思想的原生形态，而20世纪初期出现在美国文化人类学界的文化相对主义学派则是对前者的进一步运用和扩展。③ 文化相对主义学派将原初的文化相对主义思想进一步在学科体系内专业化，却没有脱离原初的文化相对主义思想的基本理论形态。文化相对主义学派是博厄斯首先提出的，他认为文化是复数的，任何一种文化不仅有自身的独特性，也有自身的价值。不同的文化不应该以同一中心作为标准来衡量，而应该从其自身文化的角度来评价和认识。博厄斯的弟

---

① 刘新利. 纪念苏格拉底：哈曼文选［M］. 刘新利，经敏华，译. 北京：华夏出版社，2009：17.

② ［英］伯林. 启蒙的三个批评者［M］. 马寅卯，郑想，译. 南京：译林出版社，2014：354.

③ 杨须爱. 文化相对主义的起源及早期理念［J］. 民族研究，2015(4)：107-126.

子本尼迪克特、米德等进一步在实践层面收集民族志材料援证文化的特殊性，将文化相对主义学派进一步壮大。当时，人文科学不断发展，许多学者开始思考自然研究与文化研究的界限问题。人们开始意识到，不能将自然科学的理论框架直接移入文化历史研究。前者的目的是发现一般、普遍的规律，而后者不仅要关注普遍性，也要研究特殊性。在这样的背景下，文化相对主义反对横向比较不同的文化，并且强调文化自身的价值。文化相对主义使得“一个文化”或“某个文化”的术语成为可能，也就是使对某一类文化进行的研究成为可能。“一个文化”和“某个文化”经常被用来说明特定群体所具有的文化，这包括某个阶级、某类职业及某个年龄组等。文化相对主义打破了“发展了的”文化观对“文化”概念的禁锢，确证各种不同的“一个文化”或“某个文化”的自身价值。文化相对主义学派的兴起，意味着文化相对主义在20世纪以后成了思想的主流。

第二节　文化是天性的外化

早在“文化”概念形成之初，就隐含了一个理性文化人的形象。随着理性主义思想传统的发展，理性更进一步地与文化纠缠在一起。理性成为文化的中心，这种观点深埋在人类的文化行为和文化活动之中。只有把文化从理性的统治之中解救出来，重新思考天性和文化的问题，才能彻底地将文化还给一切年龄、性别、地域的人。文化不专属于某一类人群或民族，任何人或民族都在创造自己的文化，他们的文化都是一种自我表达。文化是内在天性的外化，具有自身的价值。

一、文化是人的创造性的实现

人类是自己创造自己的有机体。人是具有内在合目的性的存在，人本身是自己创造的结果的原因，原因就在自己的身上。这是人身上所有的自然目的，或客观质料的合目的性[①]。人成为人本身，不是其他外部目的带来的结果，而是自己成就的自己。人以自身为目的，除此之外，别无任何外在的目的。人既是自己的原因，也是自己的结果，他是实存的自然目的。[②] 人类是符合自然目的的存在物。作为自己的原因，人类自己创造自己；作为自己的结果，是自己被自己生产。因而，创造性是人的本性，它使得人成为自己的原因和目的。

作为有机体的人类，其生长的过程是以自己的产物为原料，从而自己形成自己、自己创造自己。[③]这并不是说有机体不需要从外部自然和社会中吸取生长的养分，而是说，有机体作为自然存在物会将外在自然界的原材料加以“分离和重新再组合”，这种对外部环境的利用是有机体的“独创性”的体现。有机体作为“有组织的和自组织的存在者”，是“自然目的”所在。[④]

人是创造者，康德也充分地肯定了这一点。西方研究康德的

---

① 康德根据主观、客观、形式和质料的维度，将合目的性分为“客观形式”上的合目的性、“客观质料”上的合目的性、“主观形式”上的合目的性以及“主观质料”上的合目的性。邓晓芒解释说，主观形式上的合目的性就是审美鉴赏的合目的性；而客观质料的合目的性才是康德所真正要探讨的。

②③ ［德］康德. 判断力批判［M］. 邓晓芒，译. 北京：人民出版社，2017：168.

④ ［德］康德. 判断力批判［M］. 邓晓芒，译. 北京：人民出版社，2017：171.

学者L. W. 贝克认为，康德宏大的理论体系无非是在谈论同一个核心问题，即人是具有自主性的创造者。[①] 康德的整个哲学体系都在试图从创造性或能动性的角度回答“人是什么”的问题。“而康德的认识论和一切形而上学恰好是要建立一种体现出人的自由能动性的人性论，或人类学”。[②] 他认为，人类能够创造文化，人类生活所需的一切，包括衣食住行等方面的东西都是人类自己生产的产品。人类的文化“或者这就是对能够被人利用（外在的和内在的）自然来达到的各种各样的目的的适应性和熟巧”。[③] 文化是人按照自己的意志自由进行选择和创造的结果。维柯对人类早期文化进行考察，提出人类文化的根源是人类的诗性智慧，也就是创造的智慧。文化的本原是人自身的创造性力量。诗性的语言、诗性的伦理、诗性的经济、诗性的政治、诗性的物理是人类原初的文化，也是人类的创造史，是人类创造性力量的表达。人类自己创造出来的属于自己的文化世界。[④]

创造文化是人的有意识的类本质的要求和必然。人是类存在物，他是有生命的、自由的存在物。人的类本质要求他在实践或活动中，改造无机界，创造对象世界。这个实践过程既是类本质实现的过程，也是把自然界当作对象和工具的生命活动的过程。

---

① ［美］L. W. 贝克. 我们从康德那里学到些什么？［J］. 哲学译丛，1982（4）：1－6.

② ［德］康德. 实用人类学［M］. 邓晓芒，译. 上海：上海人民出版社，2012：中译本再版序言3.

③ ［德］康德. 判断力批判［M］. 邓晓芒，译. 北京：人民出版社，2017：218.

④ 朱光潜. 维柯的《新科学》及其对中西美学的影响［M］. 贵阳：贵州人民出版社，2009：33.

在人与自然界发生持续不断地相互作用时，自然界既是人的现实的世界，也是“人的**无机的身体**”①。自然界成了人的自然界，也就是合乎自然要求的人的文化和满足人的需求的自然。自然是属于人的，人也是属于自然的。人也是具有生命的能动的自然存在物。自然力和生命力以天赋、才能和欲望的形式存在于人的身上。② 人作用于自然的过程，也是人作用于人本身和自然作用于自然本身的过程。因而，人对人来说，是作为自然界的存在；自然界对人来说，也是作为人的存在。③ 因而，文化是“自然的人化”和“人的自然化”的统一。与动物相比，“人却懂得按照任何一个种的尺度来进行生产，并且懂得处处都把固有的尺度运用于对象”。④

文化是对象化、经验化或呈现在现象之中的人的本质力量或自我意识或创造力量。在文化中，“人不仅像在意识中那样在精神上使自己二重化，而且能动地、现实地使自己二重化，从而在他所创造的世界中直观自身”。⑤ 在文化中，人作为一个完整的存在，主动地、全面地占有自己的本质。文化不是外在于人的他物，而是人的本质力量的现实显现。文化是人自身的对象化，是

---

① 马克思．1844年经济学哲学手稿［M］．中共中央马克思恩格斯列宁斯大林著作编译局，编译．北京：人民出版社，2014：52.

② 马克思．1844年经济学哲学手稿［M］．中共中央马克思恩格斯列宁斯大林著作编译局，编译．北京：人民出版社，2014：103.

③ 马克思．1844年经济学哲学手稿［M］．中共中央马克思恩格斯列宁斯大林著作编译局，编译．北京：人民出版社，2014：89.

④ 马克思．1844年经济学哲学手稿［M］．中共中央马克思恩格斯列宁斯大林著作编译局，编译．北京：人民出版社，2014：53.

⑤ 马克思．1844年经济学哲学手稿［M］．中共中央马克思恩格斯列宁斯大林著作编译局，编译．北京：人民出版社，2014：54.

人的本质力量能动地、现实地显现。

二、文化是“自然化的文化”

文化是人类的创造物，并没有完全回答文化是否普遍地为一切人具有的问题。这需要首先回到自然本性与文化关系的思考之上。如果文化是自然本性的外化表达，那么生命本身就有自觉生成的文化能力。

事实上，自然、理性、文化不是对立的关系。人类的自然是经由理性、文化具体演绎后，才能完备的自然。文化也不是自然的对立面，而是自然展现自身的自然化产物。自然不是镌刻在基因之中的自然本能，而是自然本能得到进一步发展之后，彻底化的自然禀赋。人类的本能和动物的机械本能不同。动物的机械本能从生命的开端就书写好了终章，一切是由本能所引导着的，“或者是由天生的知识所哺育、所教诲着的”①。而对于人类而言，自然禀赋在本能的基础上需要进一步得到充分发展，自然禀赋的发展首先建立在充分发展自己的理性之上。② 文化则是理性的产物，是人类通过自己的理性形成的一个目的系统。③ 于是，“自然—理性—文化”之间形成了一个互为关联、互为条件的一体化关系。理性使得人类能够充分发挥自身的自然禀赋，并适应自然界。在适应内在自然和外部自然的过程中，人类生产文化或

① ［德］康德. 历史理性批判文集［M］. 何兆武，译. 北京：商务印书馆，1996：5.

② ［德］康德. 历史理性批判文集［M］. 何兆武，译. 北京：商务印书馆，1996：4.

③ ［德］康德. 判断力批判［M］. 邓晓芒，译. 北京：人民出版社，2017：216.

者说“自然的文化”。正如康德所说，文化是有理性之人类与自然界联结，实现人自身的目的，并使人得到促进的唯一方式。在康德看来，有理性的存在者通过自由地适应各种目的而生产的东西就是文化，文化是自然的最后目的的实现，也就是理性的实现。[①]

在自然—理性—文化的关系中，分别存在三对子关系：文化是自然化的文化；文化是理性的实现；自然需要也能够发展理性。在三者之中，内在自然是第一性的。文化是切近和展现内在自然的途径。维柯提出“真理即创造”。他所说的“真理”近似于“内在自然”。真理的规则和标准真理的规则就在于创造。与内在自然相对，自然界和文化都是外在于人类的存在。外部自然世界的创造者不是人类而是上帝，因而，人类不能完全而彻底地理解自然世界，只能观察、解释它。[②] 对人类来说，自然界是一种真确（certum）。人类只能得到关于自然的意识（coscienza），无法从自然界中得到“内在自然”蕴藏的真理。外部的自然世界是不可知的，唯有人类创造的世界或者文化才是可知的。人类作为创造者，类似于上帝对自然的创造，创造了一切文化。人类能够得到自身创造物的先验真理（verum），并形成因果知识（scienza）。人类在文化中知悉、了悟内在自然。至此，自然和文化得到了完全的统一，自然是文化创造的根本，文化是自然显身的唯一方式。在自然—文化互为作用的关系中，理性需要被重新理解。理性不是西方传统思想中的界定，理性既不是先验理念，

---

① ［德］康德．判断力批判［M］．邓晓芒，译．北京：人民出版社，2017：220.

② ［英］伯林．启蒙的三个批评者［M］．马寅卯，郑想，译．南京：译林出版社，2014：9.

也不是科学的认识方式，理性只是一种手段，将藏于深暗的大理石中的自我形象的轮廓斧凿成型。[①] 因而，在“自然—理性—文化”的关系谱之中，自然才是最终依据。正如赫尔德所说，理性并不是文化的首要条件。文化首先取决于“人性中的永恒植物”，即内在的本性。

因此，人类创造文化的过程，不仅是构建文化世界的过程，也是内在自然外显化的过程。人的内在本质表现在文化中。语言、政治、社会结构、宗教、法律、经济、道德、神学等之间的“必然的‘有机’联系”是人的本性和人身上发展着的能力。[②] 并且，只有在文化中，人性才能被阐释。“只有根据人与社会外部世界及其他人的关系，人的本性才能够得到理解”。[③] 人性并不是一个抽象的、脱离具体文化的概念，而是不断生成的现实存在。“而人的本性是个发展脉络，即一个过程”[④]。

宗教通常被认为是文化的原初发端。在现今的一些土著民族中，我们仍然能够观察到，他们的文化往往和宗教紧密地联结在一起，这也可以印证“文化和科学最初都只是某一种宗教传统”。[⑤] 无论在原始民族，还是在现代文明中，医学、天文、艺

① ［德］赫尔德. 反纯粹理性：论宗教、语言和历史文选［M］. 张晓梅，译. 北京：商务印书馆，2010：74.

② ［英］伯林. 启蒙的三个批评者［M］. 马寅卯，郑想，译. 南京：译林出版社，2014：75－76.

③ ［英］伯林. 启蒙的三个批评者［M］. 马寅卯，郑想，译. 南京：译林出版社，2014：91.

④ ［英］伯林. 启蒙的三个批评者［M］. 马寅卯，郑想，译. 南京：译林出版社，2014：60.

⑤ ［德］赫尔德. 反纯粹理性：论宗教、语言和历史文选［M］. 张晓梅，译. 北京：商务印书馆，2010：70.

术等文化形式在一定程度上都可以追溯到朴素的宗教认识。在世界各地的传统民间艺术中，都有以神树、树神为主题创作的艺术作品。比如中国的连理树、摇钱树等艺术图案、印度的七叶树、菩提树、西亚的树叶枝纹等。世界各地普遍存在的树的艺术形象是世界性树神崇拜的产物。在朴素宗教中，树是活的有意识的生命，具有人的形态和超越人的神力。树神被认为能够行云布雨、庇佑五谷六畜。① “因为两者都认为物体通过某种神秘的交感可以远距离地相互作用，通过一种我们看不见的‘以太’把一个物体的推动力传输给另一物体”。② 这种对宗教的构想及其在艺术作品之中的展现，其实质都是人类在思考人与自然关系时作出的解答。朴素的宗教认识是人类知性自身要求辨明内在与外部的因果，发现自然现象最内在的原因而形成的。因此，原始民族的朴素宗教，接近于自然状态，“揭示了人心最深处”，“必须视所有宗教一样都是自然的、人性的”。③ “宗教是我们之人性的最高表达。”④ 宗教是“人性的顶峰”，是“人之灵魂最高贵的花朵”。⑤ “但宗教还不止如此；它是人心之动，是心之才能与力量

---

① ［英］弗雷泽. 金枝［M］徐育新，等译. 北京：中国民间文艺出版社，1987：178－180.

② ［英］弗雷泽. 金枝［M］徐育新，等译. 北京：中国民间文艺出版社，1987：21.

③ ［德］赫尔德. 反纯粹理性：论宗教、语言和历史文选［M］. 张晓梅，译. 北京：商务印书馆，2010：59.

④ ［德］赫尔德. 反纯粹理性：论宗教、语言和历史文选［M］. 张晓梅，译. 北京：商务印书馆，2010：64.

⑤ ［德］赫尔德. 反纯粹理性：论宗教、语言和历史文选［M］. 张晓梅，译. 北京：商务印书馆，2010：66.

最纯粹的运用。”①

语言是文化的先决条件，是文化的构成要素。同样，语言也不能脱离文化而存在。“柏默（L. R. Palmer）也说：‘语言的历史和文化的历史是相辅而行的，他们可以互相协助和启发’。”② 语言是人类进行思考、表达情感和体验的工具。只有经由语言符号，个体的思考、情感和体验才能成为群体共识，并作为文化而存在。正如伯林所说，只有借助于共有的符号系统才能够阐明和维系社会信仰和行为网络等。语言的链条是思想的链条，也是文化的链条。语言是天性自发、自动的创造。“人初次本能地运用悟性，便创造出了语言。”③ 人类的自然本性要求对感受到的情绪、情感加以表达。这种表达情绪的自然的声音虽然已经不是人类成熟语言体系的主要成分，但仍是“滋润根茎的树液”④，是人类语言得以发生的前提。语言的出现是人类自然本性的要求。“所以，语言的发明对人来说是极其自然的，就像他是人一样自然！”⑤

人类不是在功利主义支配下进行的文化创造。包括法律、宗教、艺术等文化创造物的产生不是出自使人愉悦的个人层面的目

① ［德］赫尔德. 反纯粹理性：论宗教、语言和历史文选［M］. 张晓梅，译. 北京：商务印书馆，2010：66.

② 罗常培. 语言与文化［M］. 北京：语文出版社，1989：1.

③ ［德］赫尔德. 论语言的起源［M］. 姚小平，译. 北京：商务印书馆，2014：译序ⅶ.

④ ［德］赫尔德. 论语言的起源［M］. 姚小平，译. 北京：商务印书馆，2014：9.

⑤ ［德］赫尔德. 论语言的起源［M］. 姚小平，译. 北京：商务印书馆，2014：32.

的，也不是维持稳定的社会层面的考虑。文化是人类与外部世界的相互作用的过程中，作为主动的参与者和创造者，留下自己精神活动的“自身确凿无误的痕迹”。[①] 人类创造文化，也就意味着人类将原因、目的、意志赋予了文化，使自己的内在本质外在化于文化之中。文化是人类创造出来的，因而能够在“我们自己的人类心灵各种变化”当中找到文化创造依循的原则。[②] 文化最内在的源泉是人类心灵[③]，并且能够反映与表达“我们人类自己的精神变迁”[④]。

人类经由文化生产表现内在自然，也在这个过程中寻找自我。“如果这种观点更进一步，那么人类自我表现的每种形式在某种意义上都是艺术的，自我表现是人类自身本质的一部分”。[⑤] 人类创造的文化是一种“自我知识”[⑥]。文化是人类最初就被赋

① ［英］伯林. 启蒙的三个批评者［M］. 马寅卯，郑想，译. 南京：译林出版社，2014：82.

② ［意］维柯. 新科学·上册［M］. 朱光潜，译. 北京：商务印书馆，2012：159.

③ ［意］克罗齐. 维柯的哲学［M］. 柯林伍德，译，陶秀璈，王立志，译. 郑州，北京：大象出版社，北京出版社，2009：82.

④ 转引自：李秋零. 德国哲人视野中的历史［M］. 北京：中国人民大学出版社. 1994：62.

⑤ ［英］伯林. 启蒙的三个批评者［M］. 马寅卯，郑想，译. 南京：译林出版社，2014：188.

⑥ 以赛亚·伯林认为，维柯时代将知识分为形而上学知识或神学知识、演绎知识和感知知识。形而上学或神学知识是指基于理性直觉或信仰或启示；演绎知识是在逻辑或语法或数学中那样的知识；感知知识则是基于经验观察，通过假设、实验、归纳和自然科学的其他方法使其精确或扩展的知识。维柯打破了这种分类，提出了自我知识。详见：［英］伯林. 启蒙的三个批评者［M］. 马寅卯，郑想，译. 南京：译林出版社，2014：43.

予的“通过原因（‘源于自身’）的知识”①。这也肯定了人类自身的能动性。作为主体的人类本身是对象的创造者。人类并不是被动地记录世界，而是在行为、理解中创造自己的世界，并为世界赋予自己制定的创造物的法则。② 人类能够理解和认识一个事物，也正是因为他用自己的方式、出于自身的原因创造了它。文化是自我意志的实现，自我也是文化的原因。一方面，文化是与创造者结合在一起的整体。文化不是孤立于鲜活生命之外的客体，“外在观察者不能像科学家（或任何不接受泛神论或神秘主义的人）看待自然客体那样，用冷漠而不带感情的视角来看待它们”。③ 正因为文化和创造者是一个整体，文化才能够帮助作为创造者的人类回归自身并理解他人，“只要人能够‘不再与他自身处于冲突之中’并且‘回到他自身’”。④ 人类在文化中寻找到的是自己，因而文化不仅有益于己，也有利于人。另一方面，文化在和外部世界互动的过程中，得以创造和成形。文化是人性在外部世界、现实生活中的具体表现。文化展现自我，其实质就是展现人的内在本性。内在本性是永恒的真理，它并不高于或外在于特殊的事实与具体文化，而是本身内在于文化之中。“‘人类在创造自己的生活事实的过程中，仍然离不开这些永恒真理的

① ［英］伯林. 启蒙的三个批评者［M］. 马寅卯，郑想，译. 南京：译林出版社，2014：46.

② ［英］伯林. 启蒙的三个批评者［M］. 马寅卯，郑想，译. 南京：译林出版社，2014：48.

③ ［英］伯林. 启蒙的三个批评者［M］. 马寅卯，郑想，译. 南京：译林出版社，2014：187－188.

④ ［英］伯林. 启蒙的三个批评者［M］. 马寅卯，郑想，译. 南京：译林出版社，2014：218.

范围，人类乃自觉地执行自己认为的真理，而在执行过程中事实上也就不自觉地在实践这些永恒真理。也就是说，各种社会事实中，虽然皆显示出个别零散且差异的社会事实，但却都隐藏着这些永恒真理的特质。’”① 永恒真理或天神意旨内在于人类心灵之中，人类受其引领而创造事实与文化。

总之，文化是自然化的文化。人类在文化生产的过程中寻找内在自然，内在自然也是文化不可违抗的第一性规定。人类在文化中确证、验证内在自然，成为一个有意识的文化自觉者。文化是展现内在本性的感性书籍，是对人的本质力量的现实、具体的证明。只有满足或符合于人性自然的文化，才能成为人的对象，成为有意义的文化。仅当文化是自为地存在着的主体能力的展现时，文化才在主体感觉所及的范围内。② 音乐只能被具有音乐感的耳朵聆听，画卷也只能被具有形式美的眼睛欣赏。文化是实现人的内部自然的对象。只有在文化中，人才能全面地占有自己的本质，成为一个完整的人。人是对象性的存在物，唯有通过和对象建立关系，才能使自己成为人，并在创造文化的过程中现实地占有人自身。“例如，同他人直接交往的活动等等，成为我的生命表现的器官和对人的生命的一种占有方式。”③

---

① 吴靖国. 诗性智慧与非理性哲学——对维柯《新科学》的教育学探究［M］. 台北：五南图书出版股份有限公司，2004：46.

② 马克思. 1844年经济学哲学手稿［M］. 中共中央马克思恩格斯列宁斯大林著作编译局，编译. 北京：人民出版社，2014：84.

③ 马克思. 1844年经济学哲学手稿［M］. 中共中央马克思恩格斯列宁斯大林著作编译局，编译. 北京：人民出版社，2014：83.

三、内在本性表达为多样的文化

文化是内在本性的表达。各民族文化都建立在内在自然本性的基础之上。各民族文化具有一致性，这种一致性不是遵循某一个民族文化的发展趋势，其共同的真理基础是内在本性。① 所有的文化都是“人的意志、理想和目的打上的烙印”，而且“文化的所有活动都有着独特的标记，反映着一种共同的模式”。② 文化是内在本性和天神意旨的表达。人类创造的文化世界是一个“适用拟人论的领域”，我们确定他人也拥有相似的内心，因此我们能够按其内在本性理解文化。③

各民族文化不仅具有一致性，也具有差异性。在不同的时间和地点中，人类会创造与演变出各具特色的文化现象。内在本性是各民族共同具有的“心头词典”（Mental Dictionary），人们以迥异的语言表达出的思想（观念）上的某种一致性，同时又产生角度、观点等方面的差异。④ 具体而言，文化是人们在探索外部与理解自我的过程中形成的世界观，是“纯粹表现性的”⑤。文化是自我的表达，也是人类与内在本性对话的自然产物。“人

---

① ［意］维柯. 新科学·上册［M］. 朱光潜，译. 北京：商务印书馆，2012：108.

② ［英］伯林. 反潮流：观念史论文集［M］. 冯克利，译. 南京：译林出版社，2011：序言 19.

③ ［英］伯林. 启蒙的三个批评者［M］. 马寅卯，郑想，译. 南京：译林出版社，2014：45.

④ ［意］维柯. 新科学·上册［M］. 朱光潜，译. 北京：商务印书馆，2012：235.

⑤ ［英］伯林. 反潮流：观念史论文集［M］. 冯克利，译. 南京：译林出版社，2011：5.

类拥有一些基本目标和行为准则，但是在不同文化中，它们呈现出完全不同的形式。因此，尽管这些目标和准则彼此相似，一种文化可以理解另一种文化，但是我们绝不能把不同的文化混为一谈——人类不是一，而是多；问题的答案是多，不过它们可能都有某个重要特征，这是统一的。”① 各民族文化是不同民族的人们对各自迥异的集体经历的表达，展现了各异的世界观。尽管每个时代、各个民族的文化各不相同，但是它们都是对自身民族的同样真实可靠的现实境遇和生活积淀的表现。“每个时代的文化都表达着自身的集体经历，人类发展阶梯上的每一步，都有各自同样真实可靠的表现手段。”② 维柯也认为，不同民族的人民对天神意旨的表达方式是不同的。各族人民遭遇的生活状况不同，他们具有不同的需求，也面临着不同的“文化素材”，因此他们在表达自然本性时，采取的方式是各异的，也因之产生了各不相同的习俗。“因为各族人民确实由于地区气候的差异而获得了不同的特性，因此就产生了许多不同的习俗，所以他们有多少不同的本性和习俗，就产生出多少不同的语言。”③

文化是内在本性在不同境遇下的表达，内在本性是文化的中心点，因而不存在所谓的先进、发展、科学的理性中心点，也不存在某一完备的文明。原初文化是人们通过创造性的想象力来构建“真实”的世界。原初文化是一种原始的世界观，却不是更

---

① ［英］以赛亚·伯林. 观念的力量［M］. 胡自信，魏钊凌，译. 南京：译林出版社，2019：13－14.

② ［英］伯林. 反潮流：观念史论文集［M］. 冯克利，译. 南京：译林出版社，2011：6.

③ ［意］维柯. 新科学·上册［M］. 朱光潜，译. 北京：商务印书馆，2012：234－235.

低级的世界观，它同样是内在本性的显现，甚至更为纯粹地表达了自身。与现代文化相比，原始文化不能被称作更加“高级”或“低级”，二者具有同等的价值，并各有所长。同样，也不存在所谓的“完美社会”①，不存在所有的文化都应该效仿的永恒不变的、正确无疑的文化形态。每一时代、社会的文化的价值都应该被肯定，它们都是自己的“完美社会”。另外，所有文化都具有自身的价值，这并不是否定进步的意义。每一种文化形态都会经历一系列发展阶段，但是这个发展过程并不受机械的因果规律支配。文化的发展依靠人们自发、主动地进行的活动。文化的动力来自文化的内部，它的目的并不是走向下一发展阶段的文化，而是表现自身内部的文化群体的世界观。

“实际上，人性绝非一个容器，盛着某种像哲学家们定义的那样绝对的、独立的、不变的幸福。”② 赫尔德将人性比喻为黏土，能够在不同的条件、需要和压力下，塑造成为不同的形状。

---

① 伯林对“完美社会”进行了阐述。在西方思想中，完美社会的概念是古老且根深蒂固的。无论是神话力量或制度化宗教思想中的伊甸园、黄金时代，还是世俗的、现世的乌托邦、理想社会都是完美社会的具体演绎。在完美社会中，真实的、不变的、普遍且永恒的客观价值构成了一个和谐整体，并且至少从原则上来说是可以设想和实现的。在维柯的著作中没有直接讨论过完美社会，但是伯林认为这个概念是和维柯的中心议题不相容的。“不管对柏拉图可以做出什么解释，在维柯看来，人间肯定不存在走向彻底圆满的途径：既然没有任何社会结构能够长存，既然在文化发展无止境的循环中，在达到新的起点之前，陷入‘思考的野蛮状态’是不可避免的，所以完美社会的观念——这意味着一种静止不变的秩序——自然而然地被排除了。”详见：［英］伯林. 反潮流：观念史论文集［M］. 冯克利，译. 南京：译林出版社，2011：144－147.

② ［德］赫尔德. 反纯粹理性：论宗教、语言和历史文选［M］. 张晓梅，译. 北京：商务印书馆，2010：8.

文化是人性在不同的时空境遇下，表现出的不同的具体形态。没有一种文明能够成为中心或尺度，各个民族的文化都具有自身的价值与意义。“每一个文化即是它本身，在其自身社会（从而对作为总体的人类）来说具有真正不可估量的价值。”① “每个社会，每一种文化，都以其自己的方式发展着。”② 文化的进步与发展没有一个统一衡量的标准，所谓进步的准则就是在自身的环境中朝着它自身目标的内在发展。③ 每一种文化都是对自身本性的表达，“不能被固化在某个单一的进步或倒退的天平上”。④

第三节　文化是本心的扩充

人是“自然中的超自然物。”⑤ 人是自然之子，是进化的产物，受到自然规律和法则的制约。另一方面，人具有超自然性，人不会停留在自然给定的状态之中，而要在文化创造中实现自我的自觉性。通过将内在自然对象化于外部自然存在，人以自然人化的方式创造文化。人的超自然性存在于自然性之中。“人的这一本质便决定，人生成为人的活动，既是从自然分化、从他物剥离的过程，同时又是更加深入自然，与他物同化、结为一体

---

① ［英］伯林. 启蒙的三个批评者［M］. 马寅卯，郑想，译. 南京：译林出版社，2014：221.

②④ ［英］伯林. 启蒙的三个批评者［M］. 马寅卯，郑想，译. 南京：译林出版社，2014：232.

③ ［英］伯林. 启蒙的三个批评者［M］. 马寅卯，郑想，译. 南京：译林出版社，2014：233－234.

⑤ 高海清. 人的天人一体本性——转变对“人”的传统观念［J］. 江海学刊，1996（3）：80－86.

的过程。”① 文化对自然的对象化实质上是为了走向与自然的更高形式的统一。在文化创造的过程中，“人属于自然，自然也属于人，人即是世界、世界也即是人，人天融合为一体，成为普遍的类存在。”②文化问题的实质是人与自然的关系问题。文化是自然与人发生关系的中介，文化是“人的实现了的自然主义和自然界的实现了的人道主义”③，也就是“自然的人化”和“人的自然化”的统一。

文化问题实质上是人与自然的关系问题，也就是中西方哲学中的天人关系问题。就中国哲学而言，哲学家们侧重从天人合一的角度认识人与自然的关系，也即认识文化的本质问题。“天人合一”的概念最早由张载明确提出，“他说：‘儒者则因明致诚，故天人合一，致学而可以成圣，得天而未始遗人’（《正蒙·乾称》）。他又说：‘合内外，平物我，自见道之大端’（《理窟》）”。④ 从天人合一的观念发展来看，天人合一起源于西周时期，及至孟子提出“知行则知天”的观点。其后，孟子通贯性天的观点为宋明理学继承和发展，可以说张载、程颢、陆九渊、王阳明等人都对孟子的天人合一观进行了各自的阐释。张世英认为，宋明道学是天人合一的大成之说。⑤

①② 高海清. 人的天人一体本性——转变对“人”的传统观念［J］. 江海学刊，1996（3）：80－86.

③ 马克思. 1844年经济学哲学手稿［M］. 中共中央马克思恩格斯列宁斯大林著作编译局，编译. 北京：人民出版社，2014：79－80.

④ 张岱年. 中国哲学中“天人合一”思想的剖析［J］. 北京大学学报（哲学社会科学版），1985（01）：3－10.

⑤ 张世英. 中国古代的“天人合一”思想［J］. 求是，2007（7）：34－37+62.

因而，可以借助天人合一观，更进一步地阐明人与自然的一致性以及自然与文化的辩证统一性，不仅“学会更加正确地解释自然规律”，也更彻底地“认识到自身和自然界的一致”，并理解自然与文化、精神和物质、人类和自然、灵魂和肉体的对立是荒谬的、反自然的。① 从儒家天人之论来看，文化和自然是一致的，文化是内在自然的展开，或者说文化是本心的扩充。

一、本心与文化的本末关系

本心和文化之间是本末、主客关系。“物有本末，事有终始，知所先后，则近道矣。”② 当人类生成和创造文化之前，必须厘清文化和本心（内在自然）之间的本末、终始、先后关系，如若舍本就末、弃本心求文化，那么文化也只是无源之水，无法滋养本心。“源泉混混，不舍昼夜，盈科而后进，放乎四海。有本者如是，是之取尔。苟为无本，七八月之间雨集，沟浍皆盈；其涸也，可立而待也。”③ 有本之文化，盈科而后进，浩浩汤汤，达至四海；无本之文化，雨密且急，填满沟渠，瞬息可干涸。因而，只有理清文化和本心之间的本末、终始、先后关系，才能“近道”。否则，哪怕花费再多的精力，也不过是本末俱失。

（一）文化以自足本心为端

本心、本性是天道的体现，它原本是完整且自足的。本心就在己身，不增亦不减。人生而有此心，需要保全自己的本心。孟

---

① 转引：张岱年．中国哲学中“天人合一”思想的剖析［J］．北京大学学报（哲学社会科学版），1985（01）：3－10.

② 陆九渊．陆九渊集［M］．钟哲，点校．北京：中华书局，1980：2.

③ 孟子．孟子［M］．杨伯峻，杨逢彬，译注．长沙：岳麓书社，2011：157.

子认为，“君子所性，虽大行不加焉，虽穷居不损焉，分定故也。”① 大行或穷居，君子之性都不会有加损。我们所要做的就是存心、养性。明道进一步解释道，“君子所性，虽大行不加焉，虽穷居不损焉，不为尧存，不为桀亡者也。用之则行，舍之则藏，皆不累于己耳。”② 无论是“尧存”抑或“桀亡”，此心都完整地保存着“天理”，“元无少欠”。正如象山所说，就像耳之聪、目之明一般，人的“本心”是“本无少缺，不必他求，在乎自立而已”。③ 天所给予人之心需要被保存好，而不是从外假借而来。

从发生学看，本心从一开始的时候，就已经具有了文化的萌芽。在某种程度上，本心可以理解为文化发展的生物学基础。“仁义礼智，非由外铄我也，我固有之也”。④ “仁义礼智”不是从外部环境中假借的，而是人生而具有、天生禀赋的“四心”：恻隐之心、羞恶之心、辞让之心和是非之心。其后，陆象山更进一步将孟子的“四端”“四心”加以发展。“苟此心之存，则此理自明，当恻隐处自恻隐，当羞恶，当辞逊，是非在前，自能辨之。”⑤ 本心存则理明，它是能够在合适的时候，自动自发地表

① 孟子. 孟子［M］. 杨伯峻，杨逢彬，译注. 长沙：岳麓书社，2011：256.

② 程颢，程颐. 二程集［M］. 王孝鱼，点校. 北京：中华书局，2004：130.

③ 陆九渊. 陆九渊集［M］. 钟哲，点校. 北京：中华书局，1980：408.

④ 孟子. 孟子［M］. 杨伯峻，杨逢彬，译注. 长沙：岳麓书社，2011：214.

⑤ 陆九渊. 象山语录/王守仁. 阳明传习录［M］. 杨国荣，导读. 上海：上海古籍出版社，2000：20.

现的“心”，因而能够在应该的时候恻隐、羞恶、辞逊，并且，只要跟从本心就能明辨是非。象山将“四心”比拟为深山泉水，“所谓‘溥博渊泉，而时出之。’”①本心就像是深邃的泉水，汩汩流动、永不枯竭，滋养着人的生命，给予人文化创造的无限动力。

就文化的发展过程而言，本心是本，文化是末。文化的发展应该依从本心的内在规定。如果“内无所主”，“终日只依藉外说以为主，天之所与我者反为客”②，那么文化将不会造福于人，反而会使得“学绝道丧”，到处都是充溢着异端邪说的场面。失去本心的文化只会“以学术杀天下”。③当文化脱离了本心，“若只是修饰言辞为心”④，那么文化非真而为伪。象山指出，“浮文异端，转相荧惑，往圣话言，徒为藩饰”。⑤脱离了本心的文化只是“浮文异端”“藩饰”而已。阳明批判当时的求学之人，“专去知识才能上求圣人”，“徒弊精竭力，从册子上专研，名物上考索，形迹上比拟。”⑥他认为，如果人们仅从书本上求文化，而脱离了本心，那么“知识愈广而人欲愈滋，才力愈多而天理愈蔽。”⑦当人追寻脱离本心的文化，那么文化越多越无益于人，使

---

① 陆九渊. 象山语录/王守仁. 阳明传习录［M］. 杨国荣，导读. 上海：上海古籍出版社，2000：20.

②③ 陆九渊. 陆九渊集［M］. 钟哲，点校. 北京：中华书局，1980：4.

④ 程颢，程颐. 二程集［M］. 王孝鱼，点校. 北京：中华书局，2004：2.

⑤ 陆九渊. 陆九渊集［M］. 钟哲，点校. 北京：中华书局，1980：2.

⑥⑦ 王阳明. 传习录［M］. 于自力，等注译. 郑州：中州古籍出版社，2008：113.

人异化为“耳目眩瞀，精神恍惑”，“如病狂丧心之人”。①

另外，文化进入个体也应当遵循本心之天时的规定，做到“后天而奉天时”（《易经·乾卦》）。孟子以拔苗助长为例，感慨禾苗的生长不能“助之”，“助之长者，揠苗者也——非徒无益，而又害之。”② 因而，“必有事焉，而勿正；心勿忘，勿助长也。”③本心无须借助外力去“正”、去“助”，文化的发展不能脱离本心的内在规定。明道曾阐释《易经》二十五卦“无妄卦”，“天下雷行，物与无妄。先王以茂对时，育万物。”（《易经·无妄卦》）他说，天性无妄，天性怎么会有不妥、不对之处呢。“无妄则一毫不可加”，天性不能被更改，也无需由外物对其加以删改。④ 此卦的卦象是震（雷）下乾（天）上。天下雷行，万物生长。就像天降雷，万物生一样，这都是无妄之天命的要求。若能按照天命、天时养育万物，使其生长，就叫作“无妄”。也就是说，应当按照天性、天时的规定养育万物，使其无妄。阳明也认为致良知必须遵循“各随分限所及”的原则。“我辈致知，只是各随分限所及。”⑤ 文化的扩充程度由良知的开悟程度决定。“今日良知见在如此，只随今日所知扩充到底；明日良知又有开悟，便从明日所知扩充到底。”致良知需要按照内部

① 王阳明. 传习录［M］. 于自力，等注译. 郑州：中州古籍出版社，2008：197.

②③ 孟子. 孟子［M］. 杨伯峻，杨逢彬，译注. 长沙：岳麓书社，2011：53.

④ 程颢，程颐. 二程集［M］. 王孝鱼，点校. 北京：中华书局，2004：121.

⑤ 王阳明. 传习录［M］. 于自力，等注译. 郑州：中州古籍出版社，2008：310.

的指令进行，良知“命令”于何处得何种开悟，便依次扩充到底。个体文化的发展也要“随人分限所及”，就像是给树苗浇水一样，“如树有这些萌芽，只把这些水去灌溉”。① 树生长到什么程度，就用多少水去浇灌它。如果在树木（本心）才只有小萌芽的时候，就给它一桶水，给它超过自身良知开悟程度的文化，就会“浸坏他了”。所以，在文化发展的过程中，需要循良知之序而渐进，否则良知的萌芽就会被文化毁坏。

因而，应当以本心检验文化，即由本心辨别“端绪得失”②。“同此之谓同德，异此之谓异端。心逸日休，心劳日拙，德伪之辨也。岂唯辨诸其身人之贤否，书之正伪，举将不逃于此矣。”③ 只要查看文化是否与本心同德，就可以判定文化是否“正”、是否不会妨害本心。另外，阳明也说，只要依从良知，就能够权衡、评量出何为经典，何为异端。“只致良知，虽千经万典，异端曲学，如执权衡，天下轻重莫逃焉”。④ 良知就像“规矩尺度”，能够衡量“方圆长短”。“良知诚致，则不可欺以节目时变”。⑤

（二）文化以尽心、放心为目的

宋明儒学强调尽心、放心的文化观受禅宗思想的影响。尤其是《坛经》对心性问题、自性与佛经关系的论述直接启发了宋

---

① 王阳明．传习录［M］．于自力，等注译．郑州：中州古籍出版社，2008：310．

②③ 陆九渊．陆九渊集［M］．钟哲，点校．北京：中华书局，1980：2．

④ 王守仁．王阳明全集［M］．吴光，等编校．上海：上海古籍出版社，2011：1075．

⑤ 王阳明．传习录［M］．于自力，等注译．郑州：中州古籍出版社，2008：179．

明儒学心性本体论的建构及其对文化和本心关系的论述。[①]《坛经》是中国僧人撰写的唯一一部以“经”命名的佛教典籍，它讲求心性佛、注重自性自度、道由心悟，并且它把传统佛教强调经教的做法转变为不立文字的主张。《坛经》中“即性即佛”的要义以及对佛经的看法也在一定程度上影响了宋明儒学的文化观。《坛经》展现了惠能禅宗的心性观，“善知识，菩提自性，本来清净，但用此心，直了成佛。”[②] 而佛经是本性之中固有的。“自心内有知识自悟。”[③]“三世诸佛，十二部经，在人性中本自具有，不能自悟，须求善知识，指示方见。”[④]佛法知识“能发起”，具有启发自性觉醒的作用。

宋明儒学进一步具体论述文化的目的，文化是为了尽本心、求放心。文化的目的就是尽此心，即立己之心。文化应当帮助人们更好地保存自己心上的灵明。明道说“修辞立其诚”，“若修其言辞，正为立己之诚意，乃是体当自家敬以直内、义以方外之实事”。[⑤] 文化的目的是“立己之诚意”，是为了“直内”。阳明也认为，良知是文化的根柢。他说道，“婴儿在母腹时，只是纯气，有何知识？出胎后，方始能啼，既而后能笑，又既而后能识认其父母兄弟，又既而后能立、能行、能持、能负，卒乃天下之事无不可能。皆是精气日足，则筋力日强，聪明日开，不是出胎

① 坛经．尚荣，译注．北京：中华书局，2010：前言10.

② 坛经．尚荣，译注．北京：中华书局，2010：1.

③④ 坛经．尚荣，译注．北京：中华书局，2010：53.

⑤ 程颢，程颐．二程集［M］．王孝鱼，点校．北京：中华书局，2004：2.

日便讲求推寻得来，故须有个本原。”① 婴儿在母亲的肚子里时，只是“纯气”，是没有知识的、处于混沌当中的良知。随着婴儿逐渐长大，他就能嬉笑怒骂、立行持负、识人明理，乃至“天下之事无不可能”。儿童具备的文化能力不是从一出生就有的，而是随着时间的推移，良知逐渐变得充足、强盛。只要以良知为本原，婴儿在生长的过程中，自然能逐渐“推寻得来”文化，因而学问之道在于“诸己”。“知此，则知孔门之学矣。”② 而文化知识不是为了文化本身，而是为了获得心上灵明的开悟。“夫既云时变，则纵有何典可考，何人可问，亦不可拘以为典要，惟有求诸吾心一念之良知以决之耳。参以典要，预以定本，则良知之纯之直早已丧失而无余。”③ 典要的目的就是使得良知为人所自觉，成为意识之内的自在本有之物。

本心蔽，文化求放心。尽管每一个人都无差异性地具有本心，但是每个人的保存情况是各不相同的。孟子认为，本心是“天之所与我者”，上天平等地将心下贯于每一个人的性之中，圣贤凡愚皆共有。然而，贤者明，愚者匮，是因为“贤者能勿丧耳”。“大人”，“先立乎其大者”，保存住了本心，而小人“蔽于物”，丧失了本心。④ 明道进一步加以解释，并以喻释之，“天民

① 王阳明．传习录［M］．于自力，等注译．郑州：中州古籍出版社，2008：65.

② 王阳明．传习录［M］．于自力，等注译．郑州：中州古籍出版社，2008：247.

③ 牟宗三．从陆象山到刘蕺山［M］．上海：上海古籍出版社，2001：175.

④ 孟子．孟子［M］．杨伯峻，杨逢彬，译注．长沙：岳麓书社，2011：224.

之先觉’，譬之皆睡，佗人未觉来，以我先觉。”① 人皆为“天民”，所有的天民都在睡梦之中，差别就在于孰人“先觉”。贤和愚的差别只是自身的天理是否被唤醒的区别。每个人都是“天”的子民。“盖言天生此民，将以此道觉此民，则元无少欠，亦无增加，未尝不足。”②天将道传递给每个人。天道普遍地、平等地给予每个人，“无少欠”，也“无增加”。每个人都完备地具有道，只是自身天理觉与不觉的差异。先觉之天民具有责任，“摇摆其未觉者亦使之觉”。③象山也认为，人心会生“萌蘖”，以至于“枝叶扶疏”“源泉混混”④。甚至受“蒙蔽而不自觉”，“陷溺而不自知”⑤，而失其本心。这就是象山所说“为愚为不孝”⑥ 的根由。阳明同样阐释道，良知虽然不会泯灭，但是会为“物欲遮蔽”，“如云自蔽日”，“人胸中各有个圣人，只自信不及，都自埋倒了。”⑦

在这种情况下，文化的目的是“求放心”，重寻放失之心。学问之道，就在于求放心。孟子说道：“人有鸡犬放，则知求之；有放心而不知求。学问之道无他，求其放心而已矣。”⑧ 明道也认为，“圣贤千言万语，只是欲人将已放之心，约之使反，复入

---

①②③　程颢，程颐．二程集［M］．王孝鱼，点校．北京：中华书局，2004：32.

④　陆九渊．陆九渊集［M］．钟哲，点校．北京：中华书局，1980：1.

⑤　陆九渊．陆九渊集［M］．钟哲，点校．北京：中华书局，1980：8.

⑥　陆九渊．陆九渊集［M］．钟哲，点校．北京：中华书局，1980：238.

⑦　王阳明．传习录［M］．于自力，等注译．郑州：中州古籍出版社，2008：298.

⑧　孟子．孟子［M］．杨伯峻，杨逢彬，译注．长沙：岳麓书社，2011：221.

身来，自能寻向上去，下学而上达也。”① 圣贤的著述经典都是为了帮助放心重新返回到自身。这就是“修道”。“人须是自为善，然又不可为如此却都不管他，盖有教焉。‘修道之谓教’，岂可不修！’”② 人生而为善，有本心，但是需要借由文化的力量对本心进行修补。象山也认为，“良心之在人，虽或有所陷溺，亦未始泯然而尽亡也。”③ 虽然人的良心是可能被蒙蔽，但是并不是说良心已经泯灭殆尽。“下愚不肖之人所以自绝于仁人君子之域者，亦特其自弃而不之求耳。”④而我们生活中所见的智性愚笨、德行恶劣的人，也不是说就完全丧失了做圣人君子的可能性，只要他们不放弃对“放心”的寻找，仍然能够使得良知重新回归。“诚能反而求之，则是非美恶将有所甚明，而好恶趋舍将有不待强而自决者矣。”⑤只要下愚不肖之人重新寻找良知，那么他们的良知又将具有仁义礼智的四端，恻隐、羞恶、辞让、是非之四心。“所求者在我，则未有求而不得者也。”⑥良知就在自己的身上，因而不可能求而不得。总之，文化的作用在于求放心。文化教化的目的就是为了使人不失去本心。“先王之时，庠序之教，抑申斯义以致其知，使不失其本心而已。”⑦ “使不失其

① 程颢，程颐．二程集［M］．王孝鱼，点校．北京：中华书局，2004：5.

② 程颢，程颐．二程集［M］．王孝鱼，点校．北京：中华书局，2004：2.

③④⑤⑥ 陆九渊．陆九渊集［M］．钟哲，点校．北京：中华书局，1980：377.

⑦ 陆九渊．陆九渊集［M］．钟哲，点校．北京：中华书局，1980：237.

本心”只是为了“去人病”，而不是“增损得道”。① 阳明也说，“圣人述《六经》，只是要正人心，只是要存天理、去人欲。于存天理、去人欲之事，则尝言之。”②

二、本心与文化的融合：良知之外别无知矣

宋明儒学家都认为，本心是主，文化为客。文化发挥着尽本心与求放心的作用。从这个角度看，文化与本心犹是二分。但是，其思想体系中也发展出了将文化与本心合为一体、一本的脉络。明道认为，文化不是“传圣人之道”，而是“传圣人之心”。他更进一步地说，“非传圣人之心也，传己之心也。己之心无异圣人之心，广大无垠，万善皆备。”③ 传道本质上是“传己之心”，此心和圣人之心一样，都是天命下贯于人。因而，“欲传圣人之道，扩充此心焉耳。”④这其实是将“圣人之道”与“此心的扩充”近似地等同起来。甚至象山认为，“《六经》皆我注脚”⑤，《六经》都是对本心的解释而已。

及至王阳明，他更加彻底地从一体的角度来论述文化与良知，他将文化、知识、学问都消纳在良知中，只是一事尔。其一，阳明在多处论及，礼乐名物、著作、文章等在内的文化，只是将良知、天理加以发扬、扩充。“《诗》《书》六艺皆是天理之

①⑤ 陆九渊. 象山语录/王守仁. 阳明传习录［M］. 杨国荣，导读. 上海：上海古籍出版社，2000：19.

② 王阳明. 传习录［M］. 于自力，等注译. 郑州：中州古籍出版社，2008：45.

③④ 黄宗羲. 宋元学案［M］. 陈金生，梁运华，点校. 北京：中华书局，1986：560.

发见，文字都包在其中。”① 《诗》《书》、六艺等都只是天理的阐发，所有的文字都包含在天理之中。四书五经所讲的也只是良知、本心。“盖四书、五经不过说这心体，这心体即所谓‘道’，心体明即是道明，更无二。”② 并且，他认为，天理能够阐发出许多“节文度数”。因而，圣人也不需要穷尽天文地理，只需要归根于天理，则万事可解，无惑可疑。“圣人于礼乐名物不必尽知，然他知得一个天理，便自有许多节文度数出来。”③

其二，阳明提出良知和见闻只是一事。“良知不由见闻而有，而见闻莫非良知之用。故良知不滞于见闻，而亦不离于见闻。”④良知的产生不是源于后天的见闻，却必须在见闻之中得到应用。良知不受制于见闻，又离不开见闻。唯此良知方能确证自身。良知需于见闻上而体证自身存在。“若主意头脑专以致良知为事，则凡多闻多见，某非致良知之功。盖日用之间，见闻酬酢，虽千头万绪，莫非良知之发用流行；除却见闻酬酢，亦无良知可致矣，故只是一事。”⑤所见所闻是致良知的结果，也是致良知的对象。良知不能脱离于见闻，因而只是一事。“良知之外别无知矣。”⑥除却良知以外，没有别的知识了。良知以外，也没有别的见闻了。如果将“致其良知”、“求之见闻”分开，那么“语意

---

① 王阳明. 传习录［M］. 于自力，等注译. 郑州：中州古籍出版社，2008：381.

② 王阳明. 传习录［M］. 于自力，等注译. 郑州：中州古籍出版社，2008：66.

③ 王阳明. 传习录［M］. 于自力，等注译. 郑州：中州古籍出版社，2008：311.

④⑤⑥ 王阳明. 传习录［M］. 于自力，等注译. 郑州：中州古籍出版社，2008：237.

之间未免为二”①，见闻和良知被二元划分开来，没有开显出良知的真谛，见闻的实质。

其三，阳明提出“学无内外”②。天理没有内外之分，性也没有内外之别，因而学习和闻道也不应该被划分出内外。文化何尝不是内发，本心的醒悟又难道不是外铄吗？“讲习讨论，未尝非内也；反观内省，未尝遗外也。”③如果认为，文化是外在于本心的，那不就是说本心是外在于人自身。同样，将本心划分为内部所有，也是“有我”“自私”的表现，执着于“我”，则忘却了“我”亦是“非我”，迷失了与物同一的“我”，“是皆不知性之无内外也。”④无论是“讲习讨论”，还是“反观内省”都无分内外。“孟子言‘必有事焉’，则君子之学终身只是‘集义’一事。义者宜也，心得其宜谓之义。”⑤ 君子之学的目的是“集义”“心得其宜”。“集义”就是“致良知”，“但作两事看了，便有病痛在”⑥。因而，学无内外，学与良知也只是一事而已。

朱熹曾批评陆九渊的学说只讲究“尊德性”，却忽视了“道问学”。王阳明回应说，朱熹的批评正说明了他将“尊德性”和“道问学”二元对立起来，分成了两件事情。“道问学”的目的就是保存本心、尊崇德性。“且如今讲习讨论，下许多功夫，无

---

① 王阳明．传习录［M］．于自力，等注译．郑州：中州古籍出版社，2008：237－238.

②③④ 王阳明．传习录［M］．于自力，等注译．郑州：中州古籍出版社，2008：250.

⑤⑥ 王阳明．传习录［M］．于自力，等注译．郑州：中州古籍出版社，2008：241.

非只是存此心，不失其德性而已”。①尊德性以道问学为中介，“岂有‘尊德性’只空空去尊，更不去问学”。②而道问学即是在学中问道，尊德性是道问学的最终目的。“问学只是空空去问学，而与德性无关涉？”③“道问学”是用，“尊德性”是体，体用不能被二分，元是一体，因而“‘道问学’即所以‘尊德性’也。”④

当“学无内外”，“道问学”和“尊德性”合为一体时，方能得到学之乐。泰州学派王艮及其子王襞（即王东崖）阐发了阳明的“乐是心之本体”⑤。王艮作了一首《乐学歌》，认为人的

---

①②③④ 王阳明. 传习录［M］. 于自力，等注译. 郑州：中州古籍出版社，2008：391.

⑤ 阳明有三处提及“乐是心之本体”，分别是《答陆静原书》《钱德洪录》和《文录二·与黄勉之》。阳明论“乐”即是论儒学自孔子以来一直讨论的“乐”，如孔子说“学而时习之，不亦乐乎”，且直接发于二程。二程在《河南程氏遗书·卷第二上·二先生语上》写道：“昔受学于周茂叔，每令寻颜子、仲尼乐处，所乐何事。”阳明也将良知作为乐的本体。“良知即是乐之本体。”（《文录二·与黄勉之》）第一，阳明认为“乐”是人生而具有的，也是天地万物一体之乐。黄勉来信写道：“阴阳之气，䜣合和畅而生万物。物之有生，皆得此和畅之气。故人之生理，本自和畅，本无不乐。观之鸢飞鱼跃，鸟鸣兽舞，草木欣欣向荣，皆同此乐。”《文录二·与黄勉之》如果将生命的开端归于气，或者说和畅之气，那么人和万物都有此气。有气，气无间断，而乐也。阳明对他的认识进一步给以肯定。“仁人之心，以天地万物为一体，䜣合和畅，原无间隔。”《文录二·与黄勉之》第二，乐是“本体之䜣合和畅”，未尝有所增减。在圣人处，因其至诚，因而没有停息。在常人处，作为心之本体的乐，也在心内，只是常人不自觉，有而不自知。“此心安处即是乐，本体未尝有动”。（《钱德洪录》）所以，常人要以“谨独”、“致良知”的工夫是的乐无间断。第三，阳明的乐不同于七情之乐。“乐是心之本体，虽不同于七情之乐，而亦不外于七情之乐。”（《答陆静原书》）阳明认为，乐是心的本体，此乐区别于七情之乐，类似于本质与现象之别。现象之中蕴有本质，正如七情之乐中有本体之乐。

本心原来就是乐的，此乐是良知在家中被妥帖保管的乐。① 学的目的就是获得物我一体，与天地同游的乐。“乐是乐此学，学是学此乐。”② 当学就是获得良知之乐时，便是天下之至乐。王艮将“学”和“乐”等同。“乐”就是在学之中维持人心本来的样子。其子王东崖进一步阐释道，并不是学然后才乐，“乐者，乐此学；学者，学此乐”。③ 学和乐无分先后、未有始末，学就是保持心之本体，乐亦是在心之本体之中。“今日必如何而后能是，欲有加于本体之外也。”④ 乐是心的本体。王东崖进一步分解良知，将乐作为最后的本原。学就是为了追求心之本体，为了学此乐。此乐同于“孔颜乐处”，“曾点传统”。亦由是，孟子说“故理义之悦我心，犹刍豢之悦我口”。⑤ 正是因为本心和文化融合为一，因而学可得本体之乐，于是“学至于乐则成矣。”⑥

其四，阳明将“格物”“致知”“诚意”“正心”“修身”等贯通起来。在《大学》的八条目是按照先后顺序依次排列的。修身、正心、诚意、致知、格物是循序渐进的过程，只有一一完成，才能达到明明德于天下的状态。而至象山，他变革性地提出格物、致知都是以明了自身良知、天命为目的。在文化人事之

① 王艮和阳明对“乐”的阐释是不一样的。最关键的一点是，王艮将良知等同于乐，而阳明将良知作为乐的本体。

② 王艮. 王心斋全集［M］. 陈祝生，等校点. 南京：江苏教育出版社，2001：54.

③④ 王艮. 王心斋全集［M］. 陈祝生，等校点. 南京：江苏教育出版社，2001：133.

⑤ 孟子. 孟子［M］. 杨伯峻，杨逢彬，译注. 长沙：岳麓书社，2011：216.

⑥ 程颢，程颐. 二程集［M］. 王孝鱼，点校. 北京：中华书局，2004：127.

中，维系天之所命，葆有良知之端，将其不断地扩充，这是从修身到格物等八条目所共有的目的。“所谓格物致知者，格此物致此知也，故能明明德于天下。”① 言及“格物致知”，象山认为，所格之物、所致之知，皆是为了扩充天所命之良知。

到阳明，“格物”“致知”“诚意”“正心”被视作一体，都是为了修自身、修己心。格物，是“格其心之物”“格其意之物”“格其知之物”。格物，不仅是求物之知，也是为知心、晓意。同样，“正心”和“正物”没有分别，“诚意”不离于“诚物”，“致知”也无异于“致心”。② 他认为，“此岂有内外彼此之分哉？理一而已。”③ 阳明认为，八条目之间没有内外的分别，都是为了“穷理以尽性”④。八条目仅是针对不同情形的穷理方式而已。就“物”而言“格”，就“知”即为“致”，就“意”则说“诚”，就“心”而言“正”。所谓格物致知等八条目不过都是在说“致吾心良知之天理于事事物物”⑤，在万事万物中寻求心上良知的回应、醒悟自身所有之天理。致吾心之良知于事事物物就是格物、即是致知。格物致知与正心诚意无甚分别。良知

---

① 陆九渊. 陆九渊集［M］. 钟哲，点校. 北京：中华书局，1980：238.

② 见《传习录·中卷·答罗整庵少宰》。原文为：“夫‘正心’、‘诚意’、‘致知’、‘格物’，皆所以‘修身’，而‘格物’者，其所用力日可见之地。故‘格物’者，格其心之物也，格其意之物也，格其知之物也；‘正心’者，正其物之心也；‘诚意’者，诚其物之意也；‘致知’者，致其物之知也。此岂有内外彼此之分哉？理一而已。”

③④ 王阳明. 传习录［M］. 于自力，等注译. 郑州：中州古籍出版社，2008：251.

⑤ 王阳明. 传习录［M］. 于自力，等注译. 郑州：中州古籍出版社，2008：168.

与文化在阳明处被合为一体。他将良知和文化之间的隔膜打破，认为二者之间没有所谓上下、本末、内外的区别，都是天理、天道的彰显。道本就在文化之内，不可能将一个事物生硬地肢解为一处内部，一处外面，天道明白无碍地存在于文化之中，“何尝有内外”，何尝有阻隔。“盖上下、本末、内外，都是一理也，方是道。”① 良知天理是“行为之当作”，是规定行为的条例和法则，文化则是致良知的过程，是基于良知而在行为中实现此良知。致良知就是依据良知创造文化。“然在‘致’字上，亦复当有知识所知之事物律以实现此行为。”② 这个过程需要吸收知识。知识的获得是致良知的一个步骤。知识作为“外”，因其是致良知所需，而被天理所笼罩，被“统之于内”。知识转为“内”，是因为良知的“自我坎陷”，良知在吸收知识的自我坎陷过程中“涌出其自己”，体知到心上的良知，并“复会物以归己”，在物之中返回到原初的自己。③岛田虔次也认为，“这个‘外’完全是被摄入‘吾之心’的、‘物来顺应’的、从心里流出而构成的。……而相对于这样的‘外’的‘内’这个东西，即我的良知或良知的我，决不是与这个‘外’相矛盾、相对立的非连续性的超越者，也不是否定性地批判这个‘外’的独自的原理。”④

此外，在阳明的“嫡派儿孙”——李贽的思想中，本心与

① 程颢，程颐．二程集［M］．王孝鱼，点校．北京：中华书局，2004：3.

②③ 牟宗三．从陆象山到刘蕺山［M］．上海：上海古籍出版社，2001：177.

④ ［日］岛田虔次．中国近代思维的挫折［M］．甘万萍，译．南京：江苏人民出版社，2005：16.

文化的融合也得到了进一步地论述。卓吾认为，“天下之至文”就是出于童心而作的文。只要“童心常存”，保留自己的童心，则“无一样创制体格文字而非文者”。[①] 自童心而出，方有天下至文。童心之上所作之文，无论是何种样式，皆是美篇佳作。卓吾因是有感：“童心者之自文也。”[②]

总的来说，孟子及宋明儒学家虽然都主张本心的重要性，但他们都不是文化的否定者。正如牟宗三所说，“凡顺孟子下来者，如象山，如阳明，皆并非不知气质之病痛，亦并非不知教育，学问等之重要，但此等后天的工夫并非本质的。”[③] 本质的工夫是不容已地自我力量、良知明觉地涌现，是通过逆觉体证而进一步在心上确认的良知。但是，外部文化的学习也是后天的工夫，是助缘。此外，此一脉络中亦隐含着文化与本心一体的观点。至于阳明，文化与本心一体得到了充分论述。

三、走向平民的文化：圣人之道，吾性自足

儒学的平民化意味着文化主体界定的改变。一般认为，儒学的平民化早在孔孟思想中就有最初萌芽，后在宋明心学中得到较为完善的发展，尤其在泰州学派思想中达到成熟。孔子提出“有教无类”的观点，认为各个阶层的人都能够成为文化的对象。孟子的思想里也已经蕴含着平民精神。人生而具有仁义礼智的萌

---

① 李贽．焚书·续焚书［M］．张建业，译注．北京：中华书局．2011：149.

② 李贽．焚书·续焚书［M］．张建业，译注．北京：中华书局．2011：149－150.

③ 牟宗三．从陆象山到刘蕺山［M］．上海：上海古籍出版社，2001：163.

芽，所以“人皆可以为尧舜”①，每个人都可以成为尧舜一般的圣人。

宋明心学将平民精神进一步阐释。在明道的思想中，他也打破文化是圣贤所有的传统，认为圣贤所具有的“德”是“天德”，每一个平民生而具有。“圣贤论天德，盖谓自家元是天然完全自足之物，若无所污坏，即当直而行之，若小有污坏，即敬以治之，使复如旧。所以能使如旧者，盖为自家本质元是完足之物。”② 从出生开始，人就处于完备的、充足的状态。人所应当做到的，就是使这个本就是自足的本心“如旧”，和原初状态一样。陆九渊认为，心即理。理体现在天、地之中，也体现在人身上。“道塞宇宙，非有所隐遁，在天曰阴阳，在地曰柔刚，在人曰仁义。”③ 陆九渊所说的“理”不是形而上层面的，而是具有现实性的“理”。“陆九渊经常说‘理’是‘眼前道理’（《语录上》），是‘未尝有所隐遁’（《与朱济道》）的明白之理，是‘天下所共由’（《与严泰伯三》）的‘道’和‘公理’，并把‘理’归结为‘人情、事势、物理’（《语录上》），认为这是现实社会、具体事物的道理，直接与社会人事及人的活动相关联的。”④ 先圣后圣都具有一样的理和心。“千古圣贤若同堂合席，

---

① 孟子．孟子［M］．杨伯峻，杨逢彬，译注．长沙：岳麓书社，2011：228.

② 程颢，程颐．二程集［M］．王孝鱼，点校．北京：中华书局，2004：1.

③ 陆九渊．陆九渊集［M］．钟哲，点校．北京：中华书局，1980：483.

④ 刘宗贤．试论王阳明心学的圣凡平等观［J］．哲学研究，1999（11）：69－78.

必无尽合之理。然此心此理，万世一揆也。”① 不论时间、地域的差异，圣人之间的理和心是相同的。圣人和凡人也同此理，同此心。“此理在宇宙间，固不以人之明不明、行不行而加损。”② 圣人之心和凡人之心没有本质差异，都是理的具体彰显，差别仅在于对理的自觉程度不同。

到王阳明时期平民精神发展相对完备，他“否定圣贤的绝对权威，张扬在‘良知’上的人人平等，更显示着近代人文主义启蒙思想的光辉”。③ 当明道、象山在谈论圣人和凡人的关系时，仍然将圣人作为理想人格的化身，从圣人—凡人二元的角度，论述圣人和凡人之间的平等关系。而王阳明的圣凡平等观则直接建立在把“圣人”直接等同于凡人的立场上，“人胸中各有个圣人”。④ “良知在人，随你如何不能泯灭，虽盗贼亦自知不当为盗。唤他做贼，他还忸怩。”⑤ 圣人就在每一个凡人身上，每个人的内心就有一个圣人。“自己良知原与圣人一般。若体认得自己良知明白，即圣人气象不再圣人而在我矣。”⑥ 阳明龙场悟道

① 陆九渊．陆九渊集［M］．钟哲，点校．北京：中华书局，1980：405.

② 陆九渊．陆九渊集［M］．钟哲，点校．北京：中华书局，1980：26.

③ 张建业．李贽与王阳明——中国传统文化思想新变的启蒙者［J］．首都师范大学学报（社会科学版），2000（01）：74－80.

④ 王阳明．传习录［M］．于自力，等注译．郑州：中州古籍出版社，2008：298.

⑤ 王阳明．传习录［M］．于自力，等注译．郑州：中州古籍出版社，2008：298－299.

⑥ 王阳明．传习录［M］．于自力，等注译．郑州：中州古籍出版社，2008：205.

时说道，“始知圣人之道，吾性自足，向之求理于事物者误也。”① 圣人的道，不过是本就存在吾性当中自足的天道、天理，它不需要从外部世界加以任何的增添，“此心无私欲之蔽，即是天理，不须外面添一分”。② 这是“纯乎天理之心”③。另外王阳明认为，不同职业的人是平等的。“古者四民异业而同道，其尽心焉，一也。”④ 士农工商所从事的具体工作不同，但都在自己的行业中发挥、听从自己本心，因而是平等的。“其归要在于有益于生人之道，则一而已。”⑤

泰州学派进一步将儒学推向更为彻底的平民化，其中尤以王艮为代表，他提出“百姓日用即道”的理论。王艮出身于平民，他是一个贩盐的商人，少时辍学，直至25岁方才自学儒家经典，后来拜阳明为师。王艮的学术经历以及阳明良知论的影响使其自然将理论关怀投注于劳动群体，也就是“愚夫愚妇”，即未受教化的男女。“王艮在认识上突破了‘士大夫的限制’，代之以一种明确的平民立场”。⑥ 首先，王艮将百姓日用的平民生活提升为道的本体。“百姓日用条理处，即是圣人之条理处。”⑦ 他将抽象、神圣、形而上的“天道”下降为大众、日常、具体化的

---

① 王守仁. 王阳明全集［M］. 吴光，等编校. 上海：上海古籍出版社，2011：1354.

②③ 王阳明. 传习录［M］. 于自力，等注译. 郑州：中州古籍出版社，2008：26.

④⑤ 王守仁. 王阳明全集［M］. 吴光，等编校. 上海：上海古籍出版社，2011：1036.

⑥ 贾乾初. 愚夫愚妇：平民儒学语境中的“人”——基于政治文化立场的考察［J］. 文史哲，2013（02）：88－98.

⑦ 王艮. 王心斋全集［M］. 陈祝生，等校点. 南京：江苏教育出版社，2001：10.

“人道”。阳明等人也认为，道存在于百姓日常生活之中。但是，直到王艮处，百姓的活动才被直接赋予了道的意义，或者被肯定为道本身。“凸显‘百姓日用’的本体性，使广大民众在日常生活中也能建构起意义世界，是儒学民间化的逻辑起点。”① 其次，王艮的思想是对阳明心学的进一步发展。王阳明的思想也肯定了愚夫愚妇和圣人都具有良知，却同时提出愚夫愚妇和圣人的差别体现在致良知之上。“但惟圣人能致其良知，而愚夫愚妇不能致，此圣愚之所由分也。”② 王艮的学生阐释道：“圣愚之分，阳明以为在能致不能致，重工夫；先生以为在不失与会失，重本体。”③ 满天下都是圣人，百姓只是日用而不知。在王阳明的思想上，王艮提出，圣人和愚夫愚妇不仅在良知本体上没有差异，在践行良知上也没有差异。他将王阳明的“致良知”改为“良知致”，良知的实现也是自然而然发生。“王艮并不认为圣人在致良知上有先天的优势，而是坚持‘人之天分有不同，论学则不必论天分’。”④ 最后，王艮赋予了为道为学的简易性，道就在百姓的日常活动、穿衣吃饭的生活之中。“愚夫愚妇与知能行，便是道，与鸢飞鱼跃同一活泼泼地，则知性矣。”⑤ 普通老百姓听得懂、行得通的就是道，就像飞鸟游鱼一样，自然而然地为道。王艮将

---

① 徐春林．泰州学派生命哲学研究［D］．苏州大学，2007：27.

② 王阳明．传习录［M］．于自力，等注译．郑州：中州古籍出版社，2008：179.

③ 王艮．王心斋全集［M］．陈祝生，等校点．南京：江苏教育出版社，2001：91.

④ 宣朝庆．泰州学派的精神与乡村建设［M］．北京：中华书局，2010：75.

⑤ 王艮．王心斋全集［M］．陈祝生，等校点．南京：江苏教育出版社，2001：6.

“君子之道费而隐”改为简便易行的道。“所谓圣人之道，也不过是为了老百姓生活更好而创立的，最好的传播方式就是百姓喜闻乐见。”① 王艮彻底打破了圣人权威，将道还给每一个平凡的愚夫愚妇，同时也把为道之事还原到日常生活之中。

王艮的平民精神进一步为泰州后学继承，道彻底地从精英文化回归到平民文化。其一，颜山农从“放心体仁”的角度阐释良知。颜山农认为，“体认之妙，即在放心”。他将孟子的寻求走失本心的“求其放心”改为“自信其心”“自见其心”的自然之心。“‘放心体仁’则旨在揭示放松心态的重要性，主张循其心体的自然发动，扩而充之”。② 放心体仁应当运用于百姓的生活实践之中。他还把道德要求简化为平民百姓能知能行的具体的“道”，包括集中“箴言六章”、“阐发圣谕六条”、作“劝忠歌”等。③ 其二，罗汝芳提出的“捧茶童子却是道”是对王艮思想的进一步扩充。人在本性之中，“不虑而知”、“不学而能”的自然本能就是道，就是捧茶童子所具有的道。罗汝芳将“百姓日用之道”具体为“孝、弟、慈”。“此个孝、弟、慈，原人人不虑而知，人人不学而自能，亦天下万世人人不约而自同者也。”④ “孝、弟、慈”是每个人生而具有的道，从缙绅大夫到黎民百姓，从孩提少长到壮盛衰老，天下之人都共同具有“孝、弟、

① 宣朝庆. 泰州学派的精神与乡村建设［M］. 北京：中华书局，2010：75.

② 吴震. 泰州后学颜山农思想绪论［J］. 浙江社会科学，2005（01）：131－137.

③ 陈来. 泰州学派开创民间儒学及其当代启示［J］. 江海学刊，2020（01）：45－47.

④ 罗汝芳. 罗汝芳集［M］. 南京：凤凰出版社，2007：108.

慈”。其三，何心隐提出“人则仁义，仁义则人”①，肯定了愚夫愚妇的人格。何心隐不仅吸收孔孟的“仁义”思想，而且“超越了君臣父子贵贱尊卑的‘差等’局限”。② 他将仁义归结为“凡有血气”之人的共同本性，愚夫愚妇也是具有仁义的“原人”。同时，他认为，人是仁义实践的主体，仁义必须落实到个体的生活之中。“必以仁为广居，而又必广其居以象仁。”③自旦及昼，好仁、为仁，好义、为义，以仁义为生活实践的准绳。最后，李贽所说的“穿衣吃饭即是人伦物理”也是对道的生活化、世俗化的阐释。“穿衣吃饭即是人伦物理；除却穿衣吃饭，无伦物矣。世间种种皆衣与饭类耳，故衣与饭而世间种种自然在其中，非衣饭之外更有所谓种种绝与百姓不相同者也。”④

---

①③　何心隐．何心隐集［M］．北京：中华书局，1960：26.

②　贾乾初．愚夫愚妇：平民儒学语境中的“人”——基于政治文化立场的考察［J］．文史哲，2013（02）：88－98.

④　李贽．焚书·续焚书［M］．张建业，译注．北京：中华书局，2011：65.

第三章　儿童具有文化：天性的显现

文化是天性的外化，是尽本心、求放心。儿童是天性的显现者，本心的承载者。儿童基于本心、天性，向外表达为文化。儿童具有文化，这是儿童自身本有的天性的内在要求和必然结果。

在对儿童和童年的哲学思考中，也就是在“人的哲学的一个分支”中，“‘儿童’是象征性地代表着人性深层假设的载体，它具有潜在的多样性和可变性，是人类主体的建构和人类生命阶段的最终意义，是人类的知识形式”。① 在理性主义等思想传统的观照下，儿童、妇女、土著等“边缘人”不具备理性。在古希腊时期，儿童即被认为缺乏理性。人生而具有上帝赐予的“灵魂”，然而，甫一出生就失去了“记忆”。在中世纪，儿童是背弃上帝的、具有原罪的邪恶者。到16世纪的宗教改革时期，儿童是“野蛮的半人”，童年是“黑暗与光明、善与恶、动物与神

---

① David Kennedy. Changing Conceptions of the Child from the Renaissance to Post-Modernity：a Philosophy of Childhood [M]. New York：the Edwin Mellen Press，2006：18.

之间斗争”的“第一战场”。① 在17—18世纪的启蒙运动时期，理性发展至巅峰。儿童被认为是缺乏理性的不成熟的个体。

而理性主义思想成为传统的过程，也同样是批评、反思理性主义的过程。儿童的身上保留了“上帝”或“神”赋予的天性。“上帝”或“神”是哲学层面的概念，是生命原初的混沌统一体。儿童是存在的统一体。在古希腊时期，儿童也被视作人和神之间的沟通者，能够传递神性。“在古雅典，由抽签选出的儿童在希腊神话中扮演着一个中间人的重要角色，他或她先于提升者，第一次与神接触。”② 自我寻求和宇宙建立和谐的关系，“在这个时刻，儿童和愚人变得有力量，如果是神秘的，是西方传统的智慧的标志，也是西方自我理解的神话结构的重要象征。”③ 另外，在基督教中，也有只有变为小孩子才能进入天堂的箴言。“耶稣说：‘天地的主，我感谢你，因为你将这些事向聪明通达的人藏起来，向婴孩显露出来。’”④ 随着基督教的兴起，上帝成为无法被认识的神秘的“世界第一因”，“以人的形式的逻各

---

① David Kennedy. Changing Conceptions of the Child from the Renaissance to Post-Modernity: a Philosophy of Childhood [M]. New York: the Edwin Mellen Press, 2006: 1.

② David Kennedy. Changing Conceptions of the Child from the Renaissance to Post-Modernity: a Philosophy of Childhood [M]. New York: the Edwin Mellen Press, 2006: 22.

③ David Kennedy. Changing Conceptions of the Child from the Renaissance to Post-Modernity: a Philosophy of Childhood [M]. New York: the Edwin Mellen Press, 2006: 46.

④ David Kennedy. Changing Conceptions of the Child from the Renaissance to Post-Modernity: a Philosophy of Childhood [M]. New York: the Edwin Mellen Press, 2006: 59.

斯”受到了怀疑和质疑。① “在基督里，上帝亲自引入了神秘、隐藏、‘上’与‘下’之间的间断，……正如西蒙尼·威尔(Simone Weil)所说，‘超越人们所说的智力，走进智慧的开端’。”②上帝亲近儿童，儿童是上帝的信使，是原初统一体的代表，具有天性。“天堂的新伊甸园是‘人类真正的、不可分割的状态’恢复的结果。”③ 遥不可及的天堂在儿童身上成为了现世的普通世界、还原为日常生活。

在启蒙时期，理性攀至巅峰，儿童被视为不具有理性、发展不成熟的未来的成人。也正是在启蒙思想的内部兴起了理性反思和儿童关注。“正是在‘启蒙’的最鼎盛之时，成人开始转向儿童。通过与儿童这种生命形式的对话，他得到了儿童的‘话语’，并使之成为关于自身的新信息。”④ 儿童作为天性的显现者，不再依赖于“未成形的成人”的身份而被承认主体地位；儿童作为天性的完备者，因其自身获得主体性，并具有了创造文化的天赋。“儿童所代表的不再是一种不完整的认识论，而是另

①② David Kennedy. Changing Conceptions of the Child from the Renaissance to Post-Modernity: a Philosophy of Childhood [M]. New York: the Edwin Mellen Press, 2006: 56.

③ David Kennedy. Changing Conceptions of the Child from the Renaissance to Post-Modernity: a Philosophy of Childhood [M]. New York: the Edwin Mellen Press, 2006: 58.

④ David Kennedy. Changing Conceptions of the Child from the Renaissance to Post-Modernity: a Philosophy of Childhood [M]. New York: the Edwin Mellen Press, 2006: 35.

一种认识论。”[①]

在十八世纪晚期和十九世纪上半叶，欧洲浪漫主义思潮兴起。它继承了反启蒙的传统，并进一步引发了西方意识领域里最伟大的转折，改变了西方世界的思想和生活。[②] 其中，德国的浪漫主义具有最为深刻的理论积淀。浪漫精神在德国茁壮发展，生长为集哲思与诗情为一体的浪漫派。浪漫派诗哲是18世纪末至19世纪初德国兼具诗人、艺术家和哲学家身份的思想家。浪漫派诗哲[③]主要指聚集在施莱格尔兄弟举办的沙龙上，并以《雅典娜神殿》这一刊物为阵地的耶拿派。他们是兼具诗情和哲思的天才，并以诗化世界对抗机械化世界。在浪漫派诗哲看来，儿童是最高本原的体现，是人性的最高理想，也是人生最终寻觅的故乡。

20世纪到21世纪是‘主体死亡’的世纪，主体成了多样的、变动的、过程中的自我。“过程中的主体承认并尊重世界上

---

① David Kennedy. Changing Conceptions of the Child from the Renaissance to Post-Modernity：a Philosophy of Childhood [M]. New York：the Edwin Mellen Press，2006：98.

② ［英］伯林. 浪漫主义的根源［M］. 吕梁，洪丽娟，孙易，译. 南京：译林出版社，2011：9－10.

③ 刘小枫认为，“‘浪漫派’（Romantik）和‘浪漫主义’（Romantismus）是两个不同的概念。浪漫主义指整个浪漫思潮——风靡全欧、至今还遗风不散的浪漫精神。浪漫派则指18世纪末、19世纪初在德国出现的文学、哲学派别。”浪漫派哲学是哲学形态的浪漫精神。而浪漫派诗哲既能诗，也能思辨，是诗化的哲人。浪漫派诗哲在整个德意志浪漫哲学思想传统形成与发展中占据重要的位置，它不仅最早地表述了浪漫哲学精神，而且影响了叔本华、尼采以及解释学哲学和新马克思主义哲学等。浪漫派哲学及其开启的浪漫哲学传统主要围绕人生即诗、本真情感的优先性、个人与自然的神秘契合等主题。刘小枫. 诗化哲学［M］. 上海：华东师范大学出版社，2011：12－14.

的差异，因为它认识到了自身的差异性，并在两端中寻求协调而不是统一或者一个无休止推迟的统一。”① 儿童是“过程中的主体”，不仅是儿童，包括成人在内的所有主体都在不断地发展和变化。儿童是“同行的旅伴”（fellow traveler）②，而非成人的依附者。这在一定程度上仍然是对十八世纪的反启蒙和以其为根源的浪漫主义，尤其是德国浪漫派的“儿童具有天性”的观点的延续。正如弗朗索瓦·利奥塔（Jean-Francois Lyotard，1924—1998）所说，“婴儿期是一种保证，在我们身上仍然有一个谜，一种不容易传达的不透明——一些东西被留下、并保持下来，我们必须见证它。”③ 雅克·德里达（Jacques Derrida，1930—2004）也说，“‘自然的纯粹、动物的纯粹、原始主义、童年、疯狂、神性……［是］一旦听到死亡的威胁就害怕，渴望过一种没有差别的生活’。”④ 儿童是“不确定的和无限的回忆”，是生命原初的统一体在具体中的确证，也是“成人经历了辩证的变迁后重获成人童真的可能性”，最终成为现当代无差异的、多元的、

---

① David Kennedy. Changing Conceptions of the Child from the Renaissance to Post-Modernity：a Philosophy of Childhood［M］. New York：the Edwin Mellen Press，2006：10.

② David Kennedy. Changing Conceptions of the Child from the Renaissance to Post-Modernity：a Philosophy of Childhood［M］. New York：the Edwin Mellen Press，2006：11.

③ David Kennedy. Changing Conceptions of the Child from the Renaissance to Post-Modernity：a Philosophy of Childhood［M］. New York：the Edwin Mellen Press，2006：24.

④ David Kennedy. Changing Conceptions of the Child from the Renaissance to Post-Modernity：a Philosophy of Childhood［M］. New York：the Edwin Mellen Press. 2006：81.

过程中的主体的典型代表。

另外，中国文化，尤其是儒学，最核心的问题就是“天”“人”的关系问题。正如钱穆所说，“在中国思想中，‘天’‘人’两者间，并无‘隐’‘现’分别。”① “天”与“人”是联合起来加以讨论的。正如孟子所说，天之道是诚；而人之道是思诚。在西周时期，“天”是“人格神”，是天帝。及至孔子，虽然仍受到西周时期的“人格神”之天的影响，部分保留了政治、宗教意义上的“天”。但是，孔子已经逐渐转向了宇宙论层面的“天”、价值层面的“天”。这个层面的“性与天道”的问题是不可教的，需要在心上默识之，只可意会。孔子所说的人心可默识的“天”已经不再是作为人格神的天了，“天”已经转变为宇宙论层面的哲学范畴。“天道”则被认为是“形而上的实体”，内蕴“生化原理或创造原理”。② 生生不息的天道贯注到个体身上，使人自身成为显现“光明”的主体。人性是天道的个别化与具体化的显现，或者说是有限对无限的表现。同样，“天命”、“天道”下落于不同的个体，也会使个体表现出不同的性。总之，“维命之天”具有“创造之真几”。“中国儒家从天命天道说性，即首先看到宇宙背后是一‘天命流行’之体，是一创造之大生命，故即以此创造之真几为性，而谓‘天命之谓性’也。”③ 它流到不同个体处，便形成了具体的“性”。孔子建立的“天命下贯而为性”的儒学主旨思想在孟子、宋明心学、李贽等思想中得

① 钱穆. 中国文化对人类未来可有的贡献［J］. 中国文化，1991（01）：93－96.

② 牟宗三. 中国哲学的特质［M］. 上海：上海古籍出版社，1997：51.

③ 牟宗三. 中国哲学的特质［M］. 上海：上海古籍出版社，1997：57.

到了进一步的丰富。在他们的思想中，都不约而同地将儿童作为天命下贯于性的最典型和最完美的代表。

第一节　在原始生活徜徉：儿童是自然人

17—18 世纪左右，反启蒙思想家，也即浪漫派父辈在文明尚未发展的原始社会寻找原初的自然状态。他们认为，童年是身边的、可随时观察的原始生活，“我们的童年是唯一没有扭曲的自然，我们在有教养的人类中也找得到这种自然”①。儿童就像原始人一样，表现着文明之始、人性之初的自然状态。在原始社会、质朴的乡村以及儿童身上，浪漫派父辈试图勾勒出人性的自然状态和生命的内在法则。当浪漫派父辈将原始祖先与儿童进行类比的时候，他们并不是站在文化中心的高度去俯视儿童。就维柯、哈曼和赫尔德是文化多元主义的源头而言，他们对儿童文化怀揣着理解与阐释的态度。不止于此，他们对儿童的论述更是出自对儿童身上自然天性的尊崇，“我们景仰儿童身上无限的可规定性和他的纯洁无邪，深受感动”。②

一、维柯：儿童拥有诗性智慧

在《新科学》中，维柯将个体生命之初的儿童类比于原始初民。在初生的儿童和原始人身上，体现着人人都具有的本性或

① ［德］席勒. 席勒美学文集［M］. 张玉能，编译，北京：人民出版社，2011：307.

② ［德］席勒. 席勒美学文集［M］. 张玉能，编译，北京：人民出版社，2011：298.

共同性。《新科学》英译版的标题中的三个关键词是“民族”、“本性”（“共同性”）和“原则”。维柯从词源学的角度阐释这三个词，认为三者都代表“出生”的意思，“都有一种较具体的‘脱胎出生’的意义”。① “‘出生’或‘成长’就是《新科学》所要研究的精髓，换句话说，至少是对于《新科学》来说，出生和本性就是一回事。”②

维柯试图在《新科学》中考察原始初民的本性与文化，包括伦理，经济、政治、历史、物理、天文等的诗性起源。但是，“因为凭我们开化人的本性，我们近代人简直无法想象到，而且要费大力才能懂得这些原始人所具有的诗的本性。”③ 原始人距离维柯自身的文化教养背景太过于遥远，因而维柯在《新科学》中经常将个体生命之初的儿童类比于人类源起之初的原始初民。

首先，人的内在本质即是天意赋予人类精神的神圣性。天意是泛神论层面上的哲学概念，天意所代表的不是上帝的意志。④ 维柯曾明确地表示，他所要建立的新科学不是关于基督教和上帝的论述，而正是把基督教和上帝的学说全部排除在外的学科。⑤ 在维柯看来，天意是以太（ether），它用凿刀（coelum）雕刻成

① ［意］维柯．新科学·上册［M］．朱光潜，译．北京：商务印书馆，2017：英译者的引论 15.

② ［意］维柯．新科学·上册［M］．朱光潜，译．北京：商务印书馆，2017：英译者的引论 16.

③ ［意］维柯．新科学·上册［M］．朱光潜，译．北京：商务印书馆，2017：31.

④ 李秋零．德国哲人视野中的历史［M］．北京：中国人民大学出版社，1994：67.

⑤ ［意］维柯．新科学·上册［M］．朱光潜，译．北京：商务印书馆，2017：英译者的引论 33.

每种事物，对其进行增减，它成就一个事物，也可能损害一个事物。[①] 万物都是天意的显现，都是天意创造的产品。万物都受到天意的创造力量，受到天意的“永恒律令”的调节。这使得万物具有共同性，处在“一种确定而清晰的纽带中”。[②] 具体来说，以太将灵魂（anima）给予万物，使得万物继承共同的本源，具有运动的能力和生命的活力。[③]灵魂是渗透到血液中的空气，而精神（animus）则渗透到神经中。前者是以太赋予万物的肉体生命，后者是以太赋予动物的精神生命。而人类具有“精神的思想”（mens ainimi）[④]，它是“放射给全人类的光亮”[⑤]。至大至善的上帝将神圣性赋予人类的精神。“精神的这种独一无二的禀赋，如果不是因为肖似于至大至善的上帝，又怎么能够恰当而合理地解释呢?”[⑥]

其次，儿童具有天意赋予人类心灵的神圣性，这是人所普遍具有的自然本性。从出生开始，我们就被“事物祭司（feciales）”安排好了需要遵从的自然本性。我们只需要坚定地去做，将已经准备好了的“契约文书”逐一兑现即可。[⑦] 每个人都具有自然本性，它是“至为完善”的人类心灵，凝聚了所有的完善。人之

---

①③④ ［意］维柯. 新科学·下册［M］. 朱光潜，译. 北京：商务印书馆，1989：703.

② ［意］维柯. 维柯论人文教育：大学开学典礼演讲集［M］. 张小勇，译. 桂林：广西师范大学出版社，2005：21.

⑤ ［意］维柯. 新科学·上册［M］. 朱光潜，译. 北京：商务印书馆，2017：164.

⑥ ［意］维柯. 维柯论人文教育：大学开学典礼演讲集［M］. 张小勇，译. 桂林：广西师范大学出版社，2005：8－9.

⑦ ［意］维柯. 维柯论人文教育：大学开学典礼演讲集［M］. 张小勇，译. 桂林：广西师范大学出版社，2005：37.

存在即意味着完善。[①] 自然本性是每个人内部的“自己的上帝”，视听言说等一切人所具有的能力都是神圣的。[②] 人与人之间是没有本质区别的，圣凡一体，长幼无差。普通人和伟大人物的区别仅在于对自身自然本性的利用程度。那些站在历史巅峰、留名史册的伟人并不是比普通人拥有更为卓越的能力，只不过是因为他们能够充分地“用心发掘那些人类精神的自然本性所带给我们的东西”。[③] 同样，儿童也具有神圣而完善的心灵，“你们之中任何人自孩提时代就有着伟大哲学家的表征”。[④]自然本性早在儿童时期就已经自动地烙印在儿童身上，“我们从儿童时期就掌握了这么多重要而内在的观念”。[⑤] 儿童具有的自然心灵是神圣，但儿童却不自知的。这就需要唤醒“幽闭于精神之中”的“被埋藏的火种”[⑥]，需要“培养我们精神的某种神性”[⑦] 的教育的帮助。教育者需要审慎地考察儿童的天性才智，自然本性的能力。[⑧]

最后，儿童具有的内在本质是一种创造性力量，是诗性智

---

① ［意］维柯．维柯论人文教育：大学开学典礼演讲集［M］．张小勇，译．桂林：广西师范大学出版社，2005：12.

② ［意］维柯．维柯论人文教育：大学开学典礼演讲集［M］．张小勇，译．桂林：广西师范大学出版社，2005：15.

③④ ［意］维柯．维柯论人文教育：大学开学典礼演讲集［M］．张小勇，译．桂林：广西师范大学出版社，2005：13.

⑤ ［意］维柯．维柯论人文教育：大学开学典礼演讲集［M］．张小勇，译．桂林：广西师范大学出版社，2005：16 注释 3.

⑥ ［意］维柯．维柯论人文教育：大学开学典礼演讲集［M］．张小勇，译．桂林：广西师范大学出版社，2005：16.

⑦ ［意］维柯．维柯论人文教育：大学开学典礼演讲集［M］．张小勇，译．桂林：广西师范大学出版社，2005：2.

⑧ ［意］维柯．维柯论人文教育：大学开学典礼演讲集［M］．张小勇，译．桂林：广西师范大学出版社，2005：93.

慧。维柯反对将人性理解为普遍、固定、永恒的。普遍人性观忽略了“人的弹性”，人的本质被认为是“某种不变的、静止的‘核’”，只能构成“一副失真的漫画”。[①] 维柯从拉丁语词源出发，解释说，经院哲学家所说的本质（essentia），就是拉丁语中的“力或力量”（vis）或“权能或潜能”（potestas）。也就是说，本质就是“一种创造和产生的能力”。[②] 神性不过就是每个人都拥有的创造力，神亦不过是凡人而已。[③] 从“创造力”的拉丁语词源来看，“ingenium 一词是一个复合词，由 in-（内在的，内生的）和 gignere（生产，诞生）组成，也就是说内生的特征或本性”。[④] 也就是说，创造力是一种内在的本性。维柯进一步解释说，“ingenium（创造力或创造本性）与 natura（自然，本性）在拉丁人那里是同义词”。[⑤] 创造力是人类内在的自然本性。它是综合了悟性、智性在内的一切能力的智慧能力[⑥]，也就是诗性智慧。诗性智慧是人类的创造本性。原始初民是能够以想象进行

---

① ［英］伯林．启蒙的三个批评者［M］．马寅卯，郑想，译．南京：译林出版社，2014：59－62.

② ［意］维柯．论意大利最古老的智慧：从拉丁语源发掘而来［M］．张小勇，译．上海：上海三联书店，2006：译者导言 20.

③ ［意］维柯．维柯论人文教育：大学开学典礼演讲集［M］．张小勇，译．桂林：广西师范大学出版社，2005：1.

④ ［意］维柯．论意大利最古老的智慧：从拉丁语源发掘而来［M］．张小勇，译．上海：上海三联书店，2006：68 译注.

⑤ ［意］维柯．论意大利最古老的智慧：从拉丁语源发掘而来［M］．张小勇，译．上海：上海三联书店，2006：69.

⑥ ［意］维柯．论意大利最古老的智慧：从拉丁语源发掘而来［M］．张小勇，译．上海：上海三联书店，2006：68.

创造的诗人或者创造者。[1] 维柯认为发展中的人类儿童是原始初民，儿童像原始初民一样，都是能够进行创造的诗人，都具有诗性智慧。[2]儿童也是作为制作者或创造者的诗人。原始初民和儿童都具有"知道怎么办"（the know-how）的知识或智慧，也就是具有诗性智慧或创造性智慧。[3]

诗性智慧是一种完全凭着肉体进行想象的自然本性。[4]儿童和原始初民一样，都是"崇高的诗人"[5]，他们具有丰富的感性能力和想象能力。诗性智慧是儿童和原始初民共有的、生而就有的自然本性。原始初民和儿童缺乏抽象能力和推理能力，他们还没有能力以可理解的类概念认识事物，于是用想象的类概念理解事物。他们推理能力最薄弱，所以"想象力也就成比例地愈旺盛"。[6] 他们"把自己当作衡量宇宙的标准"，将自己的本性、感觉或情感赋予其它无生命的事物。[7] 儿童和原始初民在想象中，创造了诗性世界。

二、卢梭：儿童具有内在自然

在 17 世纪左右，"自然"概念多为科学家和物质主义者所界

---

①② ［意］维柯．新科学·上册［M］．朱光潜，译．北京：商务印书馆，2017：188－189.

③④ ［意］维柯．新科学·上册［M］．朱光潜，译．北京：商务印书馆，2017：英译者的引论 45.

⑤ ［意］维柯．新科学·上册［M］．朱光潜，译．北京：商务印书馆，2017：119－120.

⑥ ［意］维柯．新科学·上册［M］．朱光潜，译．北京：商务印书馆，2017：119.

⑦ ［意］维柯．新科学·上册［M］．朱光潜，译．北京：商务印书馆，2017：118.

定，他们认为自然是“人类必须要理解的符合规律的外部世界”，也是“人类一定要加以利用的宝库”。① 而到了 18 世纪，以卢梭为代表的思想家将“自然”的内涵从外在世界转向了内部世界，即从关注“植物、矿物、动物、风景的自然”转向讨论“人性自然”②。内在自然是“被深深隐匿了的人类本质”，它是“天意的法则”的证明。③

第一，内在自然和外在自然是相互贯通的，人生而具有内在自然，符合自然秩序。儿童是出自造物主之手时，人类天然而本来的样子。儿童还没有受到“人类的各种舆论的冲击”，因而还完好地保存着内在自然④

内在自然和外在自然的贯通基于天良神论。天良神论是一种特殊的自然宗教观，是卢梭借助上帝作出的对人类存在本质的认识。和伏尔泰、狄德罗等启蒙思想家一样，卢梭也基于自然科学对自然的规律和秩序的发现来推理出上帝的存在。卢梭认为，宇宙按照固定不变的法则运动，是因为有一种意志、智慧在推动其运动。宇宙的运动是能动的、有思想的实体做出的活动。⑤ 这就是卢梭所说的上帝。上帝是大自然的创造者，亦是自然规律的制

---

① ［德］卡西勒．卢梭问题［M］．王春华，译．南京：译林出版社，2009：16 注释 5.

② ［德］席勒．席勒美学文集［M］．张玉能，编译．北京：人民出版社，2011：296.

③ 《片断》，第八卷，第 630 页．转引自：［德］卡西尔．卢梭·康德·歌德［M］．刘东，译．北京：生活·读书·新知三联书店，2002：22.

④ ［法］卢梭．爱弥儿·论教育（上卷）［M］．李平沤，译．北京：商务印书馆，1978：7.

⑤ ［法］卢梭．爱弥儿·论教育（下卷）［M］．李平沤，译．北京：商务印书馆，1978：427－431.

定者。不同于一般的自然神论者的是，卢梭认为上帝是人神同形的，上帝就在每个人的内心深处，即在人的良心之中。“在卢梭那里上帝的存在是属于心性的事情。”①

人的身上体现着上帝意志，大自然也是上帝的造物。在一切存在物身上都存在着上帝。大自然的运动和人的活动是由上帝推动的，它们显示出“一种独特的智慧”②，表现出井然的秩序、自然的法则。上帝把一切都写在我们的良心之上了，无论是自然的景色，还是内心的呼声都是上帝意志的显现。③ 因而，在大自然之中，我们能够体悟到自身的良知，大自然是“活生生的自然”④。1762 年左右，卢梭度过了一段隐居生活，在这段时光中，卢梭体悟到了大自然是不可思议的创造者⑤。卢梭选择“生活在我与大自然之间”，是为了“退隐到我的内心深处”。⑥ 在大自然，卢梭进一步体味到人性之自然。大自然不再作为与人相对的客观对象而存在，而是随自然节奏而动的内在生命。⑦

---

① 赵立坤. 卢梭浪漫主义思想研究 [M]. 北京：中国社会科学出版社，2008：199.

② [法] 卢梭. 爱弥儿·论教育（下卷）[M]. 李平沤，译. 北京：商务印书馆，1978：434.

③ [法] 卢梭. 爱弥儿·论教育（下卷）[M]. 李平沤，译. 北京：商务印书馆，1978：469.

④ [德] 卡西勒. 卢梭问题 [M]. 王春华，译. 南京：译林出版社，2009：16 注释 5.

⑤ [法] 让-雅克·卢梭. 卢梭自选书信集 [M]. 南京：译林出版社，1997：68.

⑥ [法] 卢梭. 卢梭评判让-雅克：对话录 [M]. 袁树仁，译. 上海：上海人民出版社，2007：56.

⑦ [德] 卡西勒. 卢梭问题 [M]. 王春华，译. 南京：译林出版社，2009：74.

人生而具有内在自然，它是每个人的内心发出光亮，是我们“圣洁的本能”和心底唱响的“永不消逝的天国的声音”。[①] 自然以“不可磨灭的字迹”写在“我的内心深处”[②]，它“始终是不顾一切人为的法则而顺从自然的秩序的”[③]。

第二，内在自然的提出是对基督教原罪说和自柏拉图以来建立的人性二元论的反对。一方面，内在自然说批判了基督教的原罪论。原罪说将人类视作“天生的罪人”（a born sinner）[④]。原罪说认为，人类生来就带有原罪，人类的自然倾向被贬斥为罪恶。这种观点认为，儿童生来就是恶的，需要被严厉地管教和规训。而在卢梭看来，人类的问题和罪恶来自社会、历史或环境，而不是来自人本身。在他看来，人的自然倾向是善的，原罪论并不能成立。“他声称，他所有的作品都旨在证明‘人的内心没有原始的邪恶，自然的最初运动总是正确的’。”[⑤]

另一方面，内在自然突出人性是善的，它是对柏拉图以来的人性二元论的反对。二元论认为，人类如果不是天生的罪人（born sinners），就是天生的失败者（born failures）或自然的失败

① ［法］卢梭. 爱弥儿·论教育（下卷）［M］. 李平沤，译. 北京：商务印书馆，1978：459.

② ［法］卢梭. 爱弥儿·论教育（下卷）［M］. 李平沤，译. 北京：商务印书馆，1978：451.

③ ［法］卢梭. 爱弥儿·论教育（下卷）［M］. 李平沤，译. 北京：商务印书馆，1978：415.

④ Arthur M. Melzer. The Natural Goodness of Man：on the System of Rousseau's Thought［M］. London：The University of Chicago Press，1990：19.

⑤ Arthur M. Melzer. The Natural Goodness of Man：on the System of Rousseau's Thought［M］. London：The University of Chicago Press，1990：17.

者（natural losers）。[①] 人的本性自身是“坏的”，因为它自身是自相矛盾的。“这种观点断言人类灵魂或个性不是自然的、统一的、或自相一致的，而是由两个完全不同且互相对立的元素组成：理性与激情。我们是混杂的生物，半神半兽；是被我们天性中无私的、理想主义的理性部分拉向一个方向，并被自私的、非理性的、身体的部分拉向另一个方向的理性动物。我们天生就在自身之内作斗争——生来就是精神分裂者。”[②] 二元论背后隐含的观点是，人类天生是自相冲突的，并且天生是不足的。在人类内部，灵魂和肉体彼此竞争，造成了混乱和不谐。儿童生来就是不足的，缺乏控制内部混乱自我的理智力量和智慧。在这种理论构想之下，二元论认为，生命的任务是“控制自己”，也就是“在灵魂的自然混乱中创造出某种理性的秩序”，而不是遵循自然的本性，“‘随它去’”。[③]

卢梭虽然也认为，人的天性有两个不同的本原，“其中一个本原促使人去研究永恒的真理，去爱正义和美德，进入智者怡然沉思的知识的领域；而另一个本原则使人故步自封，受自己的感官的奴役，受欲念的奴役；而欲念是感官的指使者，正是由于它

① Arthur M. Melzer. The Natural Goodness of Man: on the System of Rousseau's Thought [M]. London: The University of Chicago Press, 1990: 22.

② Arthur M. Melzer. The Natural Goodness of Man: on the System of Rousseau's Thought [M]. London: The University of Chicago Press, 1990: 20-21.

③ Arthur M. Melzer. The Natural Goodness of Man: on the System of Rousseau's Thought [M]. London: The University of Chicago Press, 1990: 21-22.

们才妨碍着他接受第一个本原对他的种种启示”。① 但是，卢梭并不认为，这两个不同的本原造成了人的本性的分裂。他也不认同柏拉图主义的二元论假设所说的，人只有经过智慧和力量才能控制本性的混乱。卢梭认为，人类虽然受感官和身体的影响，但他“时刻都有意志的能力”（尽管“不一定时刻都有贯彻意志的能力”），可以选择控制肉体，达至人性的统一。② 这就是卢梭所说的自由。而这种自由是人人都有的，产生于人的天性。③ 自由是自己对自己意志的实现，不需要借用他人之手。④ 儿童亦是生而具有自由。“孩子们生来也是人，并且是自由的；他们的自由属于他们，除他们本人以外，谁也无权处置。”⑤ 自由是儿童“以人的资格从自然中获得的天赋”，任何人包括其父母也不能剥夺这一天然禀赋。⑥

第三，卢梭认为，人生来就是好的，他只需要“做自己”(being oneself)，“尽可能地任其自然”（to let go as much as

① ［法］卢梭．爱弥儿·论教育（下卷）［M］．李平沤，译．北京：商务印书馆．1978：437－438.

② ［法］卢梭．爱弥儿·论教育（下卷）［M］．李平沤，译．北京：商务印书馆，1978：440－441.

③ ［法］卢梭．社会契约论［M］．李平沤，译．北京：商务印书馆，2011：5.

④ ［法］卢梭．爱弥儿（上卷）［M］．李平沤，译．北京：商务印书馆，1978：90.

⑤ ［法］卢梭．社会契约论［M］．李平沤，译．北京：商务印书馆，2011：11－12.

⑥ ［法］卢梭．论人类不平等的起源和基础［M］．邓冰艳，译．杭州：浙江文艺出版社，2015：106.

possible)[①]。但是，人是“天生的受害者”（a born victim)[②]。卢梭将人类称作“天生的受害者”，他认为社会文化伤害了人类。自然性善之人只能在远离社会文化影响的个体或群体中找到。在文明时代，哲学天才或艺术天才这样的优秀人才能够完全逃离社会；而早期的野蛮人、自由的乡下人或农民也能够相对地远离社会。[③]梅尔泽（Arthur M. Melzer）认为，卢梭形成了一种对平民的颠覆性新偏好，偏好简单的、落后的乡下人，而不是文明、有教养的城市精英。[④] 同样，儿童也是卢梭眼中的远离社会文化负面影响的自然人。卢梭在《爱弥儿》中设想的儿童——爱弥儿是生长于乡村的自然人，也是挣脱了“天生的受害者”身份的自然人。儿童还没有受到“人类的各种舆论的冲击”，因而还完好地保存着天性或良心。[⑤] 人类在儿童时期生而具有的内在自然，“一到了人的手里，就全变坏了”[⑥]。教育的作用就是为儿童的天性“筑起一道围墙”“安上栅栏”[⑦]，从而使得人类“不仅不使他脱离原来的位置，而且还使他牢牢地保持在那里”。[⑧]

---

①③ Arthur M. Melzer. The Natural Goodness of Man: on the System of Rousseau's Thought [M]. London: The University of Chicago Press, 1990: 22.

② Arthur M. Melzer. The Natural Goodness of Man: on the System of Rousseau's Thought [M]. London: The University of Chicago Press, 1990: 19.

④ Arthur M. Melzer. The Natural Goodness of Man: on the System of Rousseau's Thought [M]. London: The University of Chicago Press, 1990: 22-23.

⑤⑦ [法] 卢梭. 爱弥儿·论教育（上卷）[M]. 李平沤，译. 北京：商务印书馆，1978：7.

⑥ [法] 卢梭. 爱弥儿·论教育（上卷）[M]. 李平沤，译. 北京：商务印书馆，1978：6.

⑧ [法] 卢梭. 爱弥儿·论教育（下卷）[M]. 李平沤，译. 北京：商务印书馆，1978：506.

三、哈曼：儿童是完整的上帝之子

1783年，《柏林月刊》发起“什么是启蒙”的征文活动。康德认为，启蒙运动的目的就是帮助人类摆脱不能运用理智的不成熟状态。[①] 不成熟的人没有独立运用理智的能力，他们不具有自我抉择的能力，也不能对自己的选择负责。只有经过启蒙的作用，人才能摆脱不成熟的状态，否则就只能一直像儿童、未成年人、受监护人一样，被别人牵着鼻子走。[②] 在他看来，理性是成熟个体的所有物。孩子、未成年人和受监护人等没有理性，不具有主体性，只能服从于法定权威。

哈曼不认同康德将理性作为成熟和不成熟的分界线，继而将儿童视作缺乏理性的不成熟者。他认为，不成熟的人也具有智慧，因为智慧的开端是“对主的敬畏”。[③] 理性不能作为判定成熟与否的指标。所谓不成熟的人，也具有悟性，不需要任何权威的监护。只要摆脱所谓的监护，那些在康德看来不成熟的人就能够运用自己的悟性。哈曼反问道，“谁给了国家、其统治者和受其雇用的教授们告诉别人如何生活的权利？谁把他们封为最终的权威，使得这些自命的智者和专家精英宣称自己不会犯错误，并

---

① ［德］康德. 历史理性批判文集［M］. 何兆武，译. 北京：商务印书馆，1990：23.

② ［英］伯林. 启蒙的三个批评者［M］. 马寅卯，郑想，译. 南京：译林出版社，2014：368.

③ 刘新利. 纪念苏格拉底：哈曼文选［M］. 刘新利，经敏华，译. 北京：华夏出版社，2009：221.

认为可以向别人发号施令？”[①] 他质疑那些作为“法定权威”的人或集体，他们将孩子、未成年人、受监护人等称之为不成熟个体，并对他们加以“监护”。国家、统治者以及教师都没有支配他人生活的权利，他们也不能成为他人的主宰。在哈曼看来，监护人才是“作壁上观的不成熟者”[②]，来自这些所谓“理性”的个人或群体的“监护”只是“冷酷而虚幻”的专制以及没有意义的“闲言碎语”。[③]“所有这些理性主义者的‘喋喋不休’对他来说就像月亮的冷光，不能指望它来照亮我们苍白的理性或者温暖我们薄弱的意志。”[④]

哈曼自称“站在不成熟的无咎者一边”[⑤]。他认为在“不成熟的无咎者”身上，表现了更为完整的自然人性。孩子和野人、犬儒哲学家一样，“没有那么多假正经”[⑥]，他们还没有受到“开明独裁者的学说或某种专制社会组织”的影响和迷惑。[⑦]在这些原初的、纯真的人那里，上帝的真意最能被窥见，人性之自然状态最好地被显现。在天真的人们身上，我们能够“真正听取基督的话”，“寻求恢复相对完整、更为自发的生活观”，重新回到完

---

①③ ［英］伯林．启蒙的三个批评者［M］．马寅卯，郑想，译．南京：译林出版社，2014：368.

② 刘新利．纪念苏格拉底：哈曼文选［M］．刘新利，经敏华，译．北京：华夏出版社，2009：220.

④ ［英］伯林．启蒙的三个批评者［M］．马寅卯，郑想，译．南京：译林出版社，2014：368－369.

⑤ 刘新利．纪念苏格拉底：哈曼文选［M］．刘新利，经敏华，译．北京：华夏出版社，2009：222.

⑥⑦ ［英］伯林．启蒙的三个批评者［M］．马寅卯，郑想，译．南京：译林出版社，2014：329.

整的自己。[①] 儿童对上帝保持着“单纯的信仰”。他就这样将眼光聚焦到原初之人、上帝最虔敬的孩子——儿童。有意思地是，伯林认为，哈曼能够和赫尔德维持亦师亦友的关系是因为赫尔德像儿童一样，“非常孩子气”。[②]

儿童所具有的自然本性是完整的。感性和知性、理性和非理性、身体和心灵都来自一个共同的“原根”，而人为的割裂将损失人类的自然本性，“使两个枝干败落枯萎”。[③] 感性和知性、理性和非理性、身体和心灵共同构成自然本性，它们并非割裂的二元。理性被过分强调，非理性、本能的一面也受到不恰当的贬损。启蒙思想家们及其信徒们举出唯物主义的自然神论或无神论的旗帜，将原本完整的人性人为地建构成一个“象征模式”，激情、渴望、直觉被理性的“闸刀”剪除，人成了被阉割的苦行者，只剩下枯燥的理性之自我。

在儿童身上，非理性、身体、本能的方面没有受到贬损。“孩子们不像 18 世纪的文明人那样对他们的身体感到耻辱”[④]。不对身体感到耻辱，也就是说，在儿童身上，生殖力、创造性、激情等都没有受到压制。[⑤]作为上帝之子的儿童，具有人性之自然。人性本是完整的，是一个“混合体”。理性和激情都接受了神圣的洗礼。我们并非是用理性的大脑创造，而是用我们的整个

①④⑤ ［英］伯林. 启蒙的三个批评者［M］. 马寅卯，郑想，译. 南京：译林出版社，2014：329.

② ［英］伯林. 启蒙的三个批评者［M］. 马寅卯，郑想，译. 南京：译林出版社，2014：374.

③ 刘新利. 纪念苏格拉底：哈曼文选［M］. 刘新利，经敏华，译. 北京：华夏出版社，2009：203.

有机整体、我们的全部进行创造。[①] 肉体生发激情、渴望、幻想，但肉体不是"'低级的'本性"[②]，它也参与构成我们感知和理解的能力。肉体层面的本性也是上帝赐予人类的。生理和心理、肉体和精神、身体和灵魂是自然的统一整体，将它们分裂为二元是对完整的自我的亵渎。[③] 生殖器不是羞耻的工具，而是人所具有的生命活力。"所有具有创造性的精神都有生殖器"。[④] "心和脑的深层秘密"和"有机体的羞耻"是密切统一在一起的。[⑤]孩子不对身体感到羞耻，他们是肉体和精神紧密地统一在一起的上帝之子。

儿童的行动是一种"对本能的信仰"。[⑥] 儿童依从本能行动，将其完整的自然本性表达为丰富多彩的文化。儿童能够通过创造艺术作品表现自己的渴望、幻想、想象和个性，并在原始的涂鸦中传达意义、呈现想象、确证自我。[⑦] 儿童创造的文化和所有其他文化是一样的，都是自我表达的方式，都是自然本性的展现。哪怕是儿童进行的最简单的身体动作，或是墙上的涂鸦，也和成人文化中表现着最复杂和深刻精神的艺术、哲学、文学、宗教等一样，都秉持着同样的天性原则，并且也都是为了表达自己的全

① ［英］伯林. 启蒙的三个批评者［M］. 马寅卯，郑想，译. 南京：译林出版社，2014：327.

②④ ［英］伯林. 启蒙的三个批评者［M］. 马寅卯，郑想，译. 南京：译林出版社，2014：328.

③⑤ ［英］伯林. 启蒙的三个批评者［M］. 马寅卯，郑想，译. 南京：译林出版社，2014：329.

⑥ ［英］伯林. 启蒙的三个批评者［M］. 马寅卯，郑想，译. 南京：译林出版社，2014：361.

⑦ ［英］伯林. 启蒙的三个批评者［M］. 马寅卯，郑想，译. 南京：译林出版社，2014：323-324.

部生活方式。①

四、赫尔德：儿童具备悟性的胚芽

悟性是将人的所有力量限定在特定方向上的能力，是其命中注定、生而具有的能力。悟性体现在儿童的本性之中，就像昆虫一开始就有本能一样。“在儿童最早的思想中，悟性肯定已得到体现”②。赫尔德将“知性”（Verstand）、“理性”（Vernunft）、“意识”（Besinnung）、“悟性”（Besonnenheit）等名称等同，指称人类的自然禀赋、内在力量。在儿童最早的思想中就有的悟性，也就是人一开始就具有的理性。儿童的悟性还不完备，却已经是存在着的胚芽。“既然婴儿没有巨鹰的喙和雄狮的牙齿，他就不可能像巨鹰和狮子一样思维；如果他像人一样思维，那么，悟性——即把他的所有力量限定在一个主要方向上的那种能力——自始至终就是他命中注定的属物。”③ 儿童生而具有的悟性并非静止不变的状态，而是随着成长不断丰富的心灵。“在我们的世界里，这一成长当然只能意味着一种逐渐提高、加强、丰富的运用，然而，能够被运用的东西，不是已经有其存在，将要生长起来的东西，不是已经有了一个胚芽么？一粒种子里面，不

---

① ［英］伯林．启蒙的三个批评者［M］．马寅卯，郑想，译．南京：译林出版社，2014：324.

② ［德］赫尔德．论语言的起源［M］．姚小平，译．北京：商务印书馆，2014：29.

③ ［德］赫尔德．论语言的起源［M］．姚小平，译．北京：商务印书馆，2014：30.

正包含着整棵大树么?"①

一方面，悟性是神意在儿童身上的体现，也就是自然赋予儿童的本性。赫尔德所处的时代，宗教势力还相当的强大，无神论是不被允许的。当时的学者常将上帝作为思想体系的一部分以免受迫害与非议。赫尔德学说中屡次提到的上帝也不应理解为人格神的存在。他解释说，历史事实不是某种不可见的力量的隐秘、特殊的结果。② 所谓的神实际上代指自然力量。"他们最初设想神，不是在世界之外，而是在世界之中，当然他们也将神置于自己之上，也就是天堂之境。人在自身之外看到的第一件东西就是活的自然力。"③

悟性是人类经由进化过程而获得的自然本性。赫尔德的思想比达尔文的进化论将近早七、八十年，却已经包含有进化论的雏形。随着进化的演进，无机物逐渐发展为有机物，"空气中的可燃物也许促成了砾石向石灰质土的转化，在这种石灰质土中，形成了最初的海洋生物"。④ 接着，植物有机物演化为动物，直至人类的出现。人类是自然界历经无机物、植物、动物等形式后创造的有机体生命形式。人类作为最高的进化形态，造物的力量最

---

① ［德］赫尔德. 论语言的起源［M］. 姚小平，译. 北京：商务印书馆，2014：30.

② 何兆武. 历史理论与史学理论——近现代西方史学著作选［M］. 北京：商务印书馆，1999：184.

③ ［德］赫尔德. 反纯粹理性：论宗教、语言和历史文选［M］. 张晓梅，译. 北京：商务印书馆，2010：61.

④ 赫尔德. 关于人类历史哲学的观念，上册，第52页. 转引自：李秋零. 德国哲人视野中的历史［M］. 北京：中国人民大学出版社. 1994：156.

终显现在“人的形态中”。① 人类是“我们地球的有机组织的顶峰”、“地球上创造的精华”以及“大自然的最后宠儿”。② 人类的出现建立在之前的一切生命形式的基础之上。人类的内部结构、外部特征都与先前的生命形式具有共同之处。“在内部结构方面比在外貌方面还要多。甚至在昆虫中也可以找到与人的器官相类似的东西。”③ 因此，人类和其他自然造物一样，共同受自然规律的支配。“那种支撑着世间系统，形成每颗结晶、每只蚕虫、每块雪片的法则也组成和支撑着人类”。④

在赫尔德看来，人类的生理机制和心理机制都是从动物进化而来。人类的理性具有动物性，或者说人类理性是进化的结果。“动物的十分确定、坚强、有狡智和大有教益的性格制作出我们称之为理性的光明的火花，于是人就形成了……”⑤ 同样，人类的非理性也是进化的产物。“即使在最粗野放肆的行为中和激情中也必须遵循自然规律，这个规律和支配天体运行的规律一样美

---

① ［德］赫尔德．关于人类历史哲学的观念，上册，第164页。转引自：李秋零．德国哲人视野中的历史［M］．北京：中国人民大学出版社，1994：157.

② ［德］赫尔德．关于人类历史哲学的观念，上册，第27页。转引自：李秋零．德国哲人视野中的历史［M］．北京：中国人民大学出版社，1994：157.

③ 《赫尔德著作五卷集》，魏玛1957年德文版，第5卷，第74页。转引自：［苏］古留加．赫尔德［M］．侯鸿勋，译．上海：上海人民出版社，1985：48.

④ 何兆武．历史理论与史学理论——近现代西方史学著作选［M］．北京：商务印书馆，1999：196－197.

⑤ 《赫尔德著作五卷集》，魏玛1957德文版，第5卷，第71－72页。转引自：［苏］古留加．赫尔德［M］．侯鸿勋，译．上海：上海人民出版社，1985：46.

丽和出色。”①

另一方面，悟性是人类所独有的自然禀赋。与其他动物相比，人类并不具有显著的特殊的本能或天生的能力。与蜜蜂营造蜂房的本能、蜘蛛编织蛛网的能力相比，人的本能似乎非常弱小，动物反而具有强大、可靠、稳定的本能。② 人类的本能不专一，与其他动物比，更显乏力，却需要面对一个复杂的环境，生活在一个广阔的空间里。“不，这样的矛盾不会是自然的安排。在人的身上，肯定潜藏着另外一些并非本能的力量。”③ 大自然必定予以人类独有的自然禀赋，以弥补其本能力量的相对薄弱。人类没有动物的“艺术能力”，但是却具有理性或者悟性④。悟性是人的内在力量，它以自身为行动的目的，使得人类具有开辟“反映（Bespiegelung）的领域”的自由和“自我观照（sich in sich bespiegeln）”的能力。⑤ 悟性是人类独具的内在力量，包含

① 何兆武．历史理论与史学理论——近现代西方史学著作选［M］．北京：商务印书馆，1991：192.

② ［德］赫尔德．论语言的起源［M］．姚小平，译．北京：商务印书馆，2014：20.

③ ［德］赫尔德．论语言的起源［M］．姚小平，译．北京：商务印书馆，2014：24.

④ 赫尔德将“理性”（Vernunft）等同于“悟性”（Besonnenheit）。“为避免与自身的理性力量等等相混淆，我们将把人的这种天生的禀赋称为悟性（Besonnenheit）。‘感性’和‘本能’，‘幻想’和‘理性’，所有这些词实际上只是定义了一种统一的力量，在这一力量中，一切对立都相互抵消了”。详见：［德］赫尔德．论语言的起源［M］．姚小平，译．北京：商务印书馆，2014：29.

⑤ ［德］赫尔德．论语言的起源［M］．姚小平，译．北京：商务印书馆，2014：26.

着一切人类力量的萌芽，它是感性和认知、意愿结合在一起的总和。①

悟性是人类心灵能够自由发挥作用的积极力量，也充分显示了人的能动性。悟性是一种活生生的有机力量，能够决定一切物质和精神的存在物。② 它是一种自我完善的力量，是一种发展的潜在能力、一种有机力。它能够在“一堆隶属于它的材料”中，使得这些材料“按照其内在本性启示自身”。③ 悟性使人不断发展和完善。人类的心灵不断在已经积聚的东西的基础上，进一步积聚，它永不停歇地积聚。④ 人的一生都在不断地发展与完善，永远也不会到达完善的终点，这个发展的过程“是没有止境的”。从出生开始，人便接受大自然的教导，每时每刻都在发展的过程中，不断进步、永不停歇。这是我们生命的本质。⑤

人具有悟性，以自身为目的，不断地自我完善。对人而言，存在就是目的，目的就是存在。存在的目的就是回归其本身。因而，每一年龄阶段的存在也同样是这一阶段自身的目的。“人类必须历经生命的各个历程！每段历程显然都在进步！它们都在共同努力、持续向前！每段历程之间都看得到停滞、革命、变化！尽管如此，每段历程都在其自身之内有它自己幸福的中心。青年

① ［德］赫尔德. 论语言的起源［M］. 姚小平，译. 北京：商务印书馆，2014：27.

② ［苏］古留加. 赫尔德［M］. 侯鸿勋，译. 上海：上海人民出版社，1985：52.

③ 转引自：李秋零. 德国哲人视野中的历史［M］. 北京：中国人民大学出版社，1994：146.

④⑤ ［德］赫尔德. 论语言的起源［M］. 姚小平，译. 北京：商务印书馆，2014：87.

并不比天真无邪、心满意足的孩子更幸福；安详的老者也并不就比精力充沛、正当盛年者不幸。”① 童年、青年、老年都各自有自己位置上的意义，目的即在自身之中。

第二节 在黄金时代②栖居：“儿童”即原我（Ur-ich）

十八世纪末至十九世纪初，奥古斯特·威廉·施莱格尔位于耶拿的寓所是早期浪漫派的聚集地。他们以哲学、诗歌、宗教和政治等问题为中心，进行讨论和合作，这个群体也被称为耶拿派。耶拿派包括奥古斯特·威廉·施勒格尔（August Wilhelm Schlegel，1767—1845）和弗里德里希·施勒格尔（Friedrich Schlegel，1772—1829）两兄弟，恩斯特·丹尼尔·施莱尔马赫（Ernst Daniel Schleiermacher，1768—1834），弗里德里希·冯·哈登贝尔（即诺瓦利斯）（Friedrich von Hardenberg，1772—1801），路德维格·蒂克（Ludwig Tieck，1773—1853），威廉·亨利希·瓦肯罗德（Wilhelm Heinrich Wackenroder，1773—1801），弗里德里希·威廉·约瑟夫·谢林（Friedrich Wilhelm Joseph Schelling，

① ［德］赫尔德. 反纯粹理性：论宗教、语言和历史文选［M］. 北京：商务印书馆，2010：11.

② 诺瓦利斯说：“哪里有儿童，哪里就有黄金时代”，因而黄金时代即是儿童栖居的地方。参见：［德］诺瓦利斯. 夜颂［M］. 林克，译. 成都：四川人民出版社，2017：154.

1775—1854)。① 耶拿派以弗·施莱格尔为领袖，并以其主导创办的刊物《雅典娜神殿》为理论阵地。

一、耶拿派寻觅的最高本原：存在之原我

耶拿派的“原我”建立在费希特的“绝对自我”的基础上。在1794年至1799年期间，费希特在耶拿大学任教。施莱格尔兄弟、诺瓦利斯、蒂克、谢林、荷尔德林等很快就聚集在耶拿，他们或进入费希特的课堂，或自荐为费希特的信徒，或早在费希特来耶拿之前就已经开始对其思想的研究。正如伯林所说，“‘积极的能动的、富于想象力的自我’”是“费希特带给理论哲学、艺术理论乃至生活的革新”。②

（一）耶拿派对费希特绝对自我的发展

耶拿派批判性地继承了费希特的“绝对自我”。他们将费希特分为“‘创造了至今无法定名的全新思考方式’的费希特”和“宣扬新学科体系或哲学系统的费希特”。③

一方面，耶拿派吸收了费希特具有创造性的自我。自我是强大的内在力量和自由的生命，它被吸纳进了早期浪漫派的思想中。耶拿浪漫派在组织用餐、谈话、阅读等聚会活动时，更是以费希特的自我哲学为精神原则。“他们结成一个同盟，事实上属

---

① 弗雷德里克·C·拜泽尔. 早期浪漫主义与启蒙运动/［美］詹姆斯. 施密特. 启蒙运动与现代性——18世纪与20世纪的对话［M］. 徐向东，卢华萍，译. 上海：人海人民出版社，2005：330.

② ［英］伯林. 浪漫主义的根源［M］. 吕梁，洪丽娟，孙易，译，南京：译林出版社，2011：96.

③ ［德］贝勒尔. 德国浪漫主义文学理论［M］. 李棠佳，穆雷，译. 南京：南京大学出版社，2017：177.

于一起。这个同盟打算，将革命作为外在的自然事件、费希特哲学作为内在的绝对行为所展开的东西，当作纯粹的、恣意游戏的幻想来发展。”① 耶拿浪漫派将费希特的自我学说吸收进断片，自我是创造与行动的活动。通过反讽或佯谬（Ironie）的思维方式，他们能够返回内心世界，使客观的东西主观化，使有限消融于无限。耶拿派普遍赋予内部世界无尽的主动性与能动性，关注人的生命内在的存在，“竭力想挽救被技术文明湮没了的人的内在灵性，挽救被数学性思维浸渍了的属人的思维方式和生活方式”。② 耶拿派发起一场“重心置换”，从强调外部世界的规定性到凸显个体生命的创造性与主体性，从“走向过去”到“走向内心或走出外部世界”③。外部世界也是基于内部世界的创造，“理想不是客观真理，写在天上，要求人们理解、模仿或实践；它们是人类创造的。价值观念不是人类发现的，而是他们创造的”。④

另一方面，早期浪漫派试图超越费希特的“意识论的教条式内容”。早期浪漫派与费希特的哲学分歧的根本是最高本原问题。费希特以绝对自我作为最高本原。“要进行反思的自我（以及要规定自身发生作用的自我，要直观世界的自我）——这当然代表哲学思维中进行反思的自我，它肯定也是自我，并仅仅按照这些规律而受到它的存在的规律的约束——是先于其他事物的，这就

---

① ［德］萨弗兰斯基. 荣耀与丑闻：反思德国浪漫主义［M］. 卫茂平，译. 上海：上海人民出版社，2014：96－97.

② 刘小枫. 诗化哲学［M］. 上海：华东师范大学出版社，2011：8.

③ ［英］伯林. 浪漫主义的根源［M］. 吕梁，洪丽娟，孙易，译. 南京：译林出版社，2011：137.

④ ［英］以赛亚·伯林. 观念的力量［M］. 胡自信，魏钊凌，译. 南京：译林出版社，2019：14.

是知识学第一原理所说的自我。”① 费希特提出的“进行反思的自我”“设定自我和非我”之自我仍然是经验的自我，而非最高的绝对自我。自我设定之自我不是“第一、绝对、无条件原则”，“自我设定自身”的概念似乎包含了进一步的反思行为，不足以揭示主体的真正统一。② “从经验意识推导出的‘自我’不可能是一个完满的、绝对的东西。”③ 在此基础上，早期浪漫派离开了费希特，并以各自的方式试图寻找一个真正的、最高的“绝对自我”。在简·E. 科勒（Jane E. Keller）看来，诺瓦利斯和荷尔德林对自我概念的发展，更偏向于康德，而非费希特。“他们对费希特的批评更应该被解读为一种对费希特修正主义的诗意、康德式的回应。”④

（二）原我（Ur-ich）：存在和存在者的融通

耶拿派离开了费希特的“绝对自我”，推翻了先于存在的意识，并提出了存在先于意识的观点。诺瓦利斯认为，存在就是在意识之中显露出来的位置因素，它能够被感知到，却不能被呈现出来。意识是本原，只是作为“未知因素”的存在的“显露”

---

① ［德］费希特. 费希特著作选集（卷二）［M］. 北京：商务印书馆，1994：278.

② David E. Klemm, Günter Zöller. Figuring the Self: Subject, Absolute, and Others in Classical German Philosophy［M］. New York: State University of New York Press, 1997: 137 - 138.

③ 先刚. 试析早期谢林与费希特的“绝对自我”观的差异［J］. 云南大学学报（社会科学版），2019，18（04）：5 - 12.

④ David E. Klemm, Günter Zöller. Figuring the Self: Subject, Absolute, and Others in Classical German Philosophy［M］. New York: State University of New York Press, 1997: 135.

或外化。[①] 意识只能部分地体验到存在，而不能完全把握存在。存在是不能被反思加以澄清的绝对的统一。存在高于意识，是一种创造性精神，是意识只能“听命行事”的“绝对的统一和存在”。[②] 存在或者原初统一体不仅是意识的根据，也是世间万物的本原。它创造了自然和精神，同等地显现于二者之中。

显现在存在者之中的存在就是原我（Ur-ich）。原我是不依赖于他者的内生性存在，它是人类自己的中心，自己规定自己，并且是人们终将返回的地方。[③] 原我是存在与存在者的契合，是神圣性与现实性的融通，它既是存在下贯于现实存在者之上的原始根基，也是原始统一体之存在于现实存在者之中的显现与外露。因而，“在自然、原本、当下的存在中发现原我的神圣——类似于王阳明那种每个常人当下即是的存在中都明显具有‘圣’（‘心有良知谓之圣’，‘满街都是圣人’），只要进一步地把这种人人皆有的‘圣’发现和实现出来，人人都能成为‘圣人’（或浪漫派的‘上帝’）就有了现实的可能性。”[④] 原初统一体作为自我和自然的创造者，以“原我”显现在自我和自然之中。

耶拿派的精神领袖谢林以更为纯粹和系统的哲学阐述来超越费希特的自我。早在《论自我作为哲学的本原》中，谢林已经

---

① ［德］曼弗雷德·弗兰克．德国早期浪漫主义美学导论［M］．聂军，等译．长春：吉林人民出版社，2011：255.

② ［德］曼弗雷德·弗兰克．德国早期浪漫主义美学导论［M］．聂军，等译．长春：吉林人民出版社，2011：252.

③ 刘森林．追寻主体［M］．北京：社会科学文献出版社，2008：71.

④ 刘森林．追寻主体［M］．北京：社会科学文献出版社，2008：75.

在寻找“绝对的”或“无条件”的最高本原。[①] 谢林的“绝对自我”是费希特和斯宾诺莎的结合。加比托娃认为，谢林的“绝对自我”类似于唯心主义解释的斯宾诺莎的绝对实体。不同于后者的是，谢林的“绝对自我”展现了能动性和创造性。[②] 谢林所说的“绝对自我”是“一种无意识的、本能的和有目的的创造力”，也就是“一种无所不在的宇宙精神”或者“世界灵魂”。[③] 而且，作为本原和根据的宇宙精神显现在自然和精神之中，它是自然界的原始力量，也是所有“生命现象的根据”。[④] 小鸟醉人的歌声和精湛的筑巢技艺是绝对精神的显现。“但这一切全都伴随有一种超强的精神，这精神已经在认识的那一道独特的闪光中透露出来，只不过还绝对不像在人身上那样犹如喷薄而出的太阳。”[⑤] 自然具有绝对精神，人同样是绝对精神的显现。人是有意识的、自觉的、能动的自然，是世界起初的“野蛮的无意识状态”[⑥] 逐步发展，获得的关于自我的意识。因而，绝对精神在人身上表现得更为显著。

---

① 先刚. 试析早期谢林与费希特的“绝对自我”观的差异［J］. 云南大学学报（社会科学版）. 2019，18（04）：5－12.

② ［俄］加比托娃. 德国浪漫哲学［M］. 王念宁，译. 北京：中央编译出版社，2007：46.

③ 陈海燕. 谢林与德国浪漫派［J］. 安徽教育学报，2005（5）：85－87.

④ ［苏］捷·伊·奥伊则尔曼. 辩证法史·德国古典哲学［M］. 徐若木，冯文光，译. 北京：人民出版社，1982：176.

⑤ 谢林，艺术哲学文选，前揭，第63页. 转引自：刘小枫. 诗化哲学［M］. 上海：华东师范大学出版社，2011：112.

⑥ ［英］伯林. 浪漫主义的根源［M］. 吕梁，洪丽娟，孙易，译，南京：译林出版社，2011：100.

弗·施莱格尔反对费希特将自我当作最高本原，而将自然当作完全由自我决定的客体。“它反对只把自我当作‘精神、生命、活动、运动和变化’的中心，也反对把非自我或者说自然降格为一种‘恒常静默、静止不动、缺乏一切变化、运动和生命，即死亡’的状态”①。主体与客体、理想与现实及自我与自然不是互补的，更不是由某一方决定的，而这“相互作用让彼此成为可能、必然和现实”② 的两极统一于“人类自然原初的混乱”③。人类原初的混乱是“创造性的混乱”，它“可以产生无穷多的事物，各种可能性都寓于其中”。④ 它是孕育着新世界和生命原初状态的创造性力量。“‘混乱’是朦胧的，而明晰的世界就寓于其中。”⑤原初的统一体创造存在者，因而也普遍地存在于一切存在者之中。它使得一切事物都浸润在自身的活生生的精神之中，并团结在“无限的力量和行动”之中。⑥ 万物同样根源于原初共同体，共同存在于一个统一、联系的整体之中。

诺瓦利斯也批判了费希特将“我”作为最高本原。在诺瓦利斯看来，当费希特提出“我=我”的最高原则时，他并没有找到本原。因为“我=我”只是作为表现的自我意识，而非费希特

① ［德］贝勒尔．德国浪漫主义文学理论［M］．李棠佳，穆雷，译．南京：南京大学出版社，2017：174.

② ［德］贝勒尔．德国浪漫主义文学理论［M］．李棠佳，穆雷，译．南京：南京大学出版社，2017：173－174.

③ ［德］施勒格尔．浪漫派风格：施勒格尔批评文集［M］．李伯杰，译．北京：华夏出版社，2005：194－195.

④⑤ 周国平．诗人哲学家［M］．上海：上海人民出版社，1987：102.

⑥ 转引自：周国平．诗人哲学家［M］．上海：上海人民出版社，1987：119.

所认为的无表象的，原始的事实—行为（fact - act）。① 设定自我、非我的我，并非绝对自我，而只是自我意识的经验之我。当“我”进行设定活动时，它已经是一个作为中介的我，而非绝对的我。② 因而，费希特所说的自我不是原初自我或原初存在，它只是原初存在之存在者。诺瓦利斯说道：“意识在存在之内，又在存在之外。……在存在之外一定不是一个合适的存在。表象就是存在之外的不合适的存在——所以在存在之外的一定是存在之内的存在的表象。意识因此是存在之内的存在的表象。”③ 意识在存在之外，是因为意识只是表象，而非原初的绝对存在，意识和原初存在仍有限隔。意识是存在于存在之内的存在者，而非原初的统一体。

在未婚妻索菲亚死后，诺瓦利斯的思想发生了更为彻底的改变，“诺瓦利斯现在正步入自己的思考领域，用客体、自然和灵界来扩展和完善主体、人类和世界。”④ 诺瓦利斯将主体和客体统合为“绝对自我”。诺瓦利斯的“绝对自我”不同于费希特的“绝对自我”。后者是人类意识，而前者是“神的自我意识”，是

---

① David E. Klemm, Günter Zöller. Figuring the Self: Subject, Absolute, and Others in Classical German Philosophy [M]. New York: State University of New York Press, 1997: 138.

② David E. Klemm, Günter Zöller. Figuring the Self: Subject, Absolute, and Others in Classical German Philosophy [M]. New York: State University of New York Press, 1997: 138 - 139.

③ Jane Kneller. Novalis: Fichte Studies [M]. New York: Cambridge University Press, 2003: 5.

④ [德] 贝勒尔. 德国浪漫主义文学理论 [M]. 李棠佳，穆雷，译. 南京：南京大学出版社，2017: 178.

“无限”，或者是诺瓦利斯所说的“上帝”。① 诺瓦利斯所说的“绝对自我”是最高存在，超越于主体和客体之上，是创造与整合世间万物的“‘宏大的自我’”，“‘这自我同时既是一又是全’”②。人类意识是绝对自我显现自身的作品。绝对自我表现在人的内心之中。“我们梦想穿越宇宙的旅程：宇宙不就在我们内心吗？我们还未知道我们精神的深度——内心正是神秘通道的方向。除了我们内心，没有其它地方是包含了过去与未来世界的永恒。”③ 同样，自然也是绝对自我的显现。自然和精神都同样源于绝对自我，是创造性精神的表现。自然不能“从理性的角度来解释”，“而只能从这个自我那躁动不安的深处来解释”。④

二、儿童是原我的本真显现

（一）儿童是原初统一体的代表

首先，在奥·施莱格尔看来，原初统一体将“本性之光”普遍地赋予包括儿童在内的一切存在者。他将儿童和宇宙（或原初统一体）的关系视作人类与宇宙最本真的关系。“即使是成年人当中最出类拔萃的天才，在与宇宙的关系上总是与儿童有几分

① 转引自：刘小枫．大革命与诗化小说：诺瓦利斯选集卷二［M］．林克，等译．北京：华夏出版社，2008：297－298.

② 刘小枫．大革命与诗化小说：诺瓦利斯选集卷二［M］．林克，等译．北京：华夏出版社，2008：294.

③［德］贝勒尔．德国浪漫主义文学理论［M］．李棠佳，穆雷，译．南京：南京大学出版社，2017：179.

④［德］贝勒尔．德国浪漫主义文学理论［M］．李棠佳，穆雷，译．南京：南京大学出版社，2017：183.

相像”。[①] 幼童学说话就是通过“绝对服从的命令所嵌刻在心灵中的深刻印象”，然后“信心十足地闯入他们尚不理解的领域”，并直接领悟语言和词汇。[②]

原初统一体是“爱与恨、同情与反感相互作用而成形”的原初的混沌，它是“夜”，是“一片黑暗”，同时也是人类“存在的根”，是“生活的魔力赖以存在的基础”。[③]原初统一体虽将“内在的光”赋予人类，但却不是人类可以理解的。人类只能听命于原初统一体。“自然作为人类的母亲和乳母，把她永恒的法则用各种现象的形象性朗诵给人们听，接着人们就跟随自然喃喃复述，虽然很不完善，理解一片混乱，但感觉却坚实可靠。”[④]

原初统一体普遍地将本性之光（或称原我）赋予一切存在者。本性之光赋予人类“不寻常的活力和清澈的精神本能”，使其能够在尘世获得幸福。[⑤] 而启蒙思想家却认为“本性之光”仅属于普遍的理想的理性存在者。“所谓道德主体仅仅只是系指受过良好教养的、欧美国家、男性的成功人士而言的，其他人不在此列，因而，这种启蒙不可避免地具有某种偏见。”[⑥] 在启蒙思想家看来，能够自主运用和选择的理性存在者能够“照亮其余物体”，是其它非理性存在者的光源。其它非理性存在者是平庸的客体、他物或他人，他们只能借助理性存在者的“强势之光”

---

①④ ［德］霍夫曼．德国浪漫主义作品选［M］．孙凤城，等译．北京：人民文学出版社，1997：379.

②③ ［德］霍夫曼．德国浪漫主义作品选［M］．孙凤城，等译．北京：人民文学出版社，1997：378.

⑤ ［德］霍夫曼．德国浪漫主义作品选［M］．孙凤城，等译．北京：人民文学出版社，1997：377.

⑥ 刘森林．追寻主体［M］．北京：社会科学文献出版社，2008：52.

才能发出微弱的光亮。① 奥·施莱格尔讽刺说，从外部借来的光“也许在做家务的时候用得着”，并不能真正发挥多大的作用，真正发挥着决定性作用的是本性之光。②

（二）儿童具有原初之诗

弗·施莱格尔认为，儿童身上有原初之诗。弗·施莱格尔将诗分为形而上的本体诗和形而下的文体诗。前者是“原初的、真正的诗”，它不仅是形而下的文体诗的创造原则，也是人的行为和欢乐的创造源泉。③ 本体之诗是“人类自然原初的混乱”。④ 这首本体之诗就是创造精神，是原初统一体，也就是最高的存在。而且，本体之诗具有普遍性。本体之诗表现在一切存在物之中。“它现身于植物中，在阳光中闪耀，在孩童脸上微笑，在青年人的韶华中泛着微光，在女性散发着爱的乳房上燃烧。”⑤万物都源出于本体之诗，一切事物都分有诗之精神。

在人类身上，本体之诗作为天性赋予了一切人，既包括青年人，也包括女性和儿童。在人的内心深处闪烁着永不熄灭的“创造精神的一个火花”。⑥ “无限的诗”就是“掩在自己身躯之下的那一首诗。”⑦ 这首原初的、创造的本体之诗是个人心中装有

① 刘森林．追寻主体［M］．北京：社会科学文献出版社，2008：69．

② ［德］霍夫曼．德国浪漫主义作品选［M］．孙凤城，等译．北京：人民文学出版社，1997：377．

③⑤⑥ ［德］施勒格尔．浪漫派风格：施勒格尔批评文集［M］．李伯杰，译．北京：华夏出版社，2005：170．

④ ［德］施勒格尔．浪漫派风格：施勒格尔批评文集［M］．李伯杰，译．北京：华夏出版社，2005：194－195．

⑦ ［德］施勒格尔．浪漫派风格：施勒格尔批评文集［M］．李伯杰，译．北京：华夏出版社，2005：191．

的“某种本真的、为自己所独有的东西”①。另外，普遍存在于人类之中的原初之诗歌，使得整个人类成为一个人与人互相联系、共通的整体。人不仅仅是作为个人而存在，他同时可以代表着整个人类。因为，每一个个体都能够在他人的内心深处找到自身内在本质的呼应，找到真正的自己。②

而且，弗·施莱格尔说：“想到真正的幸福，只有在人类社会的怀抱里依然是自然人的女人们才有孩子般天真的感觉，用以感受神的宠幸和馈赠。”③ 也就是说，只有具有“孩子般的感觉”的“自然人”才能葆有本体之诗。弗·施莱格尔将儿童作为自然人，作为原初之诗的最佳人类“代言人”。以赛亚·伯林认为，在小施莱格尔的作品《卢琴德》中，最值得注意的是自由的、率性的、不受约束的儿童形象。④ 儿童身上保留“天堂里像上帝一样的生活留给我们的唯一的一点残片”，以及神“种进了我的灵魂”的某些旋律。⑤

本体之诗是人性中最高的、最本真、最神圣的部分，这是不

① ［德］施勒格尔．浪漫派风格：施勒格尔批评文集［M］．李伯杰，译．北京：华夏出版社，2005：169.

② ［德］施勒格尔．浪漫派风格：施勒格尔批评文集［M］．李伯杰，译．北京：华夏出版社，2005：170－171.

③ ［德］霍夫曼．德国浪漫主义作品选［M］．孙凤城，等译．北京：人民文学出版社，1997：118.

④ ［英］伯林．浪漫主义的根源［M］．吕梁，洪丽娟，孙易，译，南京：译林出版社，2011：114－115.

⑤ ［德］霍夫曼．德国浪漫主义作品选［M］．孙凤城，等译．北京：人民文学出版社，1997：86.

容更改与变更的。“人性无论在何处都是最高的”①。“神圣的种籽”已经播散在每一个人的“精神的土地”之上，它既不能进行“人工的修剪”，也不能加以“多余的修补”。② 任何外部力量不能褫夺“他自己最独特的本质和他最内在的力量”③。一切外在力量只有转化为符合内心本体之诗的要求才能丰盈人性，“使他人思想的花朵和果实变成自己想象的养料和种籽”④。而且，人的一切行为必须基于内心的本体之诗，也就是“从我们的内心迸发出来的生动的计划”⑤。行为与内心的本体之诗相背离，非但不能增益人性，反而会“有损人的尊严”。因而，我们应当做的就是保护天性、听命于本体之诗，让它能够在一个“不受限制的空间”之中，“依照自己的兴趣和爱好自由地运动”。⑥ 在人生的道路上，最初个性应当一直持续下去，这是“最高者”要求的道路。⑦

---

① ［德］施勒格尔．浪漫派风格：施勒格尔批评文集［M］．李伯杰，译．北京：华夏出版社，2005：156.

② ［德］施勒格尔．浪漫派风格：施勒格尔批评文集［M］．李伯杰，译．北京：华夏出版社，2005：108－109.

③ ［德］施勒格尔．浪漫派风格：施勒格尔批评文集［M］．李伯杰，译．北京：华夏出版社，2005：169.

④ ［德］施勒格尔．浪漫派风格：施勒格尔批评文集［M］．李伯杰，译．北京：华夏出版社，2005：170.

⑤ ［德］施勒格尔．浪漫派风格：施勒格尔批评文集［M］．李伯杰，译．北京：华夏出版社，2005：168.

⑥ ［德］施勒格尔．浪漫派风格：施勒格尔批评文集［M］．李伯杰，译．北京：华夏出版社，2005：153.

⑦ ［德］施勒格尔．浪漫派风格：施勒格尔批评文集［M］．李伯杰，译．北京：华夏出版社，2005：195.

（三）儿童是上帝之子

诺瓦利斯认为，儿童是上帝之子。诺瓦利斯诗文中的“上帝”不是宗教意义上的“上帝”，而是作为“最高本原”的“上帝”。与斯宾诺莎和费希特不同的是，诺瓦利斯既没有将自然作为最高本原，也没有以自我为最高存在，而是以“上帝”来支撑原初的统一体。诺瓦利斯将“神”“基督”“上帝”“天堂”等“正统的表述”，解释为泛神论意义上的“最高存在”或“最高本原”“一个没有出现在现象中的更高存在”。①

最高存在之上帝完整且无所不在地显现在每一个单独的事物之中。“一在一切中，一切在一中”②。上帝在一切事物中存在，它在草地、树丛、青草、小鸟中“公开自己”。③ 无论是植物、动物还是人类都体现着“灵”，都是上帝的显露。因而，每个人都应该成为尘世当中的“神灵”。④ 上帝是“大我”（das groβe Ich），它既是统一的一，也是表现在可变物之中的一切。⑤ 最高存在演变出的多样的存在物，这些存在物是“大我”的补充。

---

① 先刚．德国浪漫派的“哲学观”［J］．学术月刊，2012，44（2）：55－62.

② 刘小枫．大革命与诗化小说：诺瓦利斯选集卷二［M］．林克，等译．北京：华夏出版社，2008：145.

③ 刘润芳、罗宜家在《德国浪漫派与中国原生浪漫主义》中解释道：“公开”在诺瓦利斯的德文原文中，是用的 offenbaren 一词，“其本义是‘公开’、‘显露’，但常用来表示神或上帝的显现、启示。”（详见：刘润芳，罗宜家．德国浪漫派与中国原生浪漫主义：德中浪漫诗歌的美学探索［M］．北京：中国社会科学出版社，2009：121.）

④ ［德］诺瓦利斯．夜颂［M］．林克，译．成都：四川人民出版社，2017：38－41.

⑤ 刘小枫．夜颂中的革命和宗教：诺瓦利斯选集卷一［M］．林克，等译．北京：华夏出版社，2007：193.

但是，存在物不是“大我”，而只是“大我”的萌芽，试图将自己提升为“大我”。①

人类也是对“大我”进行补充的存在物之一，人类只是上帝的“反光”，是上帝的具体体现。② 上帝是人类“最高追求之灵”，他“照着自己的形象创造了人”。③ 通过创造—被创造的“秘密的方式”，人类是上帝或原初统一体的造物，“深深进入上帝那里”。人是“上帝”或“大我”的显现。上帝就在人类的内心深处，他是“我们固有的灵性”，是我们“人心中的规定和原动力”。④ 同时，“那最高追求之灵”，即上帝或最高存在，“潜入我们的回旋”，进入人的内心深处，“在人类的事件中，在人类的思想和感受中，上天之灵最敞亮地开显自己。”⑤ 上帝的意志就是人自身的内在天性。⑥

儿童是上帝之子，因而也是上帝的意志、内在天性的葆有者。作为圣子的基督本身就是“孩子”。“他是太阳，他是星斗，/他是永恒的生命的源头，/……他天真的面孔熠熠闪亮。//

① 刘小枫. 夜颂中的革命和宗教：诺瓦利斯选集卷一［M］. 林克，等译. 北京：华夏出版社，2007：193.

② 刘小枫. 夜颂中的革命和宗教：诺瓦利斯选集卷一［M］. 林克，等译. 北京：华夏出版社，2007：165.

③ 刘小枫. 夜颂中的革命和宗教：诺瓦利斯选集卷一［M］. 林克，等译. 北京：华夏出版社，2007：189.

④ ［德］诺瓦利斯. 夜颂［M］. 林克，译. 成都：四川人民出版社，2017：131，202.

⑤ ［德］诺瓦利斯. 夜颂［M］. 林克，译. 成都：四川人民出版社，2017：201.

⑥ ［德］诺瓦利斯. 夜颂［M］. 林克，译. 成都：四川人民出版社，2017：227.

他天真的作为在万物之中。/……//对我们是神，本身是孩子，/他一往情深地爱我们全体，……”① 而且，“上帝展现的威力无比的爱”最早为最具童真情感的人接收。在《夜颂》的第四节中，随着光明世界的消亡，人类乐园崩塌。夜“化成神谕的圣地”，新的世界即将建立。此时，“那些最具童真情感的人就为这内心的爱深深地感动，聚集到他的周围”。② 每一个人都必须变成孩子的形象才能看到上帝，“年轮的限制”需要被消除，成人必须复归于婴孩。“若只有孩童能把你看见，/并且坚信你会救援，/就请你消除年轮的限制，/使我成为你的孩子：/孩子的忠诚和孩子的爱/我始终未改，自从那黄金时代。”③ 孩子也是原初存在的指引者，帮助人们找到回家的路。在《天空被阴云遮盖》中，“我”哀愁沉思之际，是“孩子”递给我快乐的“树枝”，指引我“找回快乐”，也即回到故乡，让“我变得无以言说的富有”。④《致蒂克》前七节采用第三人称，而后六节则是以智慧老人的角度向孩子叙说神圣。智慧老人也曾经是一位得到天书的

---

① ［德］诺瓦利斯．夜颂［M］．林克，译．成都：四川人民出版社，2017：106.

② 刘润芳，罗宜家．德国浪漫派与中国原生浪漫主义：德中浪漫诗歌的美学探索［M］．北京：中国社会科学出版社，2009：95.

③ ［德］诺瓦利斯．夜颂［M］．林克，译．成都：四川人民出版社，2017：113.

④ Novalis，Schriften，Die Werke Friedrich von Hardenbergs，Herausgegeben von Paul Kluckhohn und Richard Samuel，2. nach den Handschriften ergänzte，erweitere und verbesserte Aufgabe in 4 Bänden，W. Kohlhammer Verlag，Stuttgart，1968，Bd. 3，S. 415f. 转引自：刘润芳，罗宜家．德国浪漫派与中国原生浪漫主义：德中浪漫诗歌的美学探索［M］．北京：中国社会科学出版社，2009：128－130.

“贫穷的孩子”，受“上帝恩赐”获得了造物的秘密。接下来，老人将写在本性当中的奥妙再次以“古籍”“天书”的形式向一位孩子显现。孩子就是“和平的使者”，他是“沐浴在永恒的蓝光里”的使者，指引人们“找到那丰盈的存在”。① 在《塞斯的弟子们》中，教师希望每个弟子根据“人的内层和外表”中显现的“奇异的符号”和“伟大的隐秘文字”找到通往永恒生命的道路。② 塞斯真正的弟子是复归于婴孩的成人。每一个成人走在各自的人生之路上，最终又回归到人性之初的根本。“相反他希望我们走自己的路，因为每一条新路都通过新的国度，而每条路最终都重又通向这住宅，通向这神圣的故乡。”③ 有意思的是，最先找到这条路的是一个“孩子”。这个“孩子”刚回来，老师就让他教授课业。“孩子”成了“教师”。对还未找到“路”的人来说，“孩子”是故乡之路的启示者。在儿童的身边，内心深处的本性会变得更加清晰，成人也能在儿童身上获得“某种亲和感”，切近自身。④

总之，儿童最好地保存着原初统一体赋予世间万物之原我。儿童出生在“犹如液态金属里显现的原初液体”“原初之水”，代表着生命之始的原初力量，代表着上天的某种至高力量，因而

---

① ［德］诺瓦利斯．夜颂［M］．林克，译．成都：四川人民出版社，2017：30.

② 刘小枫．大革命与诗化小说：诺瓦利斯选集卷二［M］．林克，等译．北京：华夏出版社，2008：3.

③ 刘小枫．大革命与诗化小说：诺瓦利斯选集卷二［M］．林克，等译．北京：华夏出版社，2008：6.

④ 刘小枫．大革命与诗化小说：诺瓦利斯选集卷二［M］．林克，等译．北京：华夏出版社，2008：5.

是“生活在黄金时代”的人。[①]

第三节 在返乡的河流漫游：儿童即存在

弗里德里希·荷尔德林（Friedrich Hölderlin，1770—1843）虽然不属于耶拿派，他“处于这个圈子的边缘、但是与之持有许多相同观点”，同样深受费希特自我哲学观的影响。[②] 在1794年底和1795年初，荷尔德林不仅在进行小说《许佩里翁》的写作，也同时进行着“对费希特哲学的深入的批判研究”[③]。荷尔德林对费希特的批判集中表现在其哲学残篇《判断与存在》之中。在荷尔德林看来，“我是我”是一种判断（Ur-Teilung），在这个判断中“已经有客体与主体互相关涉”[④]。费希特之“自我”是关联主体的客体“我”或联系客体的主体我，而不是作为最高本原的绝对自我。当费希特说“我是我”时，我已经和我自身相分离，却又试图抹杀这种分离，而将对立之我强作为与自身同

① 刘小枫. 大革命与诗化小说：诺瓦利斯选集卷二［M］. 林克，等译. 北京：华夏出版社，2008：26.

② 弗雷德里克·C. 拜泽尔. 早期浪漫主义和启蒙运动［M］//［美］詹姆斯·施密特. 启蒙运动与现代性——18世纪与20世纪的对话［M］. 徐向东，卢华萍，译. 上海：上海人民出版社，2005：330.

③ David E. Klemm，Günter Zöller. Figuring the Self：Subject，Absolute，and Others in Classical German Philosophy［M］. New York：State University of New York Press，1997：137.

④ ［德］荷尔德林. 荷尔德林文集［M］. 戴晖，译. 北京：商务印书馆，2003：196.

一的我。① 在荷尔德林看来，费希特的自我的统一只是一种衍生的统一，一种同一性，而不是绝对的统一。②

那么，主体和客体相互关联的根源是什么呢？或者说费希特之自我之上的最高本原到底是什么呢？荷尔德林追溯到主体和客体的分离，他认为判断（Ur-Teilung）作出了主体和客体的划分。亨利希解释说，从语言学的角度看，主体和客体的分离凭借判断。判断，德语为（Ur-Teilung），是“原初的（Ur-）分离（Teilung）”。③ 也就是说，主体和客体在划分之前的绝对统一状态以及主体和客体划分的最终根据是“原初”（Ur-）。荷尔德林进一步将主体和客体绝对统一的原初状态称之为“存在”。他说，存在代表着主体和客体的联系。④ 在荷尔德林看来，存在是主客体绝对地统一的最高本原，它根本不能再做任何进一步的划分。存在是无差别的、未分离的，不包含任何对立的原初的绝对统一。存在之原初统一，是“必然与自由、有限与无限、感性和神圣”结合而成的“自然的无邪”或称“本能的道德”。⑤

“家乡”代表着原初统一体或存在。家乡不是实指的地方，

---

① ［德］荷尔德林. 荷尔德林文集［M］. 戴晖，译. 北京：商务印书馆，2003：197.

② David E. Klemm, Günter Zöller. Figuring the Self: Subject, Absolute, and Others in Classical German Philosophy［M］. New York: State University of New York Press, 1997: 142.

③ ［德］迪特·亨利希. 在康德与黑格尔之间：德国观念论讲座［M］. 乐小军，译. 北京：商务印书馆，2013：455.

④ ［德］荷尔德林. 荷尔德林文集［M］. 戴晖，译. 北京：商务印书馆，2003：196.

⑤ ［德］荷尔德林. 荷尔德林文集［M］. 戴晖，译. 北京：商务印书馆，2003：190.

而是代表着“世界图像和生命感”，也是“最崇高的精神对象”。[①] 荷尔德林以运思之诗反复吟诵的家乡不仅是空间地域范围的概念，也是一个具有哲学意蕴的概念。甚至可以说，荷尔德林的全部诗作都是还乡。[②] “还乡”或“回家”的前提是存在者“随时或同时存在于整体之中”[③]。它是精神能够享有绝对自由的地方，它是灵性的世界。[④] 然而，“对统一体的渴望仅是一种运气”[⑤]，家乡不是能够永远停留的地方，人生就是不断地离乡与还乡。

无论是在荷尔德林的诗文中，还是在海德格尔对荷尔德林的阐释中，“神”（或“神圣者”）、“自然”“家乡”和“儿童”都是互相关联、互相阐释的一体性概念，它们是先于万有的源初之地，也是万有必然重返的诗意栖所。这是一场诗意的漫游，也是离乡—返乡的命运之旅。

一、荷尔德林诗文中的“儿童”及其互文性概念

在荷尔德林的诗文中，经常出现“儿童”和“童年”的意

① ［德］海德格尔，等．荷尔德林的新神话［M］．莫光华，等译．北京：华夏出版社，2004：109.

② ［德］海德格尔．人，诗意地安居——海德格尔语要［M］．郜元宝，译．上海：上海远东出版社，2004：86.

③ ［德］海德格尔．海德格尔文集：形而上学的基本概念——世界—有限性—孤独性［M］．赵卫国，译．北京：商务印书馆，2017：10.

④ ［德］荷尔德林．荷尔德林文集［M］．戴晖，译．北京：商务印书馆，2003：282.

⑤ David E. Klemm，Günter Zöller. Figuring the Self：Subject，Absolute，and Others in Classical German Philosophy ［M］. New York：State University of New York Press，1997：141.

象。实质上，自然、家乡和童年是几乎一致的。在故乡，有“童年的树林”。[1] 家乡往往由静美、安宁的自然景象构筑而成，童年的“快乐时光”“那些嬉戏和微笑的时光”[2] 是在自然的怀抱、在家乡大地上度过的时光。自然景物是构成家乡的重要元素，当天真的孩子“在森林寻找五月的鲜花”[3] 时，这是他童年的生活，也是他在家乡经历的时光。“儿童”和“童年”为什么会吸引荷尔德林呢？荷尔德林笔下的“儿童”又是谁呢？

（一）“儿童”是“神”的保存者

“婴儿”是保存着“神的精神”的纯洁、素朴的蓓蕾，是徜徉在永恒的澄明之中的“永不凋谢的花朵”[4]。儿童是神最亲近的对象。不朽者或“缄默的以太”生活在孩子身边，它以神性滋养儿童，这是儿童永远不会丢失的“祖传的本领”。[5] 神在儿童的身边，守护儿童。“当我还是个男孩子，/有一个神常守护我”。[6] 儿童在神的呵护下长大，“神之子”是儿童获得的第一个身份。当儿童“对人的话语却一无所知”的时候，他早已“听

---

① ［德］荷尔德林．荷尔德林诗集［M］．王佐良，译．北京：人民文学出版社，2015：225.

② ［德］荷尔德林．荷尔德林诗集［M］．王佐良，译．北京：人民文学出版社，2015：41.

③ ［德］荷尔德林．荷尔德林诗集［M］．王佐良，译．北京：人民文学出版社，2015：42.

④ ［德］荷尔德林．荷尔德林诗集［M］．王佐良，译．北京：人民文学出版社，2015：330，273.

⑤ ［德］荷尔德林．荷尔德林诗集［M］．王佐良，译．北京：人民文学出版社，2015：359－360.

⑥ ［德］荷尔德林．荷尔德林诗集［M］．王佐良，译．北京：人民文学出版社，2015：243.

懂了以太的沉默”。① 同样，当恩培多克勒斯是个孩子时，神性已经在他身上。儿童对熙熙攘攘的白昼、包罗万象的经验世界不甚了解，但是在儿童那“稚嫩而朦胧的心”中，总是环绕着“世界的雄姿”“欢乐的形象”。② 儿童有时也被直接等同于神圣。孩子之间的嬉戏就像是神圣和神圣之间的游戏。③

“神”或者“神圣”亲近、守护儿童，甚至近似于“儿童”。“神”指的是什么呢？荷尔德林谈论的“神”是近代思想背景下的“神”，“在内容上完全摆脱了彼岸的神秘性”。④ “神”是“至上者”，是“一即万有”。⑤

一方面，“神”是创生“天”“地”“诸神”和“人”的“一”，是“源初”的“一”。“神”也是“万有即一”。“神”在万物之中，神是万有融汇而成的互不可分的统一体。天空和大地是一个统一体，天空是生命的花园，大地是天空的繁花。⑥ 天空和大地结合为一，成就“至高的美”。自然和人也具有互不可缺的一体性。人是万物之灵，人的心灵能够“感觉到自然的美”。

① ［德］荷尔德林．荷尔德林诗集［M］．王佐良，译．北京：人民文学出版社，2015：244.

② ［德］荷尔德林．荷尔德林文集［M］．戴晖，译．北京：商务印书馆，2003：329.

③ ［德］荷尔德林．荷尔德林文集［M］．戴晖，译．北京：商务印书馆，2003：69.

④ ［德］荷尔德林．荷尔德林文集［M］．戴晖，译．北京：商务印书馆，2003：译者前言 5.

⑤ ［德］荷尔德林．荷尔德林文集［M］．戴晖，译．北京：商务印书馆，2003：49.

⑥ ［德］荷尔德林．荷尔德林文集［M］．戴晖，译．北京：商务印书馆，2003：51.

如果没有人，自然就不能成其神圣与永恒。“假如某个时刻你不在自然之中，它就是一个残篇，就不是神圣，完美。假若自然不得不在你的希望面前脸红，它就不应得到你的心。”①

另一方面，“神”体现在人身上，人作为“一”而存在，人在他“所效命的特定方向上前行”②。人在现实生活中，得天时地利，他的“生命的各个契机”都各得其时、各在其位、自如连贯。③从人自身内部而言，人是一个完整的统一体，在人身上，理性不是孤立的单纯的知解力，而是和心灵结合在一起的精神。④ 就人与客体的关系而言，人和客体也是“绝对地统一”。人与他的世界因“一种更高的天命存在”而互相关联，相与为一，因而达到“绝对地统一”，处于“丰富多彩而更为深情的关系中”。⑤

（二）“儿童”是自然的儿童

荷尔德林描绘的“儿童”也是自然中的儿童。儿童和自然最亲近。儿童的天真懵懂是自然中的“纯粹的光”，他切近自然，“沉浸于自然”或者就在自然之中。⑥ 而且，儿童在自然中成长，自然是儿童学会爱，帮助儿童成长的无言教师。“我在树

---

① ［德］荷尔德林．荷尔德林文集［M］．戴晖，译．北京：商务印书馆，2003：55．

②③ ［德］荷尔德林．荷尔德林文集［M］．戴晖，译．北京：商务印书馆，2003：205．

④ ［德］荷尔德林．荷尔德林文集［M］．戴晖，译．北京：商务印书馆，2003：79．

⑤ ［德］荷尔德林．荷尔德林文集［M］．戴晖，译．北京：商务印书馆，2003：213．

⑥ ［德］荷尔德林．荷尔德林文集［M］．戴晖，译．北京：商务印书馆，2003：149．

林的/悦耳歌声中成长/我在花草中/学会了爱。"① 林中花草、天空的微风是神为"我"敞开的"怀抱"，是神对我的守护。另外，荷尔德林也用自然的意象指称儿童，儿童是五月"恬静的玫瑰"、美丽的"百合"，② 是自然的景象、自然的一部分。

一些情况下，荷尔德林以"自然"来命名"神"。"自然"即是"神"的别称。荷尔德林在《多瑙河之源》中深情地吟唱，"我们把你命名，受神圣迫使/重新把你命名为自然！就像婴孩出自沐浴/从你那里升起一切神性造物。"③ 此处的"自然"是不能

① ［德］荷尔德林. 荷尔德林诗集［M］. 王佐良，译. 北京：人民文学出版社，2015：244.

② ［德］荷尔德林. 荷尔德林诗集［M］. 王佐良，译. 北京：人民出版社，2015：341.

③ ［德］海德格尔. 海德格尔文集. 荷尔德林诗的阐释［M］. 孙周兴，译. 北京：商务印书馆，2014：65－66. 但是，在林克、顾正祥和王佐良的译文中，都没有出现"婴孩"的意象。林克译为："如何称呼你：万般无奈，自然！/便是你的名称，一切神性诞生者，/如全新出浴，从你长出。"顾正祥译文为："我们赞赏你，迫于神圣的感情，/赞赏你自然，像新浴之后/在你面前诞生出一切神圣之物。"以及王佐良译作："我们称呼你为神圣所需者，我们称呼/你为大自然！并如出浴一般/重新从你之中产生出神性之子。"（参见：［德］荷尔德林. 荷尔德林诗选［M］. 林克，译. 成都：四川人民出版社，2017：103－104. 荷尔德林. 荷尔德林诗新编［M］. 顾正祥，译. 北京：商务印书馆，2012：140－145. 荷尔德林. 荷尔德林诗集［M］. 王佐良，译. 北京：人民文学出版社，2015：431.）

在《多瑙河之源》的第四节，来自爱奥尼亚和阿拉伯的先知传递来自神的讯息："在竞技场，那里英雄们曾隐匿地/坐在诗人们身边，向摔跤者喊叫并微笑着/给予赞扬，那受赞颂者，那些闲散认真的孩子们。"译者此时解释说：在柏拉图的《蒂迈欧篇》中，"一个埃及祭祀对梭伦说：'哦梭伦，梭伦，你们下路人永远是孩子。'作者把与自然融为一体的人称为'孩子'……"

（转下页）

命名、而受到迫使以命名的神圣。“自然”创造了一切神性造物，婴孩也来自这个神性起源。此处的“自然”类似于老子在《道德经》中所说的“有物混成，先天地生”的天地之母，它是支配世界的根本法则，“独立而不改，周行而不殆”。“神”不可说、不可道，若强为之名，则称之为“自然”。荷尔德林将“自然”等同于“神”，他借许佩里翁之口说道，自然的怀抱是“无变”的，它是永恒的、不会更改的“你的肇始之处”。①“自然”是万物的源头，也是人的本源所在，是“神”或者“至上者”。

（接上页）同样，在第四节，顾正祥的译文中也有“孩子”的意象，“在比赛场上，当年的神人悄悄/伴随诗人，观看决斗手，微笑着/赞美这批又闲又认真的孩子。”林克的译文亦如是。“在竞技场上，那里看不见的半神从前/悄悄坐在诗人们身边，观看角力者，微笑/并赞美，那备受赞美者，轻松严肃的孩子们。”在第六节，王、顾、林的诗歌中都出现了“童年”的意象，王译为“尽管我们几乎如孤儿般离去；/幸运的是，一切依旧，唯那培育不再；/然而青年怀念童年时代，/屋子里这些依然并不陌生。”顾译是：“尽管我们快像那些孤儿/也许就是这样，像当年，唯敬神不再；/而年轻的游子，回想童年，/一回家也就不觉得陌生。”林译如下：“虽然我们行走，几乎像孤儿；/境况还好，像从前，只是不再有那种眷顾；/但是少年们，怀念童年，/仍在家中，对那个也不陌生。”

孙周兴在海德格尔的《荷尔德林诗的阐释》中翻译的“就像婴孩出自沐浴”的“婴孩”形象虽然没有在其他中译本中出现，但是中译本中的“婴孩”意象所在诗节的前后都出现了“孩子”或“童年”。在第四节中，“孩子”是“英雄”、“神人”或“半神”（神圣者的使者）赞颂的对象，是与自然融为一体之人。而在第六节，“童年”是失去了自然培育的孤儿怀念的家。因而，在第五节中，“我们把你命名，受神圣迫使/重新把你命名为自然！就像婴孩出自沐浴/从你那里升起一切神性造物。”此处使用的“婴孩”是自然的神性造物。无论从意象的连贯性，还是诗意的一致性来看，都是合理与适切的。

①［德］荷尔德林. 荷尔德林文集［M］. 戴晖，译. 北京：商务印书馆，2003：8.

“自然”有时也与人共同隶属于“神”。“它在此，至上者，在这人之自然与万物的周行中！”① 在这一层面上，人和自然统一于万有之神，因而人和自然是相互契合、共通的。“人不能否认，他曾经像森林中的野鹿幸福过，……那里每一个人像神一样穿行大地……神圣的大气环绕着他，是他的一切现实。”② 人和“野鹿”都笼罩在神圣之中，因而同样的幸福。自然和人都是神的造物，因而都能够在“这位荣耀者”的启发之下，发出“一声欣喜的共鸣”。③

（三）儿童是故乡之儿童

“儿童”是在故乡生活的儿童。在《乡间行》中，荷尔德林称故乡是“以空中嘉言赐予礼物”的神圣土地，是诸神客居之所。故乡既“遂人意”，也“合神道”。故乡是为“天空与大地的圆舞曲”准备的舞池，也是举办“人类和诸神的婚礼”的礼堂。故乡是神向人敞开的地方，首先被准许进入的是儿童。“因为苍天将赐予的，教我们同样欢喜，/这礼物它此时未给，但最终赏给孩子们。”④

故乡并不是指狭义的空间地域范围，而是神圣之所。“祖国的心灵”是相对于意识之我的“共同的心灵”，是无意识之我的

① ［德］荷尔德林．荷尔德林文集［M］．戴晖，译．北京：商务印书馆，2003：49.

② ［德］荷尔德林．荷尔德林文集［M］．戴晖，译．北京：商务印书馆，2003：106.

③ ［德］荷尔德林．荷尔德林文集［M］．戴晖，译．北京：商务印书馆，2003：80.

④ ［德］荷尔德林．荷尔德林诗选［M］．林克，译．成都：四川人民出版社，2017：59.

心灵。①“这一共同心灵为所有人所共有而为每一个人所独具”。②“共同的心灵”存留之处，就是“祖国的心灵”绽放之所。故乡是“神圣的元素展开它们的伟大”的地方，是充溢着“无忧者”的“平和的力量”的地方。③“普遍的精神”是“天下人的故乡”，也是“异乡人乐于驻足的地方”。④

（四）儿童是“一”，是“神圣者”

荷尔德林所描绘的神性的儿童、自然的儿童或故乡的儿童，其后隐含的意蕴都是相近的——儿童是“一”的载体，是“神圣”的显现。在人的内心深处、本性之中，蕴含着“神性”。“而我，我不是他宁静的感悟的回声吗？他的本质的旋律不在我心中回响吗？我变成我所见到的，而我所见到的是神圣。”⑤人因其“神圣性”，本性自足，万物皆备。“这万物皆备于我的非凡的奢求”深藏在“我们本质的深处”。⑥

自儿童时期开始，人就具备了“神性”。“我所思所想，并

---

① ［德］荷尔德林．荷尔德林文集［M］．戴晖，译．北京：商务印书馆，2003：502 注释．

② ［德］荷尔德林．荷尔德林文集［M］．戴晖，译．北京：商务印书馆，2003：219．

③ ［德］荷尔德林．荷尔德林文集［M］．戴晖，译．北京：商务印书馆，2003：313．

④ ［德］荷尔德林．荷尔德林文集［M］．戴晖，译．北京：商务印书馆，2003：147．

⑤ ［德］荷尔德林．荷尔德林文集［M］．戴晖，译．北京：商务印书馆，2003：13．

⑥ ［德］荷尔德林．荷尔德林文集［M］．戴晖，译．北京：商务印书馆，2003：17．

非起自今日，/在我出生时，业已决定。”① 孩子是“神性的生灵”②，其本身就是自足的。“这高尚的元素与孩子们玩得最美”。③ 在所有人当中，儿童还没有被“人的变色龙般的颜色”所感染④，神性在儿童身上保存得最为完好。“当我还是一个孩子，对周围的一切一无所知，和现在相比，当时我不是丰富吗?”⑤“他完全是他所是，因此才这样美。”⑥

“一”是人的初始状态，“一”贮藏在儿童身上。对儿童本身来说，童年就是儿童受神圣规定和自然保护的“摇篮”。荷尔德林对比了雅典早期的童年和斯巴达的童年。在雅典早期，儿童像“生成中的钻石”，他没有受到征服者的剥削，没有被迫提前进入“青涩的成熟”，能够“听任自身”。⑦ 雅典人的童年按照儿童自身的节律，“听任自身”。而斯巴达人则没有童年。斯巴达人不等待自然的节律，肆意“打破直觉的秩序”，他们过早地开始教化，破坏“真正的儿童的单纯”。⑧斯巴达人是“自以为明达”的“野蛮人”，他们枉顾儿童心中“隐藏着精神的赫赫光辉的微笑”时，他们的训诫就是“猥琐而悖谬”的。⑨ 儿童的“一”“神性”“自然本性”就会被损伤。“但愿我从来没有走进

① ［德］荷尔德林. 荷尔德林文集［M］. 戴晖，译. 北京：商务印书馆，2003：317.

②④⑤⑥ ［德］荷尔德林. 荷尔德林文集［M］. 戴晖，译. 北京：商务印书馆，2003：10.

③ ［德］荷尔德林. 荷尔德林文集［M］. 戴晖，译. 北京：商务印书馆，2003：47.

⑦⑧ ［德］荷尔德林. 荷尔德林文集［M］. 戴晖，译. 北京：商务印书馆，2003：74.

⑨ ［德］荷尔德林. 荷尔德林文集［M］. 戴晖，译. 北京：商务印书馆，2003：12.

你们的学校。科学，我追随它走下隧道，带着青春的憨愚，期待着证实我那纯粹的欢乐，而它败坏了我的一切。”① 当外部环境背离了儿童自身内在本性，儿童就会被“抛出自然的花园”，“枯萎在正午的烈日下”②，被动地失去“一”。被动地离开“一”不是荷尔德林所倡导的。当孩子承受“可耻而叫人堕落的压迫”，被剥离“一”，变得匮乏且孤立，荷尔德林激动地说：“啊，把你们的儿女从摇篮中扔到河里，至少让他们免遭你们的耻辱!”③

童年的“一”的状态被扰乱，就只能成为“残篇”。如果儿童不能作为“一个完美的孩子”存在，那么他也就不能生长为“一个完美的男子”。④ 荷尔德林警示道，“让人们从摇篮时起就不受搅扰！不要把他从生命的紧紧合一的花蕾里，从童年的小屋中赶出来!”⑤ 在童年时期，最重要的事情就是在生命合一的状态中，将丰盈的自我充分地绽出。

“童年”是神圣的“一”，儿童应当在这个“摇篮”受到呵护。这并不意味着荷尔德林否认了教育的作用，他认为“伟大的人辅助幼小者成长”的过程是神圣的。⑥ 教养的冲动必须有意识

---

①② ［德］荷尔德林. 荷尔德林文集［M］. 戴晖，译. 北京：商务印书馆，2003：9.

③ ［德］荷尔德林. 荷尔德林文集［M］. 戴晖，译. 北京：商务印书馆，2003：26.

④ ［德］荷尔德林. 荷尔德林文集［M］. 戴晖，译. 北京：商务印书馆，2003：74－75.

⑤ ［德］荷尔德林. 荷尔德林文集［M］. 戴晖，译. 北京：商务印书馆，2003：75.

⑥ ［德］荷尔德林. 荷尔德林文集［M］. 戴晖，译. 北京：商务印书馆，2003：11－12.

地发挥作用，“人是否明白，他从何而来且向何处追逐”①。教养的冲动的起点和目标来自共同的原始的根据②，那就是儿童内在的神圣、自然的规定性。学校是“走向完美的自然”的“归途”，能够帮助儿童生活在“完美的自然”当中。③

二、海德格尔的阐释与丰富

荷尔德林是海德格尔最为推崇的诗人，认为荷尔德林是“诗人中的诗人”，“诗化了诗歌的本质”。1930 年代中期，海德格尔较为集中地阐释了荷尔德林的诗歌，包括《返乡——致亲人》《如当节日的时候……》《日耳曼尼亚》《莱茵河》《追忆》《伊斯特河》等。在荷尔德林的诗文中，“神”“自然”“家乡”“儿童”是互为关联的。同样，海德格尔也将四者联系在一起，并作出了存在论上的理解，将“神”“自然”“家乡”“儿童”与“存在”相联系。和荷尔德林的诗文一样，海德格尔对“儿童”“神圣者”“自然”和“家乡”其中的任何一个概念的论述，同时也是对其他概念的诠释。“神圣者就是自然之本质。”④ 而“祖国”（也就是家乡）是“至高者”，是“隐蔽不彰的本源”。⑤ 从存在

① ［德］荷尔德林．荷尔德林文集［M］．戴晖，译．北京：商务印书馆，2003：199.

② ［德］荷尔德林．荷尔德林文集［M］．戴晖，译．北京：商务印书馆，2003：199－200.

③ ［德］荷尔德林．荷尔德林文集［M］．戴晖，译．北京：商务印书馆，2003：74.

④ ［德］海德格尔．海德格尔文集．荷尔德林诗的阐释［M］．孙周兴，译．北京：商务印书馆，2014：68.

⑤ ［德］海德格尔．海德格尔文集．荷尔德林的颂歌《日耳曼尼亚》与《莱茵河》［M］．张振华，译．北京：商务印书馆，2018：3.

的词源来看，海德格尔的存在等同于荷尔德林体系中的“神”“自然”“家乡”以及前三者的互文性概念——“儿童”。

海德格尔考察与分析了“存在”的三种不同的词干和含义：首先，“es”是“存在”最古老的词干，它引申自梵文“asus”，指的是“生生，有生灵者，本已常驻者：那从其自身来，立于自身中，自行自息者”①。这个词干演变出了希腊文、拉丁文以及德文的“存在”语词。其次，在印度-日耳曼语中，“存在”的词源词干是“bhu，bheu”，它来源于希腊词 φύω。② 海德格尔解释说，“bhu”一直被赋予 φύσις 和 φύειν 的自然、生长的含义。在希腊哲学之初“生长”被解释为“绽放开来”，并且 φυ-这个词根也和 φα-，φαίνεσθαι（光明）建立了紧密联系，存在就被等同于 φύσις。③最后，德语“存在”（sein）的动词变形——名词之存在“Wesen”最初不是指“Was-sein<是什么>这回事”，而是指“作为当今的存续，在场与不在场”。④ 而且，“存在”的名词“Wesen”和日耳曼语中的 wesan（居住）、wohnen（居住），ver-weilen（停留）具有相同的词干——“wes”，它具有停留的意思。⑤

（一）儿童是存在者，也是存在

儿童是作为存在的存在者，也是作为存在者的存在。儿童是天命置送之存有，也是天命置送之存在。在描述道说神圣的半

① ［德］海德格尔. 海德格尔文集. 形而上学导论［M］. 王节庆，译. 北京：商务印书馆，2017：84－85.

②③ ［德］海德格尔. 海德格尔文集. 形而上学导论［M］. 王节庆，译. 北京：商务印书馆，2017：85.

④⑤ ［德］海德格尔. 海德格尔文集. 形而上学导论［M］. 王节庆，译. 北京：商务印书馆，2017：85－86.

神——诗人时，荷尔德林说，诗人承受着“神的雷暴”，并将“天空的赐予传递给人民”。荷尔德林认为诗人具有“孩童般纯洁的心灵”和“清白无邪”的双手。① 海德格尔解释说：“‘心脏’意味着诗人们最本己的本质得以聚敛于其中的那个东西，即进入神之拥抱的归属关系的寂静。对荷尔德林来说，‘纯洁的’始终与‘源始的’有着同样的意思，意指坚决保持在原初规定性中。这种‘纯洁’为儿童所特有。在这里，所谓‘纯洁的心脏’并没有‘道德上的’意思。这个词命名了与‘无所不在的’自然的关联方式和应和方式。”② 这是海德格尔对儿童的间接的论说。“孩童般纯洁的心灵”或“宛若儿童的纯洁心脏”是说儿童和“‘无所不在’的自然”关联在一起，并归属于“神之拥抱”，从而保持在“原初规定性”中，并使得“最本己的本质得以聚敛”。也就是说，儿童是天命的显现，是自然本性或神圣性的持留者。

在阐释赫拉克利特的箴言——“时间是一个孩子，他游戏着，来来往往地摆置着棋子：孩子统治!”③ 时，海德格尔对“孩子”进行了更为直接的存在论上的阐述。“孩子”既是存在

① ［德］荷尔德林．荷尔德林诗集［M］．王佐良，译．北京：人民文学出版社．2015：302－303．孙周兴译为“而我们诗人！当以裸赤的头颅，/迎承神的狂暴雷霆，/用自己的手去抓住天父之光芒，/抓住天父本身，把民众庇护/在歌中，让他们享获天国的赠礼，/因为我们唯有纯洁的心脏/宛若儿童，我们的双手清白无邪。”［德］海德格尔．海德格尔文集．荷尔德林诗的阐释［M］．孙周兴，译．北京：商务印书馆，2014：57．

② ［德］海德格尔．海德格尔文集．荷尔德林诗的阐释［M］．孙周兴，译．北京：商务印书馆，2014：83．

③ ［德］海德格尔．海德格尔文集．根据律［M］．张柯，译．北京：商务印书馆，2016：242 注释 5．

之天命置送的显现，也是存在之天命置送本身。一方面，“时间是一个孩子”。海德格尔解释说，“时间”就是 αἰὼν，是“世界化和时间化了的世界”①。“世界化和时间化了的世界”，是经由存在之天命置送被“带向灼烧着的闪烁”，而向有死者的敞开与道说。②当赫拉克利特说“时间是一个孩子”时，孩子就是存在之天命置送的实现与显明。孩子是存在者（τòöυ），是现实存在着的作为存在者的孩子，也是“那个‘存在着’<das Seiend>，存在者性<die Seiendheit>，存在者状态<das Seiendsein>，存在<das Sein>”。③ 作为存在者的儿童将“自身常驻（ständig）”的存在保存在自身之中，获得完满，“即自我驻持（葆真）在完结（边界）之中<das Sich-in-der-Endung（Grenze）-halten（wahren）>。”④

另一方面，这是一个游戏着的孩子，他进行着棋子游戏。孩子进行的棋子游戏是跳跃游戏。这是一场“在存在之天命置送的意义上”展开的跳跃游戏。⑤ 海德格尔对“跳跃”进行了解释，个体内部具有主动性地将自身本己根基不断涌跃而出（springend）。⑥自身本己特质的显现是无法遏止的生命自身的活力。“我们将这样的一种作为根基跳将出来的跳跃——依照这个词的真确含

①② ［德］海德格尔．海德格尔文集．根据律［M］．张柯，译．北京：商务印书馆，2016：242.

③ ［德］海德格尔．海德格尔文集．形而上学导论［M］．王节庆，译．北京：商务印书馆，2017：37.

④ ［德］海德格尔．海德格尔文集．形而上学导论［M］．王节庆，译．北京：商务印书馆，2017：70－71.

⑤ ［德］海德格尔．海德格尔文集．根据律［M］．张柯，译．北京：商务印书馆，2016：241.

⑥ ［德］海德格尔．海德格尔文集．形而上学导论［M］．王节庆，译．北京：商务印书馆，2017：7.

义——称为渊-源<Ur-sprung>：'使-根基-自身-跳将-出来'<das Sich-den-Grund-er-springen>。"① 自身本己根基的跳跃能够为人生指示意义，为文化导引方向，不为外部幻象所迷惑。"通过这一跳跃，人就从那一切以前的、无论真确的还是臆想的亲在之遮蔽中跳离开来<Absprung>"。② 存在摆脱了"亲在之遮蔽""存在者意义上的地基"，因而存在是无根据的存在。存在无根据的意思是，存在和根据具有同一性，存在本身没有别的根据，其根据就在存在自身之中。因而，孩子的棋子游戏是作为"给予着尺度"的允诺者之存在进行的无根据的跳跃游戏。"孩子游戏"只是"因为孩子游戏"，而不能问"为何游戏"③。孩子游戏是"始终只是游戏"，只是"一""唯一者"，只是"最高的东西和最深的东西"④，也就是作为天命的存在。

另外，"孩子统治"，是更进一步地将孩子视作了存在之天命置送本身。孩子的游戏，是无根据的存在的天命置送之"跳跃"游戏。"孩子统治"，是因为"孩子"是存在之天命置送，"孩子"作为存在之"本原"，"ὰρχή［译者注：在古希腊语中，ὰρχή有双重含义，即'本原，起源'与'统治'"］。⑤"孩子统治"是作为本原、存在之天命置送的"孩子"对存在者的存

① ［德］海德格尔. 海德格尔文集. 形而上学导论［M］. 王节庆，译. 北京：商务印书馆，2017：7－8.

② ［德］海德格尔. 海德格尔文集. 形而上学导论［M］. 王节庆，译. 北京：商务印书馆，2017：7.

③④ ［德］海德格尔. 海德格尔文集. 根据律［M］. 张柯，译. 北京：商务印书馆，2016：243.

⑤ ［德］海德格尔. 海德格尔文集. 根据律［M］. 张柯，译. 北京：商务印书馆. 2016：242－243.

在的统治。

（二）神圣者、自然是存在

海德格尔以“神圣者”和“自然”（φύσις）诗意地道说存在。存在是“万有即一”、“一即万有”的天命。海德格尔认为，不应该从字面意义上来理解荷尔德林诗歌中的神。荷尔德林确实在诗歌中谈论到神，但是荷尔德林所说的神既不是基督教一神论中的神，也不是希腊、罗马神话中的神。① “‘神圣性’（Heiligkeit）绝不是某个固定的神所秉有的特性。”② 神圣者是“强大圣美的自然”，是源初意义上的自然。神圣者或者自然是“神圣的混沌”，是万物的本源，“因为自然是先于万物的原初的东西，是原始的不可动摇的东西，所以它是‘牢不可破的法则’。”③。它是先于万物的一种“张裂”，在这种“张裂”中，开启了现实之物存在的敞开域，它也是所有差异的、多样的有限物在场的地方。④神圣者或自然是高于万物的一种天命“规定”，它决定了人类和诸神的存在方式。神圣者或自然是赋予万物本己本质的“明朗者（das Heitere）”，“由于朗照（Aufheiterung）使万物澄明，明朗者就允诺给每一事物以本质空间，使每一事物按其本性归属于这个本质空间”⑤。只有按照自然或神圣者的命令，依从“出

① Martin Heidegger. Hδlderlin'hymn “The Ister” [M]. William McNeill and Julia Davis, translated. Bloomington&Indianapolis: Indiana University Press, 1996: 32.

② [德] 海德格尔. 海德格尔文集. 荷尔德林诗的阐释 [M]. 孙周兴，译. 北京：商务印书馆. 2014：68.

③④ [德] 海德格尔. 海德格尔文集. 荷尔德林诗的阐释 [M]. 孙周兴，译. 北京：商务印书馆，2014：72.

⑤ [德] 海德格尔. 海德格尔文集. 荷尔德林诗的阐释 [M]. 孙周兴，译. 北京：商务印书馆，2014：14.

于自身成其本质的自然”①，万物才能存在。

海德格尔认为，作为“神圣的混沌”“天命规定”的神圣者与自然就是存在。在希腊，φύσις 是指称“自然”的原初之词，而当“自然”被译为拉丁词 natura 时，已经失去了 φύσις 这个希腊词的源始内涵和哲学意味。② φύσις 的源始含义是什么呢？海德格尔认为，φύσις 是“既绽放又持留着的存在力道<Walten>”，φύσις 是绽放着的存在力道，它“由自身内部—向外—站出去”，是存在自身的开放与展开。③ 经由绽放，φύσις 的存在力道持留在存在者整体之中。另外，“作为 λόγος，存在乃是源初者，由之而来，当前显现者才当前显现”。④ 绽放着的存在力道是“所因由的源初者”，一切存在者都源于存在，并“作为源初者所已聚集者的当下开显出来（als das Jeweilige seines Versammelten aufgeht）”。⑤

另外，海德格尔认为，φύσις 和 λόγος 都是存在的希腊词源。“‘存在’（Sein）的意思，可以用西方思想早期的一些名称来表示，其中一个名称是 λόγος。道说了 λόγος 这个词语的那位

---

① ［德］海德格尔. 海德格尔文集. 荷尔德林诗的阐释［M］. 孙周兴，译. 北京：商务印书馆，2014：76.

② ［德］海德格尔. 海德格尔文集. 形而上学导论［M］. 王节庆，译. 北京：商务印书馆，2017：16.

③ ［德］海德格尔. 海德格尔文集. 形而上学导论［M］. 王节庆，译. 北京：商务印书馆，2017：17.

④ ［德］海德格尔. 海德格尔文集. 根据律［M］. 张柯，译. 北京：商务印书馆，2016：234.

⑤ ［德］海德格尔. 海德格尔文集. 根据律［M］. 张柯，译. 北京：商务印书馆，2016：233 - 234.

思想家，赫拉克利特，也把存在命名为 φύσις。”① 因而，φύσις、λόγος 和存在是一致的。

Λόγος 标示出看待 φύσις、理解存在的古老而又崭新的视角。φύσις 是对立争执的统一体。“这个对立争执根本既不分拆统一，也不毁坏统一。它形成这个统一，它是采集（λόγος）。”② λόγος 的最初的含义是拢聚并凸显对照③，存在力道持留在存在者之中，使得存在者聚拢而在场。作为存在者整体的 λόγος 是“相互争逐者的拢聚”。④ 存在者都是存在力道的居留，因而存在者整体是休戚相关的统一，是源始的合一。采集不是杂乱的统一，而是处在自然的联系之中的统一，“留居在一种休戚相关之中”。⑤ 同时，存在者整体的会集不是敉平一切差异的“协调共音”，而是对立争执的。在合一之中，保留着最高的紧张状态。⑥

因而，神圣者或自然就是存在。存在是“一即万有”。在存在者的边界中，存在有所抑制地绽放自身。存在者就是存在“给自己一个外形<Ansehen>，δοκεῖ<外形>”，显现了的存在。⑥ 当

① ［德］海德格尔. 海德格尔文集. 根据律［M］. 张柯，译. 北京：商务印书馆，2016：233.

② ［德］海德格尔. 海德格尔文集. 形而上学导论［M］. 王节庆，译. 北京：商务印书馆，2017：73.

③ ［德］海德格尔. 海德格尔文集. 形而上学导论［M］. 王节庆，译. 北京：商务印书馆，2017：149.

④ ［德］海德格尔. 海德格尔文集. 形而上学导论［M］. 王节庆，译. 北京：商务印书馆，2017：162.

⑤⑤ ［德］海德格尔. 海德格尔文集. 形而上学导论［M］. 王节庆，译. 北京：商务印书馆，2017：161.

⑥ ［德］海德格尔. 海德格尔文集. 形而上学导论［M］. 王节庆，译. 北京：商务印书馆，2017：123.

存在将存在力道以这样的方式“散落在存在者的形形色色当中”① 时，存在作为自我表现者显现在万有之中。另一方面，存在也是“万有即一”，所有的存在者都仅立基于存在之规定上，仅因存在力道的持留，方能显现与在场。万物的存在被保持在一种亲密性（Innigkeit）中，它们以天命之中心为根据集合在一起，并互相归属。同时它们保持在其本己之中，而没有融合和熄灭各种区别。②

（三）家乡是存在

海德格尔认为“家乡”是存在，在家就是存在于“命运的本己要素中”③。“家乡”是一种天命，它将其“最本己的东西”赠送给了栖居的人们。④ 而且，“家乡”是“万物和人类的‘本性’”的庇护所，使其本己本质“完好地保存在明朗者之明澈中了”⑥。家乡是天命朗照的地方，它庇护万物和人类的本性与本己的本质。索福克勒斯因之以 παρέστιος 指代家乡，“是在家的地方”（the site of being-homely）。παρέστιος 由 παρά 和 έστία 两个部分组成，可译为“炉边”（hearth）。前者是指房子的炉灶，是灶神所在之地。关键是炉灶中的火具有丰富的含义，包括照明、取暖、滋养、净化等。它是诸神之庙和人类居所中的炉

① ［德］海德格尔．海德格尔文集．形而上学导论［M］．王节庆，译．北京：商务印书馆，2017：123.

② ［德］海德格尔．海德格尔文集．荷尔德林诗的阐释［M］．孙周兴，译．北京：商务印书馆，2014：242.

③⑤ ［德］海德格尔．海德格尔文集．荷尔德林诗的阐释［M］．孙周兴，译．北京：商务印书馆，2014：15.

④ ［德］海德格尔．海德格尔文集．荷尔德林诗的阐释［M］．孙周兴，译．北京：商务印书馆，2014：11.

火，它确保了居所的安全，使得居所内的一切恰如其分并受到庇护。炉火使得炉灶成为家的中心和关键，并确保家园纯粹、简单、和谐。而后者是“在……旁边”的意思，它圈定了存在的范围。παρέστιος 是人所存在的受家园保护与家园保持亲密的范围，是人受炉火照耀与温暖的地方。① 家乡是受天命庇护的灵魂的栖所。

海德格尔进一步将 παρέστιος（炉边）解释为存在，“炉灶是持久的基础和决定性的中心——所有存在的存在，因为它是，纯洁和简单的家园”。② 在这个存在中存在，人类就在家中。“炉灶是在家者的家园，就是存在本身。炉灶照耀、辐射、照亮并温暖所有的场合下聚集起来的生命。”③ 海德格尔说，“对希腊人而言，存在的本质是 φύσις。”④

另外，“家”或者“家乡”是栖居之所，也就是存在所在之地。在家乡栖居、在炉边居留、在存在中存在，就是在天、地、人、神的统一体中存在。栖居或者存在就是对“四方”的纯一

---

① Martin Heidegger. Hδlderlin'hymn “The Ister” [M]. William McNeill, Julia Davis, translated. Bloomington&Indianapolis: Indiana University Press, 1996: 105.

② Martin Heidegger. Hδlderlin'hymn “The Ister” [M]. William McNeill, Julia Davis, translated. Bloomington&Indianapolis: Indiana University Press, 1996: 112 - 113.

③ Martin Heidegger. Hδlderlin'hymn “The Ister” [M]. William McNeill, Julia Davis, translated. Bloomington&Indianapolis: Indiana University Press, 1996: 114.

④ Martin Heidegger. Hδlderlin'hymn “The Ister” [M]. William McNeill, Julia Davis, translated. Bloomington&Indianapolis: Indiana University Press, 1996: 112.

性或者纯朴性（Einfalt）保护，同将此纯一性或纯朴性护持在人的本己之中。栖居和筑造具有本质性的关联①，筑造就是栖居。因而可以从筑造的原始词源来理解栖居，栖居即是存在。“筑造”的词源是古高地德语“buan，bhu，beo”，它就是现代德语中的“bin”（“是”）。“bin”（“是”）就是“buan”（“居住”）。人所“是”的方式就是其“在大地上存在（sind）的方式”，也就是人作为“终有一死者”在大地上存在、居住的方式。② 反过来看，从居住本身的词源分析来看，居住的古萨克森语是“wuon”，哥特语是“wunian”，意思是“在和平中持留，而感到满足”。居住是让人和平的，“和平（Friede）一词意指自由，即 Frye，而 fry 一词意味着：防止损害和危险，‘防止……’也就是保护。”③ 因而，栖居就是让某物回到它的本质之中，回到它的本己之物（本有）之中，得到一种真正的保护（fry），从而获得自由（frye）并停留在和平（Friede）的状态中，感到满足（zufrieden）。

因而，“神圣者”“自然”“家乡”具有相同的内涵。如果用海德格尔的哲学概念来解释，“儿童”“神圣者”“自然”“家乡”都指“存在”，在此栖留或返还于兹都是诗意地回到天命的庇护下，并持留于本己之中。“按照自己本身的节奏，并且不妥协于任何其它事物，它自身就是中心。这个中心像开始时一样被

① ［德］海德格尔．海德格尔文集．演讲与论文集［M］．孙周兴，译．北京：商务印书馆，2018：158.

② ［德］海德格尔．海德格尔文集．演讲与论文集［M］．孙周兴，译．北京：商务印书馆，2018：159.

③ ［德］海德格尔．海德格尔文集．演讲与论文集［M］．孙周兴，译．北京：商务印书馆，2018：161.

保持着，所有的事物都围绕此中心而聚集——所有的存在都有自己的家，并作为存在而在家。”① 存在之在家，就是在天命之家，在“某个人类的历史的‘灵魂’”② 栖居的大地之上。

第四节　在心灵的原点呼唤：儿童具有赤子之心

在西方哲学中，儿童是原初统一体的显现，是作为最高者之存在的代表。同样，在中国哲学，尤其是儒家思想体系中，儿童也是天命下贯于性命的典型。孔子（公元前 551 年—公元前 479 年）在尧舜三代之道的基础上再建“道之本统”，谈“天命下贯为人之性”“天人和合为一”的问题。这也是孔子创辟“仁教”的核心问题。也即是“仁”的问题。从孟子到明道、象山、阳明、近溪直至李贽是自孔子以后仁教的发展路线。从根本来说，他们都是在谈“仁”的问题。但是，他们多从主观面之仁心来丰富仁教，谈内圣之本，多是“因心知天”，而非“由天说性”。

心性天是一，心和天地万物一体而为仁。“仁乃生生不可遏止之内在倾向和根源，亦是创造之真几。”③ 心、性、天问题是互相贯通的。“天地之心”就是“宇宙之心”，是“宇宙生生不

① Martin Heidegger. Hδlderlin'hymn “The Ister” [M]. William McNeill, Julia Davis, translated. Bloomington&Indianapolis: Indiana University Press, 1996: 112 - 113.

② [德] 海德格尔. 海德格尔文集. 荷尔德林诗的阐释 [M]. 孙周兴，译. 北京：商务印书馆，2014：106.

③ 陈来. 仁学本体论 [M]. 北京：生活·读书·新知三联书店，2014：228.

已的生机和动源”，也是“个体的知觉灵明的心”。① 并且，他们认为，生之谓性，生之谓心。个体刚出生，就获得了性。有生之后，即个体出生以后，即能直通天道仁体，即有性。同样，个体生，而皆具此仁心。因而，在他们看来，儿童，尤其是婴孩具有天之予人的仁心。

一、孔子：仁是道，亦是心

“仁”是儒学谈论内圣之本的核心范畴。在孔子看来，“仁”的概念包含了天道的客观性和天道的主观性。“仁也是心，也是道”。② 首先，“仁”是道。“仁”，“实为天命、天道的一个‘印证’（Verification）。”③ 它是於穆不已之生生之德，也是万物刚开始出生时的“众善之长”。④“仁”是“天道之‘对其自己’”⑤ 的主观面。其次，“仁”也是心。人以自身之性贞定天

① 陈来. 仁学本体论［M］. 北京：生活·读书·新知三联书店，2014：227－228.

② 牟宗三. 心体与性体（上）［M］. 上海：上海古籍出版社，1999：188.

③ 牟宗三. 中国哲学的特质［M］. 上海：上海古籍出版社，1997：32.

④ ［日］岛田虔次. 中国思想史研究［M］. 邓红，译. 上海：上海古籍出版社，2009：15.

⑤ 牟宗三基于黑格尔对基督教的“三位一体”解说来考察儒家的精神哲学，也即性命天道相贯通的哲学。在黑格尔的思想中，基督教分为三个阶段：圣父阶段、圣子阶段和圣灵阶段。圣父阶段中，圣父或者神是最高的存在，“‘神之在其自己’（God in itself）。”圣子阶段中，上帝必须通过耶稣来表现自己的大生命。上帝创生耶稣是为了表现自己，也就是“‘神之对其自己’God for itself（himself）”。而圣灵阶段是上帝的“父”“子”两重身份综合为“‘绝对统一性’（Absolute-unity）的形式”。“由（转下页）

命，印证天道。客观的天道需要借助实践仁的生命主体才能表现出来。因而，“仁”是天道之“在而且对其自己”，是人与天道的内在的遥契，与天道的完全地同一化。“正因道只自存，所以它依待人的充弘，即是说：道须要人的践仁工夫去充显与恢弘。否则它只停滞于‘潜存’（Potential or Latent）的状态。”①天道在人身上具体地表现为仁心。最后，“仁”也是仁道与仁心的相互贯通，没有限隔。“所谓仁，指天地生生之德，同样，天地的生意将自己和万物贯通，也即万物一体。”②“仁”使得个体与天道相契合，和宇宙生命融合无间，打成一片。

孔子之后，曾子、子思、孟子以及《中庸》和《易传》都是对仁教的传承与展开。归根结底地说，宋儒的兴起也是本自孔子仁教，他们所共同关注的核心问题就是“内圣之本之挺立处”。③ 自孟子以来，尤其是宋儒以来，“仁”成了中国哲学中的

（接上页）于灵格是父格与子格的综合统一，因此黑格尔称圣灵为‘神之在而且对其自己’God in-and-for itself（Himself）。‘在而且对其自己’，表示主观性原则与客观性原则的真实统一。”牟宗三将中国思想中的“圆教”与黑格尔对基督教三位一体之说相对应。“天命、天道，即相当于西方的神或上帝。借用黑格尔的名词来说，天命、天道自身就是天道之‘在其自己’，代表天道的客观性；仁、智、诚，就是天道之‘对其自己’，代表天道的主观性，因为仁、智、诚是表示天道通过践仁的生命主体而表现出来的。圣人如孔子在践仁之时，可以证实天道的内容意义，亦可有主体性与客体性之统一。在此统一上，我们即可说天道之‘在而且对其自己’。”牟宗三. 中国哲学的特质［M］. 上海：上海古籍出版社，1997：49－51.

① 牟宗三. 中国哲学的特质［M］. 上海：上海古籍出版社，1997：43.

② ［日］岛田虔次. 中国思想史研究［M］. 邓红，译. 上海：上海古籍出版社，2009：12.

③ 牟宗三. 心体与性体（上）［M］. 上海：上海古籍出版社，1999：165.

关键问题。[①] 仁是“真实的生命”，也是“真实的本体”，“真实的本体当然又是真正的主体（Real subject），而真正的主体就是真我（Real self）。”[②]

二、孟子：以“心”开“仁”

孟子[③]承继了孔子所言之“仁”。“仁也者，人也。合而言之，道也。”[④]“仁”亦是道在人身上的显现。而心亦是与天道的契合，是天道下落于人性之所在。

在“仁”的基础上，孟子直言“心”。虽然《论语》中未曾有“心”字，但是孟子所创出的“心”概念，“其实是根据孔子的‘仁’而转出的”。[⑤] 正如陆象山所说，“夫子以仁发明斯道，

① 牟宗三认为，自孔子以前一直下贯至宋明以后，“性”的规定问题是中国哲学的中心问题。中国正宗儒家对于性的规定，大体可分两路：一是《中庸》《易传》所代表的一路，中心在“天命之谓性”；二是孟子所代表的一路，中心思想为“仁义内在”，即心说性。性之规定的第一路，从天命、天道的下贯讲，而孟子一路从内在的仁心讲。“孟子承接孔子的仁、智、圣三个观念”，而“孔子的中心思想在‘仁’一字”。“孟子即由此仁心之全而说人之性，人之所以为人之理真几。”因此，在孟子一路的哲学传统中，“仁”是关键性的哲学问题。详见：牟宗三. 中国哲学的特质［M］. 上海：上海古籍出版社，1997：54，66.

② 牟宗三. 中国哲学的特质［M］. 上海：上海古籍出版社，1997：31－32.

③ 孟子，约公元前372年生，公元前289年卒。

④ 孟子. 孟子［M］. 杨伯峻，杨逢彬，译注. 长沙：岳麓书社，2011：275.

⑤ 牟宗三. 中国哲学的特质［M］. 上海：上海古籍出版社，1997：52.

其言浑无罅缝。孟子十字打开，更无隐遁，盖时不同也。”① 孔子以“仁”讲“道”。而孟子将孔子之“仁”进一步“十字打开”，以“心”言“道”，更使得“道”毫无隐遁，清楚明白。

首先，孟子认为，“心”“性”“天”是相互贯通的概念。孟子认为，“尽其心者，知其性也。知其性，则知天矣。存其心，养其性，所以事天也”。② 尽心、知性、知天是互通的，存心、养性、事天亦为一体。心、性、天都是人之本有，若能“尽心”，则能达至“上下与天地同流”的境界。

其次，孟子所说的“心”是“不忍人之心”。“不忍人之心”是什么呢？孟子以具体的事例解释说，看见孺子掉落在井中，就会心有戚戚，产生惊慌、害怕与同情。“今人乍见孺子将入于井，皆有怵惕恻隐之心”。③ 此“心”可进一步具体地解释为四端之心，即恻隐之心、羞恶之心、辞让之心与是非之心。而且，此“心”是人区别于其他生命体的独特之处。人不同于禽兽之处，是庶民和君子都有的“心”。

最后，此“心”是人皆有之者，是人自然本有的“赤子之心”“良知良能”。“大人者，不失其赤子之心者也。”④ 此心在

---

① 陆九渊. 象山语录/王守仁. 阳明传习录［M］. 杨国荣，导读. 上海：上海古籍出版社，2018：22.

② 孟子. 孟子［M］. 杨伯峻，杨逢彬，译注. 长沙：岳麓书社，2011：248.

③ 孟子. 孟子［M］. 杨伯峻，杨逢彬，译注. 长沙：岳麓书社，2011：63.

④ 孟子. 孟子［M］. 杨伯峻，杨逢彬，译注. 长沙：岳麓书社，2011：155.

人，“犹其有四体也。”① 人有此心，就像人有四肢一样的自然。恻隐、羞恶、恭敬、是非之心是人所固有的，不是从外在习得或假借的。“仁义礼智，非由外铄我也，我固有之也，弗思耳矣。”②

心若是人人自然具有之，那么为何君子和庶民不一样呢？“非独贤者有是心也，人皆有之，贤者能勿丧耳。”③ 贤者将固有之心保存下来了，没有丧失掉自己的天性。而庶民却受“宫室之美”“妻妾之奉”等外在因素的影响，损伤了自己的本性，“失其本心”。④

象山在《与李宰》的书信中，对孟子之“心”作出概括性地解释：“去之者，去此心也，故曰‘此之谓失其本心’。存之者，存此心也，故曰‘大人者，不失其赤子之心’。四端者，即此心也；天之所以与我者，即此心也。”⑤ 孟子所说的心，是“天之所与我者”，是人生而具有的“本心”“四心”“四端”“赤子之心”。也就是，孟子在《尽心章句上》所说的，自孩提之童即具有的、“人之所不学而能”的“良能”，“所不虑而知”的“良知”。此外，“孟子的这些思想对后世儒学有重要影响。这些思想可谓宋明心学的思想胚胎；‘良知’、‘良能’、‘赤子之心’

---

① 孟子．孟子［M］．杨伯峻，杨逢彬，译注．长沙：岳麓书社，2011：64.

② 孟子．孟子［M］．杨伯峻，杨逢彬，译注．长沙：岳麓书社，2011：214.

③④ 孟子．孟子［M］．杨伯峻，杨逢彬，译注．长沙：岳麓书社，2011：220.

⑤ 陆九渊．陆九渊集［M］．北京：中华书局，2018：149.

（童心）还是宋明心学的重要关键词。”①

三、明道：万物皆具天理

程颢②自称“天理”二字是他“自家体贴出来”的。事实上，“天理”一词并非是脱离儒学体系之概念。明道将宇宙论的本原归于“天理”，其实等同于“天命”“天道”。因而，明道仍在讨论自孔子以来的道统之中心问题，“天理”是儒家内圣之学的核心范畴。

一方面，明道也将心、性、天贯通。明道认为，“道”就是“性”。天道就是《易经·系辞》所说的“生生”。“‘生生之谓易’，是天之所以为道也。天只是以生为道。”③ 天道为万物继之，则“万物自成其性”。道是性的本体，性是流行不已的生生之道的显现。“道即性也”，道就是性，不存在道之外的性，也不存在性之外的道。“若道外寻性，性外寻道，便不是。”④ 性是以道为本原之性，是由道而出之性，所以，无所谓“不好底性”或“好底性”。性之好坏只是后人的价值区分，性只是原来就是如此而已。

而且，明道对本体论层面的“天”“心”概念不作具体区分。天是指圣人之心。明道道：“子在川上，曰：‘逝者如斯夫！

---

① 刘晓东．童心哲学史论——古代中国人对儿童的发现［J］．南京师大学报（社会科学版），2015，202（06）：82－93.

② 程颢，字伯淳，也称明道先生，1032年—1085年。

③ 程颢，程颐．二程集［M］．王孝鱼，点校．北京：中华书局，2004：29.

④ 程颢，程颐．二程集［M］．王孝鱼，点校．北京：中华书局，2004：1.

不舍昼夜。’自汉以来儒者，皆不识此义，此见圣人之心纯亦不已也。诗曰：‘维天之命，於穆不已。’盖曰天之所以为天也。‘於乎不显，文王之德之纯’，盖曰文王之所以为文也。纯亦不已，此乃天德也。”① 明道将孔子的“逝者如斯夫！不舍昼夜”解释为“圣人之心纯亦不已”。孔子表面上说的是“天”，其实论的是“圣人之心”。以周文王为例，“於穆不已”的天命贯注在文王身上，使得文王表现出“天德”，也就是纯粹、充满生机的“心”。此“天德”是由“文王诚敬之心而发”②。“圣人之心与天命实体，其内容的意义固无二无别也。”③ 这就也将“天”与“心”进行了贯通。由上可知，“心”“性”“天”概念在明道处也被打通。他解释“乐天知命吾何忧，穷理尽性吾何疑”④，认为天、命、理、性都是心。“只心便是天，尽之便知性，知性便知天，当处便认取，更不可外求。”⑤ 天命、天理、天性都在心上，清楚明白、自然晓畅，因而无所忧、无可疑。

另一方面，天理具有普遍性，因而万物臻于一体之仁。天道体现在万物之上。天道不仅赋予某一特定的人或物，而是普遍地给予万物。人与物皆有生生之天理，“天地之德为生，天地生生

---

① 程颢，程颐. 二程集［M］. 王孝鱼，点校. 北京：中华书局，2004：141.

② 牟宗三. 心体与性体（中）［M］. 上海：上海古籍出版社，1999：35.

③ 牟宗三. 心体与性体（中）［M］. 上海：上海古籍出版社，1999：32.

④ 程颢，程颐. 二程集［M］. 王孝鱼，点校. 北京：中华书局，2004：133.

⑤ 程颢，程颐. 二程集［M］. 王孝鱼，点校. 北京：中华书局，2004：15.

之谓道，一切的存在及其价值都来源于此。万物以天地为父母而生，所有生于天地的东西都继承天地生生之性格。万物以及和万物相区别的人，在这一点上也没有任何差别。"① 万物身上都自然地具有天命，不独是人，更不单是某一圣人。"'生生之谓易'，生则一时生，皆完此理。人则能推，物则气昏，推不得，不可道他物不与有也。人只为自私，将自家躯壳上头起意，故看得道理小了佗底。放这身来，都在万物中一例看，大小大快活。"② 区别只是人具有自觉的意识，而物不具有意识。也就是，"推"与"推不得"的差别。但是，这种能否"推"并不是本质上的差异。"虽能推之，几时添得一分？不能推之，几时减得一分？"③ 无论能否意识与反思到天理，天理都不会因之而增减。"百理具在，平铺放著。"④

正因为万物都普遍具有天理，"皆有此理"，都"从那里来"，因而万物臻于一体之仁。仁就是万物皆有之天道。"天地以生万物为'心'。以天地之心为心，或者是让以本来是天地之心的自己之心在本来之相发生作用，这就是所谓'万物一体之仁'。"⑤

---

① ［日］岛田虔次. 中国思想史研究［M］. 邓红，译. 上海：上海古籍出版社，2009：11.

② 程颢，程颐. 二程集［M］. 王孝鱼，点校. 北京：中华书局，2004：33-34.

③④ 程颢，程颐. 二程集［M］. 王孝鱼，点校. 北京：中华书局，2004：34.

⑤ ［日］岛田虔次. 中国思想史研究［M］. 邓红，译. 上海：上海古籍出版社，2009：15.

四、象山：斯人千古不磨心

陆九渊①的思想与明道之“仁说”是基本一致的。牟宗三认为，“要对从明道到象山的形成过程加以严密的实证虽然有些困难，但从思想的潮流来看，完全可以说象山的‘心即理’是明道‘仁说’的一个发展形态。”② 明道的思想已经显露出“心即理”的萌芽。他说道，“只心便是天，尽之便知性，知性便知天。当处便认取，更不可外求”。③ 这被认为是道最突出的对“心即理”的宗旨的表达④，也能是从明道的仁说走向象山之“本心”的切口。

象山将“仁”等同于“心”。“仁即此心也，此理也。”⑤“仁，人心也。为仁由己，而由人乎哉？我欲仁，斯仁至矣。仁也者，固人之所自为者也。”⑥ 与明道不同的是，象山将本心特意提升起来，直贯天命，以本心为宇宙论的本体。明得本心，即明得天命之性。“只说本心之沛然，溥博源泉而时出之，本心即是理，本心即是性，明得本心即明得性，即明得理，心性理一

---

① 陆九渊，字子静，号象山，1139 年—1193 年。

② ［日］岛田虔次．中国思想史研究［M］．邓红，译．上海：上海古籍出版社，2009：21.

③ 程颢，程颐．二程集［M］．王孝鱼，点校．北京：中华书局，2004：15.

④ ［日］岛田虔次．中国思想史研究［M］．邓红，译．上海：上海古籍出版社，2009：19.

⑤ 陆九渊．陆九渊集［M］．钟哲，点校．北京：中华书局，1980：5.

⑥ 陆九渊．陆九渊集［M］．钟哲，点校．北京：中华书局，1980：377.

也，故很少说性字，亦很少作分疏工夫。”① 本心是天命所赋予之性。

事实上，象山的哲学思想最根本的源头是孟子之说，是“因读《孟子》而自得之”。牟宗三解释道，象山的“心地工夫”本自《孟子》，“绍孔孟之统”，继承了孔孟之道，讨论的是“内圣之学之端绪问题，第一义问题”。②

象山学说的核心概念——“本心”——以孟子的“良知”为基础的。“求则得之，得此理也；先知者，知此理也；先觉者，觉此理也；爱其亲者，此理也；敬其兄者，此理也；见孺子将入井而有怵惕恻隐之心者，此理也；可羞之事则羞之，可恶之事则恶之者，此理也；是知其为是，非知其为非，此理也；……孟子曰‘所不虑而知者，其良知也；所不学而能者，其良能也。’‘此天之所与我者’，‘我固有之，非由外铄我也’。故曰：‘万物皆备于我矣，反身而诚，乐莫大焉。’此吾之本心也”。③ 象山在阐述“本心”概念时，提出本心是孟子所说的“不忍人之心”、四心（恻隐之心、羞恶之心、恭敬之心、是非之心）以及不虑而知的“良知”和不学而能的“良能”。“吾之本心”是“天之与我者”，是我本来固有之物，不是从外假借的。

象山认为，本心是天地、万物、世人共同具有的自然之性。我的本心和友人的心、圣贤的心都是一样的。“心只是一个心，

① 牟宗三．心体与性体（中）［M］．上海：上海古籍出版社，1999：155.

② 牟宗三．从陆象山到刘蕺山［M］．上海：上海古籍出版社，2001：34.

③ 陆九渊．陆九渊集［M］．钟哲，点校．北京：中华书局，1980：5.

某之心，吾友之心，上而千百载圣贤之心，下而千百载复有一圣贤，其心亦只如此。心之体甚大，若能尽我之心，便与天同。”①因为所有的“心”指的都是心的本体，是天所给予一切人类的心。不同时代圣贤的心是一般无二的，同一时代我与友人的心亦是相同的。正如牟宗三所说：本心是神圣的心，“一心无外，一理无外。坦然明白，并无迂曲。”② 本心坦然明白地存在于我们身上，除了本心以外，并无他物。在鹅湖之会上，陆九龄体悟道：“孩提知爱长知钦，古圣相传只此心。”象山在此之上略作修改：“墟墓兴哀宗庙钦，斯人千古不磨心”。从“传此心”到“不磨心”，正是因为象山认为此“心”是自家本有之心的呈现，心无需传也。“此心乃人人俱有之永恒而普遍，超越而一同之本心，不必言传也。”③

五、阳明：自孩提之童，莫不完具此知

从根本而言，除象山以外，王学也是孟子学。正如牟宗三所说，“其学之义理系统客观地说乃属于孟子学者亦无疑。”④ 王守仁⑤之“良知”源自孟子的“人之所不学而能者，其良能也；所

① 陆九渊. 象山语录/王守仁. 阳明传习录［M］. 杨国荣，导读. 上海：上海古籍出版社，2000：71.

② 牟宗三. 从陆象山到刘蕺山［M］. 上海：上海古籍出版社，2001：8.

③ 牟宗三. 从陆象山到刘蕺山［M］. 上海：上海古籍出版社，2001：58－59.

④ 牟宗三. 从陆象山到刘蕺山［M］. 上海：上海古籍出版社，2001：152.

⑤ 王守仁，字伯安，别号阳明，1472年—1529年。

不虑而知者，其良知也。”① 阳明自陈，良知是孟子所说的每个人都有的是非之心，是无须思虑和学习就具有的良知良能。良知是天命下贯于心之上的本体，是人心生的一点灵明。“是乃天命之性，吾心之本体，自然灵昭明觉者也。”② 阳明的“良知”进一步统合、整理了孟子的“良知”、“良能”、“赤子之心”的哲学概念。良知就是心、就是性，是天命的馈赠。而且，阳明认为，良知是人生而具有的，“这良知人人皆有。圣人只是保全……众人自孩提之童，莫不完具此知”。③ 当我们还是“孩提之童”，我们就已经具有了良知。圣凡之别，仅在于能否保全良知。

阳明的“良知”也是对陆学的“心即理”的进一步发展。王阳明也说，心就是理，万事万物都没有超出心之外。“夫万事万物之理不外于吾心”。④ 从其自身内涵来看，它是“陆学的复兴”。但是，阳明起初研习的是朱子学，只是在“格竹失败”之后，龙场悟道，始得良知。岛田虔次认为，阳明的学说是对朱子学的进一步发展，也可以算是朱子学内部的自我否定和转折。并且，阳明学说不仅清算了朱子学，而且进一步将象山的“心即

---

① 孟子. 孟子［M］. 杨伯峻，杨逢彬，译注. 长沙：岳麓书社，2011：253-254.

② 王守仁. 王阳明全集［M］. 吴光，等编校. 上海：上海古籍出版社，2011：1070.

③ 王阳明. 传习录［M］. 于自力，等注译. 郑州：中州古籍出版社，2008：306-307.

④ 王阳明. 传习录［M］. 于自力，等注译. 郑州：中州古籍出版社，2008：170.

理”的学说发扬光大。①

阳明将“良知”概念进一步从相关的哲学概念群中提升上去，用来代表本心，并且代表孟子所说的四端之心的整体。② 阳明提出的“良知”也可以视作是“心即理”的别称。③阳明以“良知”来谈“心”，他将天、道、理、性、心等概念加以分解，分解到最后得到了“良知”，因而“良知”是最根本的概念。天、道、理、性、心等问题都应该归结为良知。

阳明认为，人与万物同为一体，是因为万物皆有良知。也就是说，良知具有普遍性。无论是“大人”还是“小人”，都是天地万物为一体之存在，这是“心之仁”本身规定和决定的。“大人者，以天地万物为一体者也，……岂惟大人，虽小人之心亦莫不然，彼顾自小之耳。”④ “大人”“小人”，都有一仁心，此仁心本来就是与天地万物为一体的，是万物自天而来。具体来说，良知或仁心就是和木石草兽同理共情的不忍之心。因为，此心是与孺子、鸟兽、草木、瓦石等本为一体的。此心“乃根于天命之性而自然灵昭不昧者也”，“天命之性，粹然至善，其灵昭不昧者，……，而即所谓良知也。”⑤

---

①③ ［日］岛田虔次．中国思想史研究［M］．邓红，译．上海：上海古籍出版社，2009：23．

② 牟宗三．从陆象山到刘蕺山［M］．上海：上海古籍出版社，2001：152－153．

④ 王守仁．王阳明全集［M］．吴光，等编校．上海：上海古籍出版社，2011：1066．

⑤ 王守仁．王阳明全集［M］．吴光，等编校．上海：上海古籍出版社，2011：1067．

六、近溪：赤子之心，浑然天理

罗汝芳①是真正的王学继承者，是将阳明学说“调适而上遂者”。② 他进一步将孟子的“赤子之心”与阳明的“良知”加以融合。“赤子之心，浑然天理，其知不必虑，能不必学，盖即莫之为而为，莫之致而至之体也。”③ 赤子之心是不虑而知的良知，不学而能的良能。赤子之心是不必虑、不必学的“良知”“良能”，是天理所在。赤子之心是与天相通的良知，不是经由思虑所能得到的，也不是道理闻见所能阐释的，它是不可说的心体。“赤子之心”是人生而普遍具有的天理，是人所共有的良知良能。

罗汝芳将“赤子之心”落实到个体身上。他将“赤子之心”作为阳明“良知”的具体化对接概念，将“赤子之心”具体到爱亲敬长处具体阐释，也就是具体为孝、弟、慈。“此个孝、弟、慈，原人人不虑而自知，人人不学而自能，亦天下万世人人不约而自同者也。”④

“赤子之心”具体表现在刚出生的婴儿身上。“反思原曰天初生我，只是个赤子；而赤子之心却说浑然天理。”⑤ 刚出生时，儿童是一个具有天理的赤子，天理遣送至赤子之心当中。它“从

---

① 罗汝芳，字惟德，号近溪，1515 年—1588 年。

② 牟宗三. 从陆象山到刘蕺山［M］. 上海：上海古籍出版社，2001：211.

③ 罗汝芳. 罗汝芳集［M］. 南京：凤凰出版社，2007：431.

④ 罗汝芳. 罗汝芳集［M］. 南京：凤凰出版社，2007：108.

⑤ 罗汝芳. 罗汝芳集［M］. 南京：凤凰出版社，2007：74.

母胎中带来”，在生命刚被孕育之始就已经潜藏在人的身上。①“如男女媾精以为胎，果仁沾土而成种，生气津津，灵机隐隐”。② 胎儿也是由“仁”播种而结成的果实，具有天理之“灵机”。在胎儿身上，已经有了“生气”，胎儿也是由“仁”播种而结成的果实。此外，赤子之心是身心一体之心。赤子之心，心亦是身，“身心犹相凝聚”。正因为身心一体，所以“赤子孩提欣欣，长是欢笑”，赤子之乐，乐在身心的会和。③

近溪以“初生婴孩”来说明“赤子之心”是先天具有的。“赤子之心”是无思无虑的良知，是“具足现成、生生不息大家当”。④ 近溪常以刚出生的婴孩来说明“赤子之心”的先天性，不是后天思虑、学习的产物。他借初生婴孩的哭，来说明“仁”是人的本性中原来就有的。婴儿刚出生的第一声啼哭是因为爱恋着母亲的怀抱。这种爱的根就是孔子所说的“仁”，或者说是最初的“仁”，“推此爱根以为人”，将赤子的父母的爱推及为更多的人，就是“仁”。⑤ 所以，赤子之心是最初的仁。同样，刚出生的婴儿见到父母兄弟就会笑，这种对亲人的亲近，“懿德之好”是天生就有的，“此实良知良能而又无不知之，无不能之”。⑥

近溪也以“捧茶童子”来论述良知在日用间流行的观点。普通人在日常生活中所用到的就是道，“百姓日用是道”。儿童日用亦是道。甚至，儿童在端茶的时候都展现了道，“此捧茶童

① 罗汝芳. 罗汝芳集［M］. 南京：凤凰出版社，2007：109.
②③ 罗汝芳. 罗汝芳集［M］. 南京：凤凰出版社，2007：37.
④ 罗汝芳. 罗汝芳集［M］. 南京：凤凰出版社，2007：391.
⑤ 罗汝芳. 罗汝芳集［M］. 南京：凤凰出版社，2007：431.
⑥ 罗汝芳. 罗汝芳集［M］. 南京：凤凰出版社，2007：433.

子，却是道也。”① 捧茶童子走到三楼，而不曾打破一个茶瓯。这是因为童子心中自有戒惧。当童子在捧茶之时，他身上的良知良能就在发挥作用，“故童子日用捧茶，是一个知，此则不虑而知，其知属之天也。”② 童子之知是“天之知”，是“先觉”。此“先觉”能“觉后觉”，使人获得“人之知”。

近溪认为，婴孩初生即有的“赤子之心”应当被保持到成年。“初生既为赤子，难说今日此身，不是赤子长成?”③ “今我此身，果是赤子养成而非他也。”④从本源来说，“赤子不虑而知之知”与“圣人不思而得之知”是相同的。⑤ “据我看，孟子此条，不是说大人方能不失赤子之心，却是说赤子之心，自能做得大人。”⑥ 赤子之心就是理想人格的实现。在肯定“赤子之心”是自足的本性之外，近溪并没有否定后天因素的重要性。他强调，“赤子之心”应当得到“父母之胎教、姆教”“地方风俗淳美”“明师为之开发”“良友为之夹持”，则“良知良能”就能够“生生不已”。⑦

七、卓吾：童心是最初一念之本心

李贽⑧自称不曾将任何一个人奉为老师，但是常被评价为是

① 罗汝芳. 罗汝芳集［M］. 南京：凤凰出版社，2007：44.
② 罗汝芳. 罗汝芳集［M］. 南京：凤凰出版社，2007：45.
③④ 罗汝芳. 罗汝芳集［M］. 南京：凤凰出版社，2007：36.
⑤ 罗汝芳. 罗汝芳集［M］. 南京：凤凰出版社，2007：396.
⑥ 罗汝芳. 罗汝芳集［M］. 南京：凤凰出版社，2007：196.
⑦ 罗汝芳. 罗汝芳集［M］. 南京：凤凰出版社，2007：434.
⑧ 原名林载贽，后改名李贽。字宏甫，号卓吾，1527 年—1602 年。

“阳明之嫡派儿孙也”。[①] 嵇文甫认为，卓吾的思想是对王学左派思想的继承，他能够充分地把左派王学的精神表现出来。[②] 岛田虔次也说，卓吾是“心学运动最后顶峰人物”[③]。

李贽虽然没有列入泰州学派门下，但是他非常推崇左派王学的思想。他尤其敬服龙溪、近溪、心隐等人。他自述拜见过王龙溪和罗近溪以后，每年都会阅读和谈论二位先生的学说，他们的思想和卓吾所信奉的观念是一致的。“使某听之，亲切而有味，详明而不可厌。”[④] 嵇文甫认为，李卓吾可称得上是龙溪的弟子，他钦佩到极点，“其所以未得列入龙谿门下者，只差一拜耳。”[⑤] 卓吾也是何心隐狂热的崇拜者，认为何心隐“为上九之大人”。[⑥] 此外，李卓吾与焦弱侯[⑦]是知己好友。在李贽的《焚书》与《续焚书》中也有多篇与焦竑的书信，足见二人关系密切。“故宏甫之学虽无所授。其得之弱侯者亦甚有力。”[⑧]

卓吾首次提出了哲学意义上的“童心”。卓吾的“童心”被认

---

① 容肇祖．李卓吾评传［M］．上海：商务印书馆，1937：53.

② 嵇文甫．左派王学［M］．上海：开明书店，1934：64.

③ ［日］岛田虔次．中国近代思维的挫折［M］．甘万萍，译．南京：江苏人民出版社，2005：69.

④ 嵇文甫．左派王学［M］．上海：开明书店，1934：68-69.

⑤ 嵇文甫．左派王学［M］．上海：开明书店，1934：69.

⑥ 李贽．焚书·续焚书［M］．张建业，译注．北京：中华书局，2011：206.

⑦ 焦竑，字澹园，师从罗近溪、耿天台，且博极群书。

⑧ 张建业．李贽全集注·续焚书注［M］．张建业，张岚，注．北京：社会科学文献出版社，2010：163.

为是“良知”的延续，甚至是“良知的成年，是良知的独立”。① 卓吾的“童心”既有自身独特之处，也延续了“心学”的传统。

李贽的“童心”强调其“绝假纯真”的特点。他认为童心是人所保持的真心，是“最初一念之本心”。儿童是“人之初”，儿童之心自然是“心之初”。童心是初心，是不能失去的真心。另一方面，李贽的“童心”和“赤子之心”“良知”“本心”等具有相同的内涵。李贽认为，“童心是人的‘自家固有之物’。”② 他肯定人自身的本性，“人人各具有大圆镜智”③，童心也是自足的。“彼无加而我无损者也。既无加损，则虽欲辞圣贤而不居，让大人之学而不学，不可得矣。”④而且，童心具有普遍性。“上与天同，下与地同，中与千圣万贤同”。⑤童心是天地共同具有之初心，也是古往今来的圣贤之士皆有的真心。一切存在物都不能超出于此心，“则虽愚妇以及昆虫草木，不能出于此道此心之外也”。⑥ 草木、昆虫、愚妇等都同出于一心、同合于天道。童心是天道下贯而成人之性。岛田虔次认为，“童心可以说是良知的成年，是良知的独立。”⑦

在修养工夫上，李贽也主张“为仁由自”，“由自”也就是听凭自身本性的召唤。“人人皆可以为圣”⑧，每个人只需要跟随

①⑦ ［日］岛田虔次．中国近代思维的挫折［M］．甘万萍，译．南京：江苏人民出版社，2005：92．

② ［日］岛田虔次．中国近代思维的挫折［M］．甘万萍，译．南京：江苏人民出版社，2005：95．

③④⑤ 容肇祖．李卓吾评传［M］．上海：商务印书馆，1937：91．

⑥ 容肇祖．李卓吾评传［M］．上海：商务印书馆，1937：97．

⑧ 李贽．焚书·续焚书［M］．张建业，译注．北京：中华书局，2011：55．

自身本有的童心，那么都可以成为贤明的圣人。只要将童心加以扩充，那么道就会从自身发扬出去。“夫以率性之真，推而扩之，与天下为公，乃谓之道。”① 人的自然本性是真心，率此真心、真性，方是道。因而，道在每个人自身之中，“不待取给于孔子而后足也”。② 人人皆可以为圣人，“天下无二道，圣贤无两心。”③ 每个人自身本性就是圣人、就是佛，吾性自足。成圣、成佛也只是将自身本来就具有的圣性、佛性、童心发扬，自我实现而已。

① 李贽. 焚书·续焚书［M］. 张建业，译注. 北京：中华书局，2011：37－38.

② 李贽. 焚书·续焚书［M］. 张建业，译注. 北京：中华书局，2011：38.

③ 李贽. 焚书·续焚书［M］. 张建业，译注. 北京：中华书局，2011：416.

第四章　儿童教育的转向：从成人文化到更丰富的儿童文化

教育是儿童文化生长的过程。儿童文化的生长不是线性的递进，脱离儿童自身的文化，并用成人文化取代儿童文化。儿童教育的目的并非弥补缺陷和不足，不是用成人的知识和理性弥合成熟和不成熟之间的差距。儿童文化和成人文化之间的不同不意味着价值差异。同时，儿童教育要帮助儿童不断地生长文化，“这种教育必须循序渐进地实现现在的可能性，从而使个人更适合于应付后来的要求”。① 最后，儿童教育的目的地不是彻底抛弃儿童文化，去往一个与儿童文化无关的成人文化岛屿，而是走向更加丰富的儿童文化，也即成人文化。

第一节　历史溯源：儿童文化生长的两种教育设想

应该如何处理儿童教育和儿童文化的关系？儿童文化是天性

---

① ［美］杜威．民主主义与教育［M］．王承绪，译．北京：人民教育出版社，2001：64－65．

的现实化表达，代表着人类文化的原初状态。与此同时，儿童文化不是停滞的，儿童文化是不断生长的。儿童文化向着何处生长？杜威认为，生长是“朝着后来结果的行动的累积运动”。[①] 儿童文化的生长是儿童主动建构文化的过程。教育为儿童文化的生长创造支持条件。

回溯教育思想史，可以发现有两种关于儿童文化生长的教育设想。一种设想否定儿童文化的存在，认为教育就是让儿童向着成人文化发展。“当我们用比较的术语，即从儿童和成人生活的特征来解释发展时，所谓发展，就是将能力引导到特别的渠道”。[②] 这种教育观忽视了儿童自身的文化创造能力，试图用成人文化代替儿童文化，将发展视作朝着固定的标准化成人文化的前进过程。“儿童具有特别的能力；忽视这个事实，便是阻碍生长所依靠的器官的发育或使它们畸形发展。”[③] 另一种设想肯定儿童文化的存在和价值，儿童自身具有发展文化的能力，儿童文化是主动的生长过程。“生长并不是从外面加到活动的东西，而是活动自己做的东西。”[④] 同样，儿童文化和成人文化是适应于不同情境的不同生长方式，二者应当互为补充。“关于专门应付特殊的科学和经济问题的能力的发展，我们可以说，儿童应该向成人方面发展。关于同情的好奇心，不偏不倚的敏感性和坦率的胸

① ［美］杜威．民主主义与教育［M］．王承绪，译．北京：人民教育出版社，2001：49.

②③ ［美］杜威．民主主义与教育［M］．王承绪，译．北京：人民教育出版社，2001：58.

④ ［美］杜威．民主主义与教育［M］．王承绪，译．北京：人民教育出版社，2001：50.

怀，我们可以说，成人应该像儿童一样生长。”① 儿童教育应该尊重儿童文化生长的主动性，让儿童文化生长的动力在现实中得到支持。“学校教育的目的在于通过组织保证生长的各种力量，以保证教育得以继续进行”②。

一、听从成人文化：教育迫使儿童走向遥远未来

在教育思想史上，为儿童进入成人文化做准备的教育曾占据支配地位。这种教育无视儿童现在的生活和儿童文化自身的意义，只为儿童进入成人文化做准备。它将一个“割裂了现在”的将来注入儿童的“现在”，并以“传统一般的期望和要求”替代儿童自己本身的愿望和需要。③ 这反而损伤了儿童建构文化的能力和原动力，以至于不得不使用外部的动机来迫使儿童走向遥远的将来。这种教育观建立在儿童“无文化”和成人“有文化”的二元论假设之上。儿童不被视作具备正式地位的社会成员，而是“列在等待批准的名单上”的“候补人”。④ 儿童被认为处于缺乏、一无所有的状态。当成年期被当作是衡量儿童期的标准时，儿童被认为是匮乏的、缺失的。儿童自身具有的“能量”

---

① ［美］杜威．民主主义与教育［M］．王承绪，译．北京：人民教育出版社，2001：58－59.

② ［美］杜威．民主主义与教育［M］．王承绪，译．北京：人民教育出版社，2001：59.

③ ［美］杜威．民主主义与教育［M］．王承绪，译．北京：人民教育出版社，2001：64.

④ ［美］杜威．民主主义与教育［M］．王承绪，译．北京：人民教育出版社，2001：63.

和“潜力”就被忽视与弱化了。① 教育也被认为是用成人文化弥合成熟的人和不成熟的人之间的差距的东西。

古希腊时期，苏格拉底认为，教育的目的是培养具有理性的政治家，使人获得理性，即智慧、勇敢和节制的高尚美德。人的灵魂生而为神所创，但是人的灵魂只有经过教育、指导和训练才能领悟神的意志，即获得善。② 在苏格拉底看来，“过早地‘做哲学’不只是损坏哲学，也损坏年轻人自身。”③ 苏格拉底认为，年轻人进行思维和辩论，并不能真正进行真理的寻求，遑论儿童。同样，在柏拉图看来，只有“哲学王”才能切近善或理念。柏拉图借苏格拉底之口提出了“鸟笼说”。他认为，心灵是一个鸟笼，心灵中的知识好似是笼中的鸟。“孩提无识无知，好比鸟笼尚空”。④ 教育就是“‘为了以后的生活所进行的训练’”，是为了祛除心灵的恶和无知。⑤ 亚里士多德则从具体、实践的层面阐释“理性”，它是经过实践活动和训练后形成的适中的美德、“实践智慧”。尽管亚里士多德首次提出了按照儿童的年龄阶段进行教育的设想，但是儿童自身的能力并没有被认识到。总之，在古希腊思想家看来，儿童是无知的、弱小的、缺乏理性的。儿

① ［美］杜威．民主主义与教育［M］．王承绪，译．北京：人民教育出版社，2001：49.

② 张法琨．古希腊教育论著选［M］．北京：人民教育出版社，2007：7.

③ 刘晓东．论儿童哲学课的哲学基础［J］．教育发展研究，2018，38（Z2）：57－64.

④ 张法琨．古希腊教育论著选［M］．北京：人民教育出版社，2007：227.

⑤ 张斌贤．西方教育思想史［M］．北京：人民教育出版社，2011：60.

童没有理智、受欲望支配，他们需要接受教育以运用和发展理性，并尽快地走向成人文化。

到了中世纪，宗教和神学决定了对儿童和教育的认识。人是上帝的创造物，却由于背弃上帝而生有原罪。儿童生来就是罪恶的。教育就是要用惩罚、强制的手段对待儿童，使儿童尽早除去身上的邪恶。随着文艺复兴运动的进行，中世纪棍棒下的人摆脱了宗教的禁锢，“人”以积极、自由的形象回归到世俗生活之中。儿童文化才有生长的自由空间和认识的可能性。在近代，西方教育思想进入大发展时期，教育成为专门化的研究问题，并且形成了不同的流派。① 人们普遍认识到儿童不是罪恶的，也发现了儿童与成人不同的特点。但是，从儿童和成人比较的视角看待儿童仍然在教育理论和实践中占据着重要位置。成人被当作衡量儿童的中心，成人文化也被视作儿童文化的模板。

（一）教育视儿童为缺乏主动性的“白板”

听从成人文化的教育实质上认为儿童是缺乏主动性的白板，儿童没有文化。这种教育观认为，儿童是“一张白纸”“一块腊”，② 没有任何能力和主动性，更没有自己的文化。首先，听从成人文化的教育将儿童的可塑性理解为儿童被动接受影响的缺乏状态。儿童自身缺乏理性和理智，没有自我约束的能力，自然地倾向于欲望的满足，所以儿童期是精神“最纤细、最容易支配”③ 的时候。儿童的心灵被看作“没有任何生命或观念的形

① 张斌贤．西方教育思想史［M］．北京：人民教育出版社，2011：20.

② ［英］洛克．教育漫话［M］．杨汉麟，译．北京：人民教育出版社，2005：203.

③ ［英］洛克．教育漫话［M］．杨汉麟，译．北京：人民教育出版社，2005：30.

式”，一切都需要随着时间不断增长的经验的填塞。① 儿童的心灵是空白的，因而儿童具有可塑性。赫尔巴特认为，教育建立在学生的可塑性之上。教育是以心理学为依据，使儿童定型的过程。杜威评论说，赫尔巴特把儿童的可塑性理解为外部世界塑造的结果。可塑性理解为“油灰或蜡”，忽视了人自身从经验中学习、改变自身行为、自我发展的主动能力。② 可塑性被理解为任意塑造儿童的可能性。儿童可以被“随心所欲地描画或铸造成时髦的式样”。③ 儿童完全由教育决定，就像是刚刚喷发的河流，可以被任意地驱策行进的方向。④ 洛克认为，人的品行、行为和个性都是由教育决定的，“人与人之所以千差万别，均仰仗教育之功。”⑤

其次，儿童的缺乏被认为只有到达成年才能被弥补。“这种种儿童期所有的而并非儿童本身所固有的过失，最好留待时间、模仿与成熟的岁月去加以改正”。⑥ 随着年岁的增长，儿童越向成年发展，也就越接近完善。儿童被这种线性发展观所衡量。儿童发展的过程被认为是教育学的“金科律令”，心智的正常发展和自然演化被认为是必须遵守的规律。当然，教育应当遵守儿童

---

① 转引自：［德］赫尔巴特．教育学讲授纲要［M］．李其龙，译．北京：人民教育出版社，2015：前言11.

② ［美］杜威．民主主义与教育［M］．王承绪，译．北京：人民教育出版社，2001：52.

③ ［英］洛克．教育漫话［M］．杨汉麟，译．北京：人民教育出版社，2005：203.

④⑤ ［英］洛克．教育漫话［M］．杨汉麟，译．北京：人民教育出版社，2005：7.

⑥ ［英］洛克．教育漫话［M］．杨汉麟，译．北京：人民教育出版社，2005：47.

身心发育的规律，这是儿童健康成长的一个前提条件。但是，它仍停留在将儿童和成人分别放置在从简单到复杂，从不准确到准确的线性发展过程上。儿童的智慧和文化仍被认为是简单、不准确的发展的初级阶段，儿童对文化的创造不被尊重。主张演化论的斯宾塞认为，儿童是没有文化的。儿童的图画不能表达自然效果，只是错误而不是文化。斯宾塞认为，儿童图画缺乏真实性，无法确切地刻画出事物的外貌。[①] 儿童自发性地哼唱也不被认为是音乐。斯宾塞认为，音乐是依据“某些生活活动的一般原理”安排乐句和旋律，是情绪的自然语言的理想化。[②] 儿童的自发性哼唱只是情绪表达的自然语言。甚至，斯宾塞否认了儿童艺术欣赏的能力。他认为，成人更了解自然和生活中的真理，因此更容易领略图画的美。[③] 他认为，儿童不了解艺术作品试图表达的现实、真理和科学。儿童积极参与教育过程、主动发展自我的能力被漠视了。

最后，儿童教育的过程被认为是依赖成人发挥作用的过程，成人是教育的主导。成人的主导性一方面建构在儿童是不成熟的依赖者的观点上。儿童被认为没有自己的意志。[④] 未成熟儿童身上的力量的发展和保持取决于成人的强化，儿童的生长被动地依

---

① ［英］斯宾塞. 斯宾塞教育论著选［M］. 胡毅，王承绪，译. 北京：人民教育出版社，2005：35.

② ［英］斯宾塞. 斯宾塞教育论著选［M］. 胡毅，王承绪，译. 北京：人民教育出版社，2005：36.

③ ［英］斯宾塞. 斯宾塞教育论著选［M］. 胡毅，王承绪，译. 北京：人民教育出版社，2005：37.

④ ［德］赫尔巴特. 普通教育学［M］. 李其龙，译. 北京：人民教育出版社，2015：17.

赖成人的作用。儿童自身的积极性生长力量被忽视了。甚至，儿童不仅不被认为具有主动性，还被认为具有反社会倾向，是社会的威胁因素。赫尔巴特说道，儿童天生就有反叛的个性，他天然是不遵守成人规定的秩序和扰乱成人安排的危险分子。① 另一方面，成人能够发挥主导作用是因为成人具有“天然的优越性”。成人因其“明显优越的智慧、知识、体魄和外表举止”而“取得权威”。② 成人是具有“绝对权力的统治者”③，而儿童是成人的“顺从的臣仆”④。儿童要服从于具有理性的成人。洛克甚至认为，只有在儿时能够使自己的意志服从于成人的理性，才能在成年的时候、在具备理性能力的时候，听从于自己的理性。⑤ 他认为，儿童缺乏理性，于是应该在成人的理性之下受到约束，顺从于管理者的绝对权威。⑥

作为“文化人”的成人是教育展开的中心。成人具有安排儿童活动的权利，因为“青少年自己不太知道充分地与持续地从

① ［德］赫尔巴特. 普通教育学［M］. 李其龙，译. 北京：人民教育出版社，2015：17.

② ［德］赫尔巴特. 教育学讲授纲要［M］. 李其龙，译，北京：人民教育出版社，2015：28.

③ ［英］洛克. 教育漫话［M］. 杨汉麟，译. 北京：人民教育出版社，2005：37.

④ ［英］洛克. 教育漫话［M］. 杨汉麟，译. 北京：人民教育出版社，2005：36.

⑤ ［英］洛克. 教育漫话［M］. 杨汉麟，译. 北京：人民教育出版社，2005：31.

⑥ ［英］洛克. 教育漫话［M］. 杨汉麟，译. 北京：人民教育出版社，2005：35.

事活动”。① 成人也具有管理儿童的权利，成人借由权威和爱在儿童的心灵创造一种秩序。通过使用监督、体罚、剥夺自由等方法，“儿童养成了顺从的习惯”。② 成人是管束儿童的权威，需要及早管教儿童。儿童越小就越不成熟、越缺乏理性，也就更加需要成人的教育和管束。洛克认为，儿童年龄越小，就越缺乏理性，越应该受到成人严格的管理。③ 儿童服从于教育者的管理，是教育的前提。成人应该以纪律控制儿童，从而使得儿童能够像成人一样举止得体、行为得当，“合乎一个理性动物高贵美善的身份”。④ 儿童确实依赖于成人的养育和教导，儿童在身体上依赖成人提供食物、衣物、住所，并且儿童在心智上也依赖成人的帮助。“每个高等动物，尤其是人，在精神食粮上开始是靠成人帮助的。”⑤ 儿童依赖性中蕴藏的补偿性力量和积极生长的能力却没能成为教育的出发点。

（二）教育的目的是为未来生活做准备

以成人文化为中心的教育，旨在将“无文化”之儿童培养为作为“文化人”的成人。教育的目的是让儿童“由不定型向

---

① ［德］赫尔巴特. 教育学讲授纲要［M］. 李其龙，译，北京：人民教育出版社，2015：25.

② ［德］赫尔巴特. 教育学讲授纲要［M］. 李其龙，译，北京：人民教育出版社，2015：29.

③ ［英］洛克. 教育漫话［M］. 杨汉麟，译. 北京：人民教育出版社，2005：35.

④ ［英］洛克. 教育漫话［M］. 杨汉麟，译. 北京：人民教育出版社，2005：29.

⑤ ［英］斯宾塞. 斯宾塞教育论著选［M］. 胡毅，王承绪，译. 北京：人民教育出版社，2005：57.

定型过渡”，是“为了未来而工作”。[①] 成人文化是衡量儿童的标尺。在这种比较的视角下，儿童是一块没有文化的白板。教育就是将没有文化的儿童培养为有德行、智慧、教养和学问的成人。成人尤其是教师要把成人文化灌输给儿童的心灵，“将其固定在心田”。[②] 教育为儿童的智慧所做的准备，就是让儿童把心智用在伟大而有价值的思想上[③]，而儿童文化被认为是没有意义的。

成人文化中心的教育重视知识的系统传授。儿童的经验被认为是杂乱无章的碎片，让完整的儿童学习碎片化的知识。儿童的观念和已有经验被认为是不成熟的，因而教育应该“对他们原先积累的经验加以改造”。[④] 儿童文化不被认为具有教育价值。比如，赫尔巴特将儿童的提问视作是简单而天真、随意而紊乱的。他们的提问只是受一时的情绪的影响，是没有目的和价值的随意之举。因而，儿童的提问也被认为不需要郑重地对待，只需要给出一个答案，就能消除儿童的疑惑。[⑤] 儿童提问的文化价值被忽视了。

教育就是弥补儿童缺乏的知识的手段。教育被认为是纠正儿童的错误，澄清儿童的错误概念，并帮助儿童获得正确、有用的

① ［德］赫尔巴特．教育学讲授纲要［M］．李其龙，译，北京：人民教育出版社，2015：3，30.

② ［英］洛克．教育漫话［M］．杨汉麟，译．北京：人民教育出版社，2005：61.

③ ［英］洛克．教育漫话［M］．杨汉麟，译．北京：人民教育出版社，2005：132.

④ ［德］赫尔巴特．教育学讲授纲要［M］．李其龙，译，北京：人民教育出版社，2015：62.

⑤ ［德］赫尔巴特．教育学讲授纲要［M］．李其龙，译，北京：人民教育出版社，2015：111.

经验的过程。“所以在教育中我们必须满足于从粗糙的概念开始。我们要帮助儿童获得经验，去首先纠正最大的错误，再进到不那么显著的错误，来逐渐使这些概念清楚。”① 教学所选择的内容和方法的最终目的是培养儿童，并使其能够在未来过上完满生活。② 教学科目评判的方法就是为完满生活做准备的程度。③ 儿童不仅应该学习在将来生活中有用的知识，培育儿童适应未来生活的能力。教育的实质就是以成人生活为依归，它面向的是未来的成人，而不是自己的童年期。教育脱离当下的儿童和儿童文化，它指向割裂了现在的未来，而不是不断涌向未来的现在生活。“现在不只是跟在过去后面的东西；更不是过去所产生的东西。现在就是离开过去向前进的生活。”④

为未来生活做准备，是成人中心主义教育的重要任务。儿童缺乏成人所具有的文化，所以“要教给他们成年成员的兴趣目的、知识、技能和实践”。⑤ 成人文化传递给儿童，社会生活才能延续。然而，教育不应当指向遥远的成人文化，它应当是帮助儿童循序渐进地从现在逐步走向未来的生长过程。教育应当帮助儿童将童年时期完满地渡过，从而才能走向完满的未来。教育不

① ［英］斯宾塞．斯宾塞教育论著选［M］．胡毅，王承绪，译．北京：人民教育出版社，2005：61.

② ［英］斯宾塞．斯宾塞教育论著选［M］．胡毅，王承绪，译．北京：人民教育出版社，2005：12.

③ ［英］斯宾塞．斯宾塞教育论著选［M］．胡毅，王承绪，译．北京：人民教育出版社，2005：11.

④ ［美］杜威．民主主义与教育［M］．王承绪，译．北京：人民教育出版社，2001：85.

⑤ ［美］杜威．民主主义与教育［M］．王承绪，译．北京：人民教育出版社，2001：7－8.

是为了让儿童增加未来生活的能力，而是增加在当下不断生长的能力。“为不断发展的生活作预备的需要是巨大的，因此，应该把全副精力一心用于使现在的经验尽量丰富，尽量有意义，这是绝对重要的。于是，随着现在于不知不觉中进入未来，未来也就被照顾到了。”① 只有注重儿童自身的文化，引导儿童文化不断生长，才能走向未来。

在以成人文化为目的、为成人生活做准备的教育中，儿童文化是教育中的非主流文化。成人世界的知识、技能成为儿童教育生活的主旋律。它所考虑的只是儿童文化能否更快、更好地被成人文化替代。它所希望的仅是儿童未来能够在功利层面成功地生存，而不关心儿童未来能在生命层面享有自己的幸福。“这里我们应该考虑一下，这种情况是如何严重地剥夺了孩子的‘幸福’。父母嘴里说着希望孩子幸福，实际上却在满不在乎地亲手破坏它。教师在很大程度上也是同谋犯。”② “准备式教育” 否定了儿童文化的价值，甚至根本不承认儿童文化的存在，实质上是一场功利主义的未来生活的准备。这导致儿童受教育愈多，就与自身文化愈加隔离。儿童无法从自己的文化中汲取精神养分，他所接受的教育和自身文化相对立。在这种分裂与矛盾的情形下，儿童既不能充分发展儿童文化，也不能真正理解成人文化。教育不仅不能有益于儿童的发展，反而妨害了儿童的生长。

---

① ［美］杜威. 民主主义与教育［M］. 王承绪，译. 北京：人民教育出版社，2001：65.

② ［日］河合隼雄. 孩子与学校［M］. 王俊，译. 上海：东方出版中心，2014：3.

二、跟随儿童文化：教育重视儿童现在的生活

自然主义教育尊重儿童的自然本性，认为教育应当适应儿童的自然本性，跟随儿童文化的发展而发挥作用。夸美纽斯、卢梭、裴斯泰洛齐、福禄培尔、第斯多惠等代表人物初步构建了较为系统的自然主义教育思想。现代教育思想家蒙台梭利、杜威则进一步在理论和实践上延续并丰富了自然主义教育思想。自然主义教育家们对儿童天性的认识为积极地看待儿童、发现儿童文化奠定了基础。儿童不被认为是缺乏的成人，而是人之为人的理想状态——天性的所有者。儿童完好地保存着天性，天性中开放出文化的花朵。教育应跟随儿童文化。

（一）教育尊重儿童的内部自然

夸美纽斯认为，人生来不是理性的动物，既不了解万物的目的，也不具备博学的特质与德行。但是，人是上帝的造物，并且是上帝造物中的“柱石与模型”，最崇高、完善和美好的作品。① 夸美纽斯也提到亚里士多德将人心比作白板的譬喻，但是在夸美纽斯看来，这块白板来自“上帝的稀有智慧”，因而具有吸收外界事物的能力。② 上帝赋予儿童自然的力量，自然本性是人类的原初状态，它是需要回复的起点。③ 文化的胚芽早已潜藏在儿童

① ［捷］夸美纽斯．大教学论［M］．傅任敢，译．北京：教育科学出版社，1999：1－2．

② ［捷］夸美纽斯．大教学论［M］．傅任敢，译．北京：教育科学出版社，1999：17．

③ ［捷］夸美纽斯．大教学论［M］．傅任敢，译．北京：教育科学出版社，1999：13．

的自然本性中，就像种子里已经有了植物或树木。① 智慧、德行与虔信是达成命定目的的“必要器官与工具”，它们的根柢就种植在儿童的自然本性内部。② 只需要保证充足的光照和适宜的土壤，自然的种子就能凭着内在的生长力量萌芽。文化是自然结出的花与果。教育能够进一步将天生具有的知识、德行和虔信的种子培育成为实际的知识、德行与虔信。③ 儿童内在固有的自然本性在教育的作用下就会外化为文化。因之，夸美纽斯说道：“一个七岁的孩子如果被人谨慎地问到一切哲学上的问题，他是应该有能力对每个问题作出正确的回答的；因为理性的光亮就是对万物的一个充分的标准与度量。”④

卢梭进一步确认了儿童、童年自身的价值，“发现了儿童”。在自然的安排之下，童年是生命秩序中的一个必然的、不容变更的环节。这意味着，儿童在童年时期，就应该像儿童所应是的样子生活和生长，否则早熟的儿童只会成为缺失的成人。童年在人生的秩序中有其独特的地位。“我们怜悯婴儿的处境，然而我们还不了解，如果人不是从做婴儿开始的话，人类也许是已经灭亡了。”⑤ 大自然让儿童具有柔弱的特点，是为了让儿童能够得到

①④ ［捷］夸美纽斯．大教学论［M］．傅任敢，译．北京：教育科学出版社，1999：15.

② ［捷］夸美纽斯．大教学论［M］．傅任敢，译．北京：教育科学出版社，1999：13－14.

③ ［捷］夸美纽斯．大教学论［M］．傅任敢，译．北京：教育科学出版社，1999：24.

⑤ ［法］卢梭．爱弥儿·论教育（上卷）［M］．李平沤，译．北京：商务印书馆，1978：8.

成人的帮助。“大自然用父母的爱来补救这种缺陷”。[①] 儿童幼态的身体特征使得成人更积极地照顾儿童，使其柔弱的身体免受伤害。同样，正因为具有童年期，人类才能学会使用自己的身体与器官，学会认识这个世界。反之，如果儿童一生下来就像成人一样，身强力壮、四肢发达，那么这个“小大人”在成年后也只会是“一个十足的傻瓜”。[②]

儿童是“大自然的学生”：当大自然还没有给儿童下达“发展的指令”的时候，儿童应“停留在这幸福的状态”。[③] 也就是说，儿童具有内在自然。自然规定了儿童处于理性的睡眠期[④]。从成人的比较视角看，儿童的童年岁月是无所事事的，但是儿童在游戏、想象中度过的生活并非无益的时间浪费。儿童在充分地开展和丰富自己，筑造属于自己的儿童文化，并在儿童文化中生长。儿童只能理解同他有直接联系的事情，只能理解对他有用处的事情。这些都成为他心中不可磨灭的印象，成为成年时发展理性的养料和按照适合天性和才能的方式生活的根基。儿童以不同于成人的方式筑造现在，才能更好地走向未来。如果轻视现在，那么未来就会成为遥不可及的幻境。“他们不断地使我们迷失本性，他们轻视现在，不停地追求那愈追愈是追不到的未来，他们

① ［法］卢梭. 爱弥儿·论教育（上卷）［M］. 李平沤，译. 北京：商务印书馆，1978：90.

② ［法］卢梭. 爱弥儿·论教育（上卷）［M］. 李平沤，译. 北京：商务印书馆，1978：52.

③ ［法］卢梭. 爱弥儿·论教育（下卷）［M］. 李平沤，译. 北京：商务印书馆，1978：416.

④ ［法］卢梭. 爱弥儿·论教育（上卷）［M］. 李平沤，译. 北京：商务印书馆，1978：132.

硬要我们离开现在的境界，走向我们永远也达不到的地方。”① 这是自然的秩序，“自然的真正的时刻终究是要到来的，它是一定要到来的。”② 年龄的增长就像四时季节的变化。年龄的增长会带来兴趣的变化，这是生命的自然节律，我们不能违背生命的“四季”。③ 只有充分地实现童年之美，成年才会显现其真正的价值。“他长大为成熟的儿童，他过完了童年的生活，然而他不是牺牲了快乐的时光才达到他这种完美成熟的境地的，恰恰相反，它们是齐头并进的。”④ 唯有儿童实实在在地过着现实生活，充分享受了童年的时光和生命，那么他现在才会是一个健康的孩子，未来也会是一个美好的成人。

裴斯泰洛齐的教育思想是对卢梭的教育观念的具体化和实践化。裴斯泰洛齐认为，每个人的内在深处都蕴藏着真理的根基，这是人们共同具有的本性。良知、良能就在人心深处，这是人人皆同，长幼皆有的“最朴素的人类智慧”。它是上帝赐予的天赋力量和能力，是“自然占有物”。“孩子身上的神圣因素来自他的生命深处。”⑤ 儿童的内在本性中具有天生的发展潜力和朴素的真理，这是儿童身心健康成长的内在源泉。儿童在处理与自己

① ［法］卢梭．爱弥儿·论教育（上卷）［M］．李平沤，译．北京：商务印书馆，1978：81.

② ［法］卢梭．爱弥儿·论教育（下卷）［M］．李平沤，译．北京：商务印书馆，1978：507.

③ ［法］卢梭．爱弥儿·论教育（下卷）［M］．李平沤，译．北京：商务印书馆，1978：569.

④ ［法］卢梭．爱弥儿·论教育（上卷）［M］．李平沤，译．北京：商务印书馆，1978：231.

⑤ ［瑞］裴斯泰洛齐．裴斯泰洛齐教育论著选［M］．夏之莲，等译．北京：人民教育出版社，2001：304.

的生活直接相关的事物时，进一步发展智慧和真理。教育是儿童发展的外在源泉。教育不过是帮助儿童认识自己，并在认识自己的过程中获得真理。① 包括教育在内的外在环境作用于儿童，外在环境作用于儿童，成为激活儿童天生才能，帮助儿童自然发展的力量。"与这种对爱和活动的内在素质相对应，我们在孩子的环境中发现了一种由刺激和力量构成的神圣机制，这些刺激和力量通过爱和活动使孩子的天生才能具有活力而自我发展。"② 儿童也只有深入地认识最接近的环境，过好当下的生活，才能走向美好的将来。未来生活的准备不能以牺牲儿童自身的童年为代价。"'如果我以我的孩子为代价而获得整个世界，其补偿会是什么呢？'"③ 恐怕会得不偿失，既不能走向充满力量的未来，也失去了饱含生命力量的童年。裴斯泰洛齐主张自然教育应当遵从人类自身的力量、自然的秩序。借助于教育的作用，每个人都成为"全部人性都得到了充分发展的人"④，儿童成为大自然赋予他可以成为的人。"如果我们能使先天素质得到充分的和谐的发展，毫无疑问地能使完整的本性更加高尚。"⑤ 而教育在帮助

① ［瑞］裴斯泰洛齐．裴斯泰洛齐教育论著选［M］．夏之莲，等译．北京：人民教育出版社，2001：249－250.

② ［瑞］裴斯泰洛齐．裴斯泰洛齐教育论著选［M］．夏之莲，等译．北京：人民教育出版社，2001：301.

③ ［瑞］裴斯泰洛齐．裴斯泰洛齐教育论著选［M］．夏之莲，等译．北京：人民教育出版社，2001：303.

④ ［瑞］裴斯泰洛齐．裴斯泰洛齐教育论著选［M］．夏之莲，等译．北京：人民教育出版社，2001：247.

⑤ ［瑞］裴斯泰洛齐．裴斯泰洛齐教育论著选［M］．夏之莲，等译．北京：人民教育出版社，2001：299.

儿童走向成熟时，又能“谨慎地指导我们的感觉天性并保持它的限度”①。理想教育的最高目标就是“保持孩子的天真无邪而又不损害他的爱，不损害他那具有孩子气的直率”。②

（二）教育是儿童主动生长的过程

早在夸美纽斯的思想中，就已经认识到儿童具有生长的主动力量。夸美纽斯认为，刚出生的儿童虽然“没有成形”，但是具有活力。③ 儿童本身具有发展的能力和冲动。儿童带着自然的力量，降生在这个世界上，之后便开始动作了。④儿童的发展是连续的、渐进的，并且“这种种功用全都倾向一种更高的发展”。⑤生长的力量是存在于儿童身上的内在活力。

福禄培尔也认为，儿童具有自我发展的内部力量。在费希特自我哲学和裴斯泰洛齐的自然教育思想的影响下，福禄培尔不仅认为儿童具有自然本性，而且强调儿童自我活动、自由发展的主动力量。福禄培尔对自然本性的阐释建立在万有在神论的基础上。他认为，上帝是最高的统一体，是支配一切事物的永恒法则。“一切事物的唯一本源在于上帝”。⑥ 无论是客观自然界，还是包括人在内的有机生命体都是体现上帝这一永恒法则的多样性的存在。人的自然本性就是上帝精神在人的心灵之中的显现。人不同于其他的上帝的创造物，人是自然法则的最高阶段，具有能动性。福禄培尔认为，明智、理性的人的特殊使命就是体认自身

①② ［瑞］裴斯泰洛齐．裴斯泰洛齐教育论著选［M］．夏之莲，等译．北京：人民教育出版社，2001：305.

③④⑤ ［捷］夸美纽斯．大教学论［M］．傅任敢，译．北京：教育科学出版社，1999：4.

⑥ ［德］福禄培尔．人的教育［M］．孙祖复，译．北京：人民教育出版社，2001：6.

的上帝精神，让身上不自知的上帝精神成为自己能够完全意识到、认识到的明确观点，并能够自由、自觉地贯彻，展现在自己的生活中。① 人将自然本性（上帝精神）自觉地运用于自身生活之中时，能够意识到存在于内部的上帝精神。这就是人类活动的过程，也是人类获得发展的过程。在人的活动中，从内向外作用的精神与从外向内作用的自然得到了统一，人得到发展。

福禄培尔反对将儿童看作可以任意塑造的物品，“但是，年幼的人使人觉得是一块蜡和一团泥，可以用来任意地捏成一样什么东西。”② 他也反对把儿童作为一个成年人来看待和对待。“在幼儿和少年身上看到并注意到早期的青年人和成年人的萌芽、天赋和缩影，完全不同于把他作为一个成年人看待和对待，不同于要求他在幼年和少年时期就要作为一个成年人来表现自己，作为一个成年人去感觉、思考和行动。”③ 在他看来，儿童身上表现着“纯洁的内在的生命”，是从各方面活动着的生命。④ 儿童保存着自然本性，体现着未受干扰的上帝精神。儿童尽管仍在形成中，还没有意识到内在的自然，但是他的内在本性要求他向着善发展，并指示了发展的方向。儿童是正在“形成中的人”⑤，这是从外表上可以看到的现象。但是，事实上，人的发展是终生

---

① ［德］福禄培尔. 人的教育［M］. 孙祖复，译. 北京：人民教育出版社，2001：6.

②⑤ ［德］福禄培尔. 人的教育［M］. 孙祖复，译. 北京：人民教育出版社，2001：9.

③ ［德］福禄培尔. 人的教育［M］. 孙祖复，译. 北京：人民教育出版社，2007：25.

④ ［德］福禄培尔. 人的教育［M］. 孙祖复，译. 北京：人民教育出版社，2001：10，47.

的，不存在“已形成”的人。成人也不是固定、静止的完全形成与充分发展的人的终极形态。人是不断发展、不断形成的上帝造物，它永远朝着无限、永恒的上帝精神趋近，儿童不断地发展着。① 儿童作为儿童自身、作为人类成员的地位不能被正在“形成中”的发展现象所掩盖。儿童是“人类的一个不可缺少的基本成员”，儿童的社会成员的身份应当被承认和正视。② 当婴儿第一次微笑时，婴儿在肉体上表达了自我感觉。而且，儿童的微笑是与家人建立共同感情与关系的基础，也是与其他人类、上帝建立共同体的萌芽。③

另一方面，福禄培尔认为儿童具有表现内在精神的能动性。儿童身上具有行动和思维的禀赋和力量，能够选择适宜的方式向自己的目的进发。在永恒精神的指导下，儿童能够选择、活动和创造，并进一步在自己的内部和外部表现永恒精神。在活动与创造中，儿童内部的上帝精神才外显出来，成为儿童的意识对象。当儿童遵从自身的冲动时，他们能够创造出自己的文化。儿童自觉地表现内部的上帝精神，天国也将属于儿童。④ 福禄培尔认为儿童的主动活动是非常重要的。教育所应当做的就是按照儿童内在的本质去理解儿童、对待儿童、帮助儿童，让儿童能够将天赋

---

① ［德］福禄培尔. 人的教育［M］. 孙祖复，译. 北京：人民教育出版社，2001：16.

② ［德］福禄培尔. 人的教育［M］. 孙祖复，译. 北京：人民教育出版社，2001：15.

③ ［德］福禄培尔. 人的教育［M］. 孙祖复，译. 北京：人民教育出版社，2001：21－22.

④ ［德］福禄培尔. 人的教育［M］. 孙祖复，译. 北京：人民教育出版社，2001：27.

的能力全面地、自由地展现出来。[①] 儿童在活动中建构生命的大厦。儿童在主动活动的过程中，拨开事物的外层现象，继而认识其内在本质及其与自身关系。当儿童还是一个幼婴时，就已经通过吸吮、抓握等方式作用于外部事物，将之内化或吸收到自身，引发生命的共鸣。同时，幼儿期也是儿童向外表现内在本质的活动过程。儿童向外表现自己，确证自身的存在。福禄培尔将德语中的“幼儿（Kind）”一词解释为“K-in-d”，意思是幼儿是以自己的力量（K：Kraft）将内在本质（in：das Lnnere）向外表现（d：Darstellung）。即“‘通过自己的力量自发表现内在本质’”。[②] 游戏就是幼儿表现创造性和主动性的活动过程，也是文化创造的过程。在游戏中，儿童能够将内在本质向外展现出来，并试图寻求内外的统一。“一个游戏着的儿童，一个全神贯注地沉醉于游戏中的儿童不就是这一时期儿童生活最美好的表现吗?”[③]

另外，童年在未来生活中的决定性作用也为福禄培尔所重视。童年是“未来生命之树的胚芽”。[④] 童年是生命的根基，一个充分发展的童年才能推动坚实有力的未来。儿童教育的目的是帮助儿童构筑童年。它不是凌驾于儿童之上的指示，而是听从于

① ［德］福禄培尔．人的教育［M］．孙祖复，译．北京：人民教育出版社，2001：18.

② ［德］福禄培尔．人的教育［M］．孙祖复，译．北京：人民教育出版社，2001：36 注释.

③ ［德］福禄培尔．人的教育［M］．孙祖复，译．北京：人民教育出版社，2001：39.

④ ［德］福禄培尔．人的教育［M］．孙祖复，译．北京：人民教育出版社，2001：40.

儿童本性的命令。成人是"天赋的保护者"①，他应该激励和教导儿童，使儿童身上的内在本性自由、自觉地展现出来。

第斯多惠、蒙台梭利和杜威也都非常强调儿童的自我活动、儿童自身的能动性。第斯多惠认为，"每一个新生的婴儿都具备人类的普遍的天资"，它是大自然赠予的"活生生的胚胎"。② 在天资中蕴藏着发展的力量、自我完善的倾向。婴儿最初具有从外部接受印象的敏感性，这是儿童的自发性的初级表现。"因为在敏感性中总是蕴藏着一点主动性的踪迹，所以灵魂才能获得印象和冲动。"③ 之后，婴儿的敏感性逐渐过渡到儿童的自由主动性。④蒙台梭利也认为，在儿童的精神世界中埋藏着巨大的宝藏，即儿童的真正的建设性能力——能动性。⑤ 儿童具有能动地发展自身的内在生命力或"内在潜力"。儿童通过"吸收性心理"，吸收周围的事物以创造自己。"所有儿童天生具有一种'吸收'文化的能力。"⑥ 儿童在"内在教师"的指导下，从环境中吸收弥漫文化，自己教自己，自己建设自己。婴儿具有创造的本能、积极的潜力，他能依靠他的环境，构筑起一个精神世界、一个文

---

① ［德］福禄培尔. 人的教育［M］. 孙祖复，译. 北京：人民教育出版社，2001：17.

② ［德］第斯多惠. 德国教师培养指南［M］. 袁一安，译. 北京：人民教育出版社，2001：78－79.

③④ ［德］第斯多惠. 德国教师培养指南［M］. 袁一安，译. 北京：人民教育出版社，2001：89.

⑤ ［意］蒙台梭利. 蒙台梭利幼儿教育科学方法［M］. 任代文，译. 北京：人民教育出版社，2001：336－337.

⑥ ［意］蒙台梭利. 蒙台梭利幼儿教育科学方法［M］. 任代文，译. 北京：人民教育出版社，2001：339.

化世界。① 杜威也说道，不能以成年期为衡量标准来解读儿童的未成熟状态。儿童的不成熟不是相较于成人的匮乏，而是积极的生长的可能性、发展的能力。“未成熟状态就是指一种积极的势力或能力——向前生长的力量”②。

第二节　现实反思：成人文化主位教育的困境

从起源来看，教育是成人将文化和经验传递给儿童的过程。“教”是“上所施下所效”，“育”是“养子使作善”。从现代教育机构的产生来看，学校是成人为儿童安排的保护性区隔空间，是帮助儿童建构起童年的社会机构。“学校为儿童向成人身份转变提供了安排好的时间通道；同时，他们对儿童如何度过每一天也作出了限制。”③ 直至今日，成人文化主位以一种更为隐秘且精巧的方式体现在教育的各个环节中。成人文化主位的教育将儿童看作教育的消极对象，一切教育环节都按照成人的需要进行设计，一切教育意图都以进入成人文化为目的进行实施。儿童缺乏文化的形象意味着“儿童每天的活动都可能会根据其对于未来成人生活的影响而接受评判、监管和评估。”④

---

① ［意］玛利亚·蒙台梭利. 童年的秘密［M］. 马荣根，译. 北京：人民教育出版社，2005：50.

② ［美］杜威. 民主主义与教育［M］. 王承绪，译. 北京：人民教育出版社，2001：50.

③ ［英］艾莉森·詹姆斯，克里斯·简克斯，艾伦·普劳特. 童年论［M］. 何芳，译. 上海：上海社会科学院出版社，2014：37.

④ ［英］艾莉森·詹姆斯，克里斯·简克斯，艾伦·普劳特. 童年论［M］. 何芳，译. 上海：上海社会科学院出版社，2014：67.

成人文化主位的教育实质上是理性化的教育。理性化的教育将儿童简化为工具理性人。成人文化主位的教育否定儿童文化的存在意义和价值，认为儿童没有理性，儿童的非理性是阻碍理性发展的因素。儿童的想象性、游戏性、诗性等文化特质不被教育承认。儿童在想象中构建对世界的理解，在游戏中获得经验的增长。成人文化主位的教育却不承认儿童文化的意义，于是儿童生动的、真实的文化被符号化为规定的、遥远的经验。儿童丰富的文化简化为标准化的成人文化，这也使得教育远离儿童的生命。而且，成人文化主位的教育忽视儿童文化的群体性，将儿童文化视作需要被管理和监督的亚文化，于是儿童文化只能成为教育的后台生活。儿童文化只能在成人看不见的后台，以破坏成人秩序的方式秘密地进行。另外，儿童文化也被抽象化为某一发展阶段的阶段性文化，儿童差异性的文化表达被同质化。在统一的要求之下，儿童文化被迫适应统一的教学计划和教学内容。充满创造性和生命力的儿童文化只能被迫服从统一的教育安排，儿童文化无法得到成人的尊重，也无法将成人文化真正纳入自身文化。

一、教育时空：成人制度的刚性设计

时空是儿童教育活动发生的基本元素。时间安排儿童教育活动发生的节奏，空间决定儿童教育活动发生的场所。教育时空不仅是成人基于教育安排和教育管理组织的要素，也是儿童生活的空间、文化建构的场所。在成人文化主位的教育设计中，学校时空是儿童被迫遵守的制度化规定。甚至可以说，学校的产生与教育空间、教育时间的制度化几乎是同时发生的。制度化的时空设计，要求儿童遵守成人规定的秩序和纪律。“当学校时空以制度化的形式使长时、强制、活动内容、活动秩序、纪律聚合在一起的时候，师生的学校生活也就被模式化了，学校生活显示出它特有的‘刚性’。”① 儿童文化在刚性的制度设计中“夹缝生存”。儿童是兼具时间性和空间性的存在，然而儿童教育的时空设计忽略了儿童的主体地位和儿童的独特体验。

（一）成人安排教育时间

标度时间的产生源自于人类在自然环境和社会环境中生活所需。“人类既需要与自然环境相协调，也需要人类群体内部相协调。”② 正是人类与外部环境相协调的需求，使得人类产生了时机的意识和计时的需要，并相应地产生了标度时间。时机是标度时间产生的根源，时间是对时机的标度。然而，随着标度时间在人类生活中的广泛应用，“通过测量而获得的标度体系，被认为是时间的本质，而标度原初的目的即把握时机却被忽视和遗忘”。③ 教育时间是作为社会活动的教育在学校组织机构中生产和运用的时间。在成人文化主位的教育中，教育时间也逐渐演变为对时机的遗忘和对儿童生命时间的忽视，成为一种成人精细化管理的手段或工具。“谁控制了时间体系、时间的象征和对时间的解释，谁就控制了社会生活。”④ 成人控制着教育时间，也就是教育的掌控者。

年龄与学段的匹配，不仅是教育对象的划分，还将儿童的时间固定在学校结构中。现代年级结构起源于 15 世纪初，同一教室和同一老师教授的学生不再按照能力划分群体，而是按照年龄

---

① 闫旭蕾. 关于学校教育时空的社会学分析［J］. 当代教育科学，2006（06）：13－16.

② 吴国盛. 时间的观念［M］. 北京：商务印书馆，2019：11.

③ 吴国盛. 时间的观念［M］. 北京：商务印书馆，2019：24.

④ 吴国盛. 时间的观念［M］. 北京：商务印书馆，2019：120.

进行划分。学校年级的划分最早起源于15世纪的弗兰德斯和巴黎，人们开始将不同年级的学生和教师分在不同的教室。到17世纪末，年级已经成为学校的构成单位，并将年龄群体对应不同的年级。“学生每年升级的正规化、要求所有的学生（而不是少数学生）都要经过完整序列年级学习的习惯以及建立适合人数更少、成分更一致的年级的新教育制度，最终在19世纪初使得年龄与年级越来越严密的关系固定下来。”① 儿童从刚入学开始就被划分到等级性的班级序列中，被要求通过相对应的课程设计和学业成就，向更高的教育阶段前进。年龄是社会建构的产物，不同社会背景对生命历程划分的规定各有差异。比如在米德对萨摩亚儿童的研究中，她发现萨摩亚儿童没有青春期。“儿童通过年龄维度对自己定位自己或被作为人在社会中被定位”。② 年龄将某一类别的儿童定位在结构化组织化的时间序列中，不同年龄的儿童处于不同的学段，这就将年龄序列的流动性和学段衔接相联结。

标度时间对儿童教育生活的过度管理以机械钟的普及为基础。机械钟的出现改变了人类计时的方式，一天被划分为二十四小时。这也使得教育时间得以具象化为学年制、星期制和钟点制的标度，并通过校历、课程表、铃声等工具分割教育生活。一年被划分为春夏两个学期，一个学期被不同的学期计划安排表、周计划表所控制，一天被课程表和固定的时间节点所控制。时间成

① ［法］阿利埃斯．儿童的世纪：旧制度下的儿童和家庭生活［M］．沈坚，等译．北京：北京大学出版社，2013：216.

② ［英］艾莉森·詹姆斯，克里斯·简克斯，艾伦·普劳特．童年论［M］．何芳，译．上海：上海社会科学院出版社，2014：55.

为外在于儿童的客体。教育生活的展开不关注儿童完整的生命时间体验。成人将儿童的时间进行细致的分配，以使得不同的教育活动能够彼此协调。教育时间被片段化，被成人划分为不同的功能和教育价值。在中小学，学生的时间被分为不同的课程，甚至课间操、午休时间等都纳入了成人的管理当中。在幼儿园也是一样，儿童的一日生活被表格化，从入园到离园，所有的时间都被成人计划好。甚至在幼儿园中，两个活动衔接时产生的过渡时间都被严格化管理。比如，儿童进餐前会被要求完成洗手活动。一个班的儿童经常被分为不同的小组去往盥洗室，先完成的小组会被教师安排在座位上进行手指谣等活动。没有任何一段时间不在成人的掌控之下。时间的分配意味着不同时段被赋予了不同的教育价值和成人期望。儿童被预估在某个时段达成某个教育目标。时间的分配也意味着儿童被成人编织入精密的时间控制网络中，儿童不再是时间的主人，只是时间管理的分子。

（二）成人规划教育空间

在成人社会的结构运行中，儿童被限制和规定在特定空间中，包括幼儿园、学校、游乐场等场所。“从社会空间而言，儿童是被定位、被隔离、被疏远的，他们在广阔的成人空间的偶然出现，也只是作为一种奖励或特权，或是渐进主义者所说的成长仪式的一部分。”① 成人为儿童设置空间界线，并将儿童的身体定位在特定位置，从而规范儿童的行为和儿童的成长路径。“这种界限由成人统治者所建立，通过纪律实施，并通过照顾、保护

① ［英］艾莉森·詹姆斯，克里斯·简克斯，艾伦·普劳特. 童年论［M］. 何芳，译. 上海：上海社会科学院出版社，2014：33.

和隐私等意识形态获得了合法性。”① 在学校空间中，通过建立精细的空间规则和秩序，试图控制儿童的身体和心灵。

学校教育的产生和班级授课制的普及意味着教育活动被限制在特定空间之中进行，儿童也被要求在制度化的教育空间中接受成人文化的传递。教育最初以学徒制的方式进行，在社会生产活动中，儿童接受年长者的经验传递和文化规范。在学徒制的教育中，儿童和成人在空间上没有区隔，也没有特定的、专门的空间作为教育场所。在任何空间形态下，教育都可以发生。大概在17世纪末开始，“学校代替学徒制成为教育的方式，这意味着儿童不再与成年人混在一起，不是直接通过与成年人的接触来学会生活。……儿童由此开始有了一个长期被禁闭的过程（就像疯子、穷人和妓女），这种状况一直延续到我们今天，人们称之为‘学校教育。’”② 另一方面，在17世纪捷克教育家夸美纽斯提出班级授课制的理念。夸美纽斯认为，应当把学生分成不同的班级，每个班级由专门的教师教授特定的学科内容。班级教学逐渐替代个别教学，进一步将学校教育空间具体化为小单元的班级空间。

学校场域中建立的等级空间体系是成人对儿童进行规训的条件。“正如谢里丹（Sheridan，1980）所说，规训是由许多单元组成的。它对个体进行定位、分类、隔离或结合，从而根据空间

① ［英］艾莉森·詹姆斯，克里斯·简克斯，艾伦·普劳特. 童年论［M］. 何芳，译. 上海：上海社会科学院出版社，2014：34.

② ［法］阿利埃斯. 儿童的世纪：旧制度下的儿童和家庭生活［M］. 沈坚，等译. 北京：北京大学出版社，2013：3.

精确地对个体进行规训。”① 学校首先是封闭性的空间。学校由围墙、大门、门禁系统、保安等要素将学校空间与其他空间相隔绝，并排除了外来人员进入的可能性。如果其他人员需要进入学校，必需首先获得学校许可。第二，教育空间被划分为不同的单元，以便分配给空间不同的职能，并实施区域化管理。“学校作为一个规训的机构，通过职能的场所的认定把空间按照用途加以分类。”② 学校空间被划分为教学空间、室内功能室、办公室、户外运动场等。空间分类最极致地体现在幼儿园班级中。幼儿园活动室被划分为不同的功能区域，比如阅读区、美工区、娃娃家、植物角等。儿童在不同的区域被要求完成不同的活动。在阅读区的儿童不允许进行娃娃家的角色扮演，因此成人在分配区域空间时，往往注重“动静分离”，将阅读区和娃娃家拉开距离，以便儿童能够更好地遵守区域职能。另外，定位是实行空间精细管理的手段。每一个儿童都有自己的固定位置。在幼儿园中，儿童有自己的小椅子，以便在集体活动时，儿童能够最快速地固定、安静下来，接受教师的指令。儿童也被安排在不同的组别之内，以便能够分组进行如厕、盥洗等活动。通过空间位置限定儿童的活动，成人将等级、秩序和纪律细化在每日的活动常规中。儿童在遵守空间秩序时接受成人的管理。

二、教育关系：缺失平等的文化交流

教育活动的发生实质上也是教育关系的形成。在学校场域

---

① ［英］艾莉森·詹姆斯，克里斯·简克斯，艾伦·普劳特．童年论［M］．何芳，译．上海：上海社会科学院出版社，2014：39.

② 石艳．我们的“异托邦”［D］．南京师范大学，2008：113.

中，师生的交往活动构成最基本的教育关系。在很多情形下，师生关系被认为是教育者和受教育者的关系，也就是教与学的不平等关系。在成人文化主位的教育中，成人是教育者，儿童是受教育者。角色的固化分配事实上是成人中心主义的表现，它否认了儿童自身文化的价值，也忽视了儿童也可以是成人之师的角色。

自先秦以来，中国传统文化已经形成了“师道尊严”的认识。《学记》写道：“凡学之道，严师为难。师严然后道尊，道尊然后民知敬学。”教师是文化传递者。与此同时，中国先贤也肯定学生能够转变为教育者角色。《师说》写道：“是故弟子不必不如师，师不必贤于弟子”。当把学生具体界定为儿童时，儿童不被认为有不同于成人的文化，值得被成人吸收。儿童受制于“小大人”的形象，被期待尽快获得成人世界的文化。教育活动以成人中心进行组织。“教科书‘是过去的学问和智慧的主要代表’，而‘教师是使学生和教材有效地联系起来的机体，教师是传授知识和技能以及实施行为准则的代言人’。”①

在成人文化主位的教育中，教育者是文化权威，“他要实现其教育目的，所以他必然对受教育者有一定的控制性（新行为主义）。”② 儿童和成人形成了一种“‘我—它’关系”，也即把他者当作工具来看待的主—客体关系。儿童成为成人实现教育目的之工具性客体。在杜威看来，传统教学以成人为中心，是自上而下、由外向内进行的。教学是把成人的标准、教材和方法灌输给

① 刘晓东．儿童教育哲学［M］．南京：江苏凤凰教育出版社，2018：128.

② 刘晓东．儿童教育哲学［M］．南京：江苏凤凰教育出版社，2018：131.

儿童的过程。在成人中心主义的教学中，教师是强制的控制者，儿童是被控制、被管教的客体。“结果，尽管优秀的教师想运用艺术的技巧来掩饰这种强制性，以减轻那种显然粗暴的性质，它们还是必须灌输给儿童的。”① 教师在开展教育活动时，将儿童放置在一定的教育时空制度内，就是把儿童当作工具化的“物”，而非完整的人。“人们似乎也心甘情愿地让人把自己和自己的孩子作为东西，作为工具，作为机器去塑造，去加工，去利用。”② 儿童内在生命的成长不被重视，分数成为儿童的唯一有效的工具。甚至在幼儿园阶段，很多家长和教师也要求儿童尽快掌握小学阶段的知识。儿童自身的兴趣和需要被成人忽视，儿童只是尽快走入下一生命阶段的工具人。

而且，在成人文化主位教育中，儿童自身没有文化创造能力。成人向儿童单向性地传递文化。儿童被局限在“受教育者”的角色中，儿童向成人传递文化的可能性并没有实现。学生是“受教育者”的角色界定，忽略了学生身上的超越性。“学生虽然是‘受教育者’，但至少在本源上、在人的‘天性’与‘天能’上，学生并不是一味顺应的‘受教育者’，而是具有超越性的‘受教育者’。”③ 也就是说，儿童文化创造的能力受制于“受教育者”角色，儿童对成人世界既定的规则和知识进行再构的能力被忽视了。

教师是理性人的代表，学生是非理性人的典型。教师的角色

---

① 杜威．杜威教育论著选［M］．赵祥麟，王承绪，译．上海：华东师范大学出版社，1981：346.

② 张汝伦．思考与批判［M］．上海：上海三联书店，1999：105.

③ 吴康宁．学生仅仅是“受教育者”吗？——兼谈师生关系观的转换［J］．教育研究，2003（04）：43－47.

是培养学生理性的发展。在教育内容上，教师将理性知识传递给学生。教育关系的文化传递路径是单向的，由理性人传递给非理性人。在教育方式上，“教育必须树立理性和教师的权威，反对非理性和对教师的公开反抗”。① 教师是以秩序和纪律管理学生活动和行为的主体，学生是服从外在秩序的客体。于是，教师和学生构成“功能性的关系”，也就是“为了满足某种外在的个体或社会的功能性目的而建立起来的社会关系”。② 在这种关系中，教师和学生都扮演着教育场域中的特定“角色”，而不是以“完整的人的存在方式出现”。③教师和学生都是教育场域中抽象化的人。“教育面对的不再是一个个活生生的个体，而是一种抽象的存在，个体消失在‘类’之中。”④

因此，师生关系应当还原为成人和儿童的关系，也就是把“教师”和“学生”都“作为存在意义上的‘人’来看待”。⑤成人和儿童的关系本质上是人与人的关系，是一种建立在各自生命和生活境域之上的存在性关系。儿童和成人既面对共同的存在问题，也面对差异性的存在问题。儿童和成人都是存在着的人，是理性和非理性统合的完整的人。作为完整存在之儿童和成人形成不同的文化，因而能够进行对话。正如巴西教育家保罗·弗莱雷所说，“‘通过对话，教师的学生（student-of-the-teacher）及学生的教师（teacher-of-the-student）等字眼不复存在，新的术语随

---

① 石中英．教育哲学［M］．北京：北京师范大学出版社，2007：80－81.

②③⑤ 石中英．教育哲学［M］．北京：北京师范大学出版社，2007：75.

④ 曾水兵．从单向性到整体性：人学观转变与现代教育路向探索［D］．东北师范大学，2008：43.

之出现：教师学生（teacher-student）及学生教师（students-teachers）。’”[①] 儿童和成人在对话中互相学习、共同成长。成人是儿童的教育者，儿童也是成人的教育者。儿童和成人构成存在性的教育关系，进行平等的对话。在教育内容上，成人关注儿童存在之困惑，以儿童的经验和兴趣出发设置课程，并给予学生选择课程和生成课程的主动性。在教学方法上，成人和儿童展开平等的对话。正如杜威所说，指导不是控制，而是“把被指引的人的主动趋势引导到某一连续的道路”，指导依据的是“个人已有的倾向”。[②]

三、课程内容：忽视儿童的大纲

成人文化主位的教育是指课程内容的选择表现出成人取向的特质，课程内容的选择遵照“成人的大纲”，而忽略“儿童的大纲”。成人文化主位的教育认为知识是客观的、普遍的，知识逻辑是选择和设计课程内容的根本依据。早在斯宾塞时，科学知识就被认为是最有价值的知识，并假定能够用现成的方式传授给别人。[③] 这种课程内容的选择方式受知识观的影响。

从认识论的角度看，知识代表着客观的科学知识，它“要求人们在获得知识的过程中摒弃所有个人的主张、意见、偏见、经

---

① 转引自：曾水兵．后现代主义对现代性教育的解构和重构［J］．宁波大学学报（教育科学版），2005（2）：52－54.

② ［美］杜威．民主主义与教育［M］．王承绪，译．北京：人民教育出版社，2001：30，32.

③ ［美］杜威．民主主义与教育［M］．王承绪，译．北京：人民教育出版社，2001：238.

验、情感、常识等等”。[1] 同时，知识具有普遍性，不会随着知识主体的改变而发生变化，意识形态、价值观念、生活方式、性别等不会改变知识本身。[2] 客观知识成为成人选择的课程内容，忽视了儿童文化，“忽视了好奇、发问、探索和解决问题的能力，忽视了梦想、游戏、哼唱、涂鸦等所表达的儿童生动而丰富的天性，所展现的朝气蓬勃与童趣盎然的世界”。[3]

现代知识观将个体经验排除在“真知识”之外，这使得成人在选择课程内容时依照知识的逻辑，而不是基于儿童自身的经验。杜威区分了科学知识的逻辑和儿童经验的心理学方法。科学知识的逻辑是抽象的经验，“是生活经验经过积累、发展而逐步逻辑化、系统化的成果”。[4] 儿童经验的心理学方法则从儿童日常熟悉的生活材料中选择问题，“它按照经验的实际发展过程来叙述经验”。[5] 在学校教学中，成人应该按照儿童经验的心理学方法来选择和组织课程内容。只有从经过简化的科学开始，儿童才能形成有意义的经验，而不是获得没有活力的象征性逻辑知识。“从学习者的观点来看，科学的形式是要达到一个理想，而不是出发的起点。”[6]

当成人以科学知识逻辑为主线进行课程设计时，就在儿童和成人之间构建了知识霸权。儿童的经验知识是某种个体性的知识

---

①② 石中英．教育哲学［M］．北京：北京师范大学出版社，2007：122.

③ 刘晓东．教育自然法的寻求［M］．南京：江苏凤凰教育出版社，2018：104.

④⑤ 蒋雅俊．杜威《儿童与课程》研究［M］．福州：福建人民出版社，2017：32.

⑥ ［美］杜威．民主主义与教育［M］．王承绪，译．北京：人民教育出版社，2001：237.

或地方性的知识，代表着不完善的知识。儿童的经验知识被剥夺了进入教育内容的权利。儿童的经验和科学知识之间缺乏鲜活的日常生活链接，课程内容将外在于儿童的科学知识替代其本身的日常生活经验。缺乏科学知识的儿童"自然地"需要接受科学知识所有者的控制。儿童和成人之间缔结了知识控制的关系。

另外，科学知识观也影响着课程的实施过程。对儿童来说，科学逻辑组织的课程内容与自身经验生活没有联系。在课程实施中，儿童只能成为一个旁观者，而非参与者。课程内容无法激发儿童真实的兴趣。在课程实施中，儿童已有的经验和能力是起点，教师的大纲和课程目标是终点。如果课程内容和儿童目前的能力和生活是有联系的，就会引发儿童真实的兴趣。"这种材料能使儿童乐于从事，并使活动始终如一地、连续地坚持下去，这种材料的作用就是它的兴趣。"① 课程本身具有内在的兴趣。然而，科学逻辑组织的课程内容与儿童经验相分裂，无法激发儿童真实的兴趣。在幼儿园课程中，教师设计课程的一个难点就是正确判断儿童现有的发展水平和儿童的经验水平。如果没有做到这一点，即使采用游戏的形式进行也无法真正引发儿童的兴趣。在《车牌秘密知多少》的社会领域活动中，教师准备的课程内容是不同类型的车牌，包括车牌号码的汉字、英文、数字、颜色等各个组成要素。在开展活动时，教师设置了"寻找丢失的车"的游戏情境，并采用了游戏竞猜的活动方式。但是，车牌的相关知识远离了儿童的已有经验，游戏的方式并不能引发儿童参与活动的兴趣。设法使得教育内容让儿童感兴趣只能说明内容本身远离

---

① ［美］杜威. 民主主义与教育［M］. 王承绪，译. 北京：人民教育出版社，2001：140.

了儿童，“通过外部的和人为的诱因，使材料有兴趣，应该承担加在教育上的兴趣原理的所有败坏的名声”。① 此时，如果教师试图将科学逻辑性知识作为课程内容，课程实施就只能成为知识授受的过程。

直到20世纪，知识才被赋予文化性的内涵。知识不再被认为是普遍客观的，“知识的性质不可避免地受到其所在的文化传统和文化模式的制约，与一定文化体系中的价值观念、生活方式、语言符号乃至人生信仰都不可分割”。② 知识不再是绝对客观的，而是受到主观视角的影响。虽然文化性的知识观并未受到儿童文化研究的影响，却反过来肯定了儿童构建的知识和文化。课程内容的选择必须心理学化，教师设置课程内容时，要考虑儿童的相关经验，将课程视作儿童经验发展的环节。课程内容的实施必须成为儿童体验的过程，“通过体验得来的知识，才是真实的知识；通过体验认识的世界，才是真实的世界”。③ 知识授受的课程实施方式将外在的知识灌输给儿童，不仅剥夺了儿童亲身参与和体验的机会，而且会遏止儿童的创造力和生活的活力。“他被送入文明轨道，吸收系列的文明知识，他可以被训练成一名熟练的技术操作员，但他没有创造，他的生命力在急速萎缩。”④

① ［美］杜威．民主主义与教育［M］．王承绪，译．北京：人民教育出版社，2001：140－141.

② 石中英．教育哲学［M］．北京：北京师范大学出版社，2007：127.

③ 黄武雄．童年与解放［M］．北京：首都师范大学出版社，2011：57.

④ 黄武雄．童年与解放［M］．北京：首都师范大学出版社，2011：56.

第三节　应然路径：教育走向生长着的儿童文化

传统的教育以成人文化为中心，要求儿童尽快进入成人文化。“传统的儿童养育是把童年表现的差异性转变为成年的‘同质性’。”① 教育不应该要求儿童进入一个截然不同的成人文化，也不意味着从没有文化的存在发展成具有成人文化的个体。儿童文化和成人文化不是断裂的。成人文化以儿童文化为基础，是天性的外在化表达。同时，成人文化也不停留在天性之上，它是保留童心的人、自然人在经验世界的扩充。儿童生长的过程，是从儿童文化走向更为丰富的儿童文化的过程。儿童在和其他儿童、成人相互联系的关系中创造出的更加丰富的儿童文化就是成人文化。

杜威认为，“把教育看作为将来作预备，错误不在强调为未来的需要作预备，而在把预备将来作为现在努力的主要动力。”② 随着儿童的成长，儿童文化必然走向成人文化。教育帮助儿童走向成人文化，这本身没有问题。它也是教育的一项重要使命。问题是，儿童的未来是建立在现在的基础之上的。儿童的生长是儿童文化不断丰富的过程。儿童要进入的成人文化也应当是“儿童文化的延展”，是“来源于儿童文化的文化”。③ 成人文化也只有

---

① David Kennedy. Changing Conceptions of the Child from the Renaissance to Post-Modernity: a Philosophy of Childhood [M]. New York: the Edwin Mellen Press. 2006: 11.

② [美] 杜威. 民主主义与教育 [M]. 王承绪，译. 北京：人民教育出版社，2001：65.

③ 刘晓东. 向童年致敬 [J]. 中国教育学刊，2018 (5)：6-13.

经由儿童的主动再构才能成为儿童文化的一部分。因而，为未来做准备的教育应当让儿童主动建构自己的文化，并帮助儿童文化进一步丰富。当教育“把全副精力一心用于使现在的经验尽量丰富，尽量有意义”时，现在也就“于不知不觉中进入未来”。① 教育应当充分实现儿童文化的现在的可能性，并导引儿童走向更加丰富的儿童文化。教育转向儿童文化不是让儿童停留在静态的、不变的儿童文化，也不是否认儿童的发展需要成人的支持和教育的帮助。“虽然说孩子是自然成长的，但在一旁守护其成长的大人却是必不可少的。”② 儿童文化是教育的本位原则，教育要基于儿童文化，并向着更丰富的儿童文化生长。

一、教育并非让儿童停留在童年

尊重儿童文化的教育并不是让儿童停留在童年状态。每一个儿童必然成长为成人，儿童文化是不断生长的。他既是曾经的儿童，也不再是曾经所是的儿童。事实上，儿时所在的自然、故乡、童年并非最终的完满状态。教育要求儿童从原始的不自觉的无限之天命，进入现实世界进行创造，并以合乎本性的文化确证无限之存在。

一方面，教育不可能让儿童停留在混沌的天命状态，它要求儿童在现实的文化创造中，逐渐能够自由自觉地把握自身的天命，理解自己。童年是源初的天命存在，却并不为儿童自由自觉

---

① ［美］杜威．民主主义与教育［M］．王承绪，译．北京：人民教育出版社，2001：65.

② ［日］河合隼雄．孩子与学校［M］．王俊，译．上海：东方出版中心，2014：40－41.

地把握。童年时期，无限的天命原始地存在着，“它与自身处于这种联系之中”，“它天生地在差别中与自身为一”，天命无法被区分出来、为儿童所觉察。[①] 天命存在，但是儿童不自觉、自知。源始的、无限的天命需要在现实生活中得到“重复”，如果天命没有在现实生活中得到把握，那么它就仍然是不可接近的。[②] 人只有在现实生活中才能真正地切近天命。

教育帮助儿童从童年继续往前走，这个过程不是真正的离开童年，而是为了“努力扬弃自身”，“反顾自身”，调和有限和无限的冲突，从而复归童年——返乡。漫游者之所以离乡，就是为了“从童年的睡眠”中苏醒。离开童年是为了自觉而主动地返回到“一”，是为了依靠自己的力量重新建立它。教育应当充分发挥儿童自身的能动性与创造性。每个人都应该在自己的“劳作”中，享有自己的神。[③] 在“劳作”中，人感觉到神圣的“共同心灵”，并在自由的行动中“化为自己所本有”[④]。能动性没有超越原初的神圣性。人的能动性、人的理性、人的自由是“源于本己的欢乐的冲动”[⑤]。如果没有神圣的基础，人所具有的能动性不过是“群奴之上”的“监工”，只会吆喝，而不知道“从所

① ［德］荷尔德林．荷尔德林文集［M］．戴晖，译．北京：商务印书馆，2003：231.

② ［德］荷尔德林．荷尔德林文集［M］．戴晖，译．北京：商务印书馆，2003：214.

③ ［德］荷尔德林．荷尔德林文集［M］．戴晖，译．北京：商务印书馆，2003：215－216.

④ ［德］荷尔德林．荷尔德林文集［M］．戴晖，译．北京：商务印书馆，2003：219.

⑤ ［德］荷尔德林．荷尔德林文集［M］．戴晖，译．北京：商务印书馆，2003：133.

有无穷无尽的劳作中应做出个什么”。① 人的有限的力量应当和无限的“精神之美”② 相统一，“结成为一无尽的完整”③。

另一方面，离开童年是人的本性的要求，教育也必须遵循人之莽劲森然的特性，帮助儿童生长。儿童也是最莽劲森然者（δεινόν）。④ 海德格尔将 δεινα 译作“das Unheimliche”，以期作出更好地解释。王节庆解释说，德文“heimlich”和“unheimlich”的词源是“heim”，意思是“家”“家园”“故土”。⑤“das Unheimliche”即是“离乡—返乡”，“人类不在家，并且他

---

① ［德］荷尔德林. 荷尔德林文集［M］. 戴晖，译. 北京：商务印书馆，2003：79.

② ［德］荷尔德林. 荷尔德林文集［M］. 戴晖，译. 北京：商务印书馆，2003：76.

③ ［德］荷尔德林. 荷尔德林文集［M］. 戴晖，译. 北京：商务印书馆，2003：4.

④ 海德格尔认为，δεινόν 具有三层意思：可怕的、有力量的、不寻常的。首先，δεινόν 是“可怕的”。δεινόν 是使人逃离的恐惧，它驱逐人；它也是令人崇敬的敬畏，它与人结成契约，并将人带入隐秘的保护。其次，δεινόν 是“有力量的”。它既是一种活跃的暴力，使人走向恐惧的境地；它也是高悬在我们之上的强大力量，使人临近值得崇敬的东西。最后，δεινόν 是“不同寻常的”。Δεινόν 是超出我们一般和通常能力的强大力量，因而是不同寻常的。但是，δεινόν 的不同寻常并没有脱离寻常之物，它停留在寻常之物之中、统治着寻常之物，并同等地将自身转向万物。δεινόν 的不同寻常在于，一切寻常之物都在它的能力范围内。海德格尔说，δεινόν 既不是上述三层语意中的一个方面，也不是三者的简单叠加。δεινόν 的本质内涵在源初的可怕、力量和不寻常中隐藏了自身。

⑤ ［德］海德格尔. 海德格尔文集. 形而上学导论［M］. 王节庆，译. 北京：商务印书馆，2017：177 译注 2.

们关心的是回到家”。①

教育要帮助儿童在威临一切之强力的存在者整体与强力—行事的人的亲在之间进行博弈，从而成为返乡的漫游者，获得生长。② 儿童既在威临一切的存在力道的统治下，又以强力—行事对抗威临一切者。威临一切者“为了发威显力，显现出来，需要一个自身敞开的场所”③，所以，威临一切的存在力道“命令”人以强力—行事对抗自身。但是，人以强力-行事显现那威临一切者，却无法达至威临一切者，只能沦为“那势必要粉碎的东西”。④教育需要帮助儿童不仅身在威临一切之强力的作用下，保持自己的本性，并且能够以自身强力去接近天命之存在，理解存在。

在教育帮助儿童确证天命，理解威临一切的存在力道的过程中，儿童是主动的、能动的主体。在索福克勒斯的悲剧中，安提戈涅说：“παθεῖν τὸ ειυόν”。海德格尔解释说，παθεῖν 的意思是“去经历、去承担”，但是“παθεῖν 不意味着仅是‘被动’的接受和容忍，而是自己去承担——άρχήν σέ θηρâν，坚持到底，这就是恰当地经历它。παθεῖν——经受 δειυόν——忍耐并承

① Martin Heidegger. Hδlderlin'hymn “The Ister” [M]. William McNeill, Julia Davis, translated. Bloomington&Indianapolis: Indiana University Press, 1996: 71.

②④ ［德］海德格尔．海德格尔文集．形而上学导论［M］．王节庆，译．北京：商务印书馆，2017：196.

③ ［德］海德格尔．海德格尔文集．形而上学导论［M］．王节庆，译．北京：商务印书馆，2017：197.

受”。[①] 儿童能够主动地去承担与经受 δεινόν，因而“人就是 τὸ δεινότατον，最强力者：能在威临一切者的笼罩中强力—行事”[②]。儿童主动地“见证”天命，‘见证’威临一切的存在力道。威临一切的存在力道作为天命遣送至儿童，但是儿童就能够强力—行事<Gewalt - tätigkeit>。“强力—行事”是儿童的本质特征。“他在根基处，在其强力—行事中，以强力抗衡那威临——切者”。[③]

教育的最终目的是帮助儿童居有自身的本己特质。当生于天穹之下、大地之上时，神圣者已经将“光”赠予了人。然而这并不意味着，家乡是在“天资中现成存在，是只需要掌握一下就能占有的”[④]。只有当儿童在现实的经验世界认识和承认天命时，天命才作为锁闭着的故乡被带往灵魂近处。[⑤] 因此，人只有前往异乡，在异己之物中才能掌握本己本质。教育就是帮助儿童真正“回到本己之物的原始因素中的返乡回归的学习过程”，它让本己本质在自身显现出来。[⑥] 如果反对异乡的对立的特质，甚至消灭异乡，“真正丢失的是经由异乡并由此返回自己的家乡以及返

① Martin Heidegger. Hδlderlin'hymn “The Ister”［M］. William McNeill, Julia Davis, translated. Bloomington&Indianapolis：Indiana University Press, 1996：103.

②③［德］海德格尔. 海德格尔文集. 形而上学导论［M］. 王节庆，译. 北京：商务印书馆，2017：182.

④［德］海德格尔. 海德格尔文集. 荷尔德林诗的阐释［M］. 孙周兴，译. 北京：商务印书馆，2014：139.

⑤［德］海德格尔. 海德格尔文集. 荷尔德林诗的阐释［M］. 孙周兴，译. 北京：商务印书馆，2014：108 - 109.

⑥［德］海德格尔. 海德格尔文集. 荷尔德林诗的阐释［M］. 孙周兴，译. 北京：商务印书馆，2014：139 - 140.

回自己本身的可能”。① 如果排斥儿童文化创造的过程、否定教育对儿童的积极作用，那么这不仅不是对原初天命的保护，反而是真正地永远被驱逐了“家乡”。教育帮助儿童“向着那在威临一切者之意义下的莽劲森然方向而去”②。

二、教育的目的是复归“第二个更高的童年”③

童年是成人想要返回的黄金时代，“儿童预示着成人发展的最高目标。如果生命周期被理解为从统一状态到分裂、并从分裂到更高的统一的过程，那么儿童预示和代表着更高的统一”。④ 回到黄金时代，就是回到过去，找到原初之自己，复归于儿童，“在对方的灵魂里清楚、完整地看到自己的最高者”⑤。那么，在儿童生长为成人的过程中，教育及社会文化发挥的作用是什么呢？从儿童到成人，不是单纯地失去原初统一体的过程。在儿童

---

① Martin Heidegger. Hδlderlin'hymn “The Ister” [M]. William McNeill, Julia Davis, translated. Bloomington&Indianapolis: Indiana University Press, 1996: 54.

② ［德］海德格尔. 海德格尔文集. 形而上学导论［M］. 王节庆，译. 北京：商务印书馆，2017：183.

③ “第二个更高的童年”出自《大革命与诗化小说》。“所以童年首先在内心深处依附于大地，与此相反，云彩也许是第二个更高的童年即重新找到的乐园的显现，因此化作露水，友善地撒向大地。’”具体参见：刘小枫. 大革命与诗化小说：诺瓦利斯选集卷二［M］. 林克，等译. 北京：华夏出版社，2008：156.

④ David Kennedy. Changing Conceptions of the Child from the Renaissance to Post-Modernity: a Philosophy of Childhood [M]. New York: the Edwin Mellen Press, 2006: 21.

⑤ ［德］施勒格尔. 浪漫派风格：施勒格尔批评文集［M］. 李伯杰，译. 北京：华夏出版社，2005：92.

生长的过程中，教育帮助儿童到达更高的童年，更丰富的儿童文化。

教育帮助儿童实现自然和自由、无限与有限之间的统一，从而去往更高的童年，创造更丰富的儿童文化。在这个过程中，现在以自由为主导原则，“它决不错过压制自然的机会”，而同时过去也作为“自然”，“使用着它的权利”。① 因而，教育是创造一种“过去”和“现在”的“婚媾的产品”②。这是自然和自由的矛盾的统一，也是“我们自身里的有限和无限”的纷争与消融。③人的“两种异质本性”——自然和自由或无限与有限在教育的帮助下得到了统一。人的本性就是一个混沌着的统一体。“人是一个由他的纯自我和一个异己的本质混合而成的。他永远无法同命运把账算清，无法确切地说：那个是你的，这个是我的。”④ 人的“永恒而必然的性格”⑤就是将自身矛盾的、异质的本性统一起来，这也是人生在世之命运。只有实现了自然和自由、无限和无限的统一，方能以“更美、更伟大的方式”，来创造“那已经存在过的”且“‘还会到来的黄金时代’”。⑥

教育或文化教养帮助儿童去往更高的童年，使得人的自由和自然的本性能够得以统合。“自然的东西若没有文化教养是不美

①③ ［德］霍夫曼．德国浪漫主义作品选［M］．孙凤城，等译．北京：人民文学出版社，1997：372.

② ［德］霍夫曼．德国浪漫主义作品选［M］．孙凤城，等译．北京：人民文学出版社，1997：395.

④⑤ ［德］施勒格尔．浪漫派风格：施勒格尔批评文集［M］．李伯杰，译．北京：华夏出版社，2005：11.

⑥ 周国平．诗人哲学家［M］．上海：上海人民出版社，1987：118.

的，欢乐没有文化教养也不会是自由的。"① 文化教养的过程，就是自由和自然之间永无休止地互动与博弈的过程。教育以自然为"第一个决定性的推动力"，并听从自然对道路的方向、发展的法则和最终的目的的规定。② 自然意味着作为儿童的教育对象身上具有的天赋和能力。自由则是一种智性的力量，它需要在教育的作用和安排下得到发展。但是，自然是教育的根本，教育无论怎样训练智性，都以自然为"立法者和领袖"。③

教育应实现自然和自由的统一。自由不是"仅用自己的意志来规定自身"④，去除一切内在和外在的限制的自由。在这种随心所欲的内外自由中，人能够"欢乐地享受自身"；但这不是"最高的欢乐"，因为人不能够"享受无限本质的画卷"。⑤ 事实上，这种不受任何限制的自由不是真正的自由。一切自由都建立在自然的基础上。自然的赠予是心境最值得骄傲的作品和行动。⑥自由是为自然所决定的，它基于"一种存在于绝对自我中的驱动力"，它摆脱了外在事物或条件的限制。⑦ 超然的自我决

---

① ［德］施勒格尔．浪漫派风格：施勒格尔批评文集［M］．李伯杰，译．北京：华夏出版社，2005：6－7.

② ［德］施勒格尔．浪漫派风格：施勒格尔批评文集［M］．李伯杰，译．北京：华夏出版社，2005：11.

③⑥ ［德］施勒格尔．浪漫派风格：施勒格尔批评文集［M］．李伯杰，译．北京：华夏出版社，2005：10－11.

④ ［德］施勒格尔．浪漫派风格：施勒格尔批评文集［M］．李伯杰，译．北京：华夏出版社，2005：3.

⑤ ［德］施勒格尔．浪漫派风格：施勒格尔批评文集［M］．李伯杰，译．北京：华夏出版社，2005：2－3.

⑦ 刘小枫．大革命与诗化小说：诺瓦利斯选集卷二［M］．林克，等译．北京：华夏出版社，2008：292.

定了人的运作时刻的方法学规则。我们注意力的方向和持久度决定了我们优先发展的关系以及影响我们发展的关系。[①] 因而，自然和自由并非决然对立的两极，当我们“最自然地、最合乎目的地运用心灵的力量”时，自然和自由就在我们的身上统一了起来。自由的行动应当体现自然的目的。良知显现在真诚的完成和真理的塑造当中。[②] 同样，自然的目的也需要在自由的行动之中体现，一切的自由、技艺或主宰都体现着良知的本质和本能。[③]

教育也应完成无限和有限的统一的实现。从德语来看，有限即“只有物”是 Ding，而无限即“无条件者”是 unbedingt。[④] 有限就在无限之中，二者是统一的。有限是“无限的内在之无限的外在化”，而无限是“无限的外在之无限的内在化”。[⑤] 弗·施莱格尔认为，无限和有限的统一，在于有限向无限转化。教育应当帮助个体生命以本质中永恒的部分，也即原我或无限，作为愿望、渴望和行动等有限之物的起因和目的，使之与永恒的相类似。[⑥] 教育应当帮助有限之经验自我在自身和身外“清醒地意识

---

① ［德］诺瓦利斯．夜颂［M］．林克，译．成都：四川人民出版社，2017：152．

②③ 刘小枫．大革命与诗化小说：诺瓦利斯选集卷二［M］．林克，等译．北京：华夏出版社，2008：157．

④ 刘小枫．大革命与诗化小说：诺瓦利斯选集卷二［M］．林克，等译．北京：华夏出版社，2008：289．

⑤ 刘小枫．大革命与诗化小说：诺瓦利斯选集卷二［M］．林克，等译．北京：华夏出版社，2008：241．

⑥ ［德］施勒格尔．浪漫派风格：施勒格尔批评文集［M］．李伯杰，译．北京：华夏出版社，2005：31．

到永恒的灵活性和无限充实的混沌”。① 教育帮助“低级的自我”和“一种更完善的自我”实现同一化②。同样，在这个过程中，无限必须在有限之中展开，并在活动和现实中显现完整的所有能力。教育应当首先为无限寻找到最恰当的对象，使其能够展现出来。“精神被对象吸引住，从一个有亲缘关系的对象被吸引住，走向另一个，不可遏制地向前迈进”。③ 同时，在教育帮助儿童将无限有限化的过程中，无限并没有丢弃或弱化，儿童始终保持着“对中心矢志不移的忠诚”，并“不断以更丰富的内涵回归中心”④。

教育的目的就是培养“最高者”⑤。在诺瓦利斯看来，教育的最高任务就是“抓牢自己的超验自我”⑥。因而“每种层次的教育皆从童年开始”，但最终也要返回到童年，“受教育最多的凡人与儿童十分相近。”⑦ 儿童“刚刚出自那无限的源泉”，他“在一切至高无上的事物中也是出类拔萃的”，在孩童的身上具

① ［德］施勒格尔．浪漫派风格：施勒格尔批评文集［M］．李伯杰，译，北京：华夏出版社，2005：114.

② ［德］诺瓦利斯．夜颂［M］．林克，译．成都：四川人民出版社，2017：187.

③④ ［德］施勒格尔．浪漫派风格：施勒格尔批评文集［M］．李伯杰，译．北京：华夏出版社，2005：158.

⑤ ［德］施勒格尔．浪漫派风格：施勒格尔批评文集［M］．李伯杰，译．北京：华夏出版社，2005：194.

⑥ ［德］诺瓦利斯．夜颂［M］．林克，译．成都：四川人民出版社，2017：129.

⑦ ［德］诺瓦利斯．夜颂［M］．林克，译．成都：四川人民出版社，2017：135－136.

有“一个神奇世界的烙印”。① “最高者”就在人的本性之中。在教育儿童时，要“怀有一种敬畏”。②教育可以说就是“自己教育自己”。③“除了教导弟子们要正直、要有用之外，人们既不可能、也不应当再做其他事情。其他的所有事情都必须从一开始就全部留给弟子自己来做”。④ 这样的教师就是诺瓦利斯所说的“自然教师”，他们遵从人们自身的自然禀赋，“在人们身上发展和维护这种禀赋”，并且“重视推进这种发展的自然契机”。⑤“在年轻人的心中唤醒、训练、强化各不相同的自然意识并结合其他禀赋使之得到进一步的发展并取得更丰硕的成果”。⑥ 总之，教育应当遵从天性，并给“天性的发展尽可能留出最自由的活动余地”。⑦

只有在教育的作用下，实现了自然和自由、无限和有限的统一，儿童才能在离开童年后，以更丰富的经验和文化重返童年。这不是简单地回到过去，而是更高程度地返回。自然和自由、无限与有限在人的身上得到了统一。人是自由的自然人，也是无限的有限者。他既保持着和最高者的联系，护持原初之本性，也在有限之现实生活中、在自由的行事中实现无限和自然之命令。因

---

①② 刘小枫. 大革命与诗化小说：诺瓦利斯选集卷二［M］. 林克，等译. 北京：华夏出版社，2008：153.

③ ［德］施勒格尔. 浪漫派风格：施勒格尔批评文集［M］. 李伯杰，译. 北京：华夏出版社，2005：54.

④⑦ ［德］施勒格尔. 浪漫派风格：施勒格尔批评文集［M］. 李伯杰，译. 北京：华夏出版社，2005：152.

⑤ 刘小枫. 大革命与诗化小说：诺瓦利斯选集卷二［M］. 林克，等译. 北京：华夏出版社，2008：29－30.

⑥ 刘小枫. 大革命与诗化小说：诺瓦利斯选集卷二［M］. 林克，等译. 北京：华夏出版社，2008：28.

而，“世界本是一个无限的游戏，是一部永远在自我发展的艺术作品”。①

① ［德］施勒格尔．浪漫派风格：施勒格尔批评文集［M］．李伯杰，译．北京：华夏出版社，2005：197．

第五章　教育生活的构建：让儿童文化自然地生长

教育即生活。教育是儿童生活的重要内容，也是儿童在生活中得到经验生长的场所。教育生活不能脱离儿童自身的文化而成为真空存在，否则儿童只能在教育生活中矫饰、毁坏天性内蕴的文化创造力。理想的教育生活应该是以儿童文化为起点，朝着更丰富的儿童文化生长的进程。儿童文化的生长是儿童主体对自身文化的自觉和确证的过程，它既不能与内在本性割裂，也不能停留在静态的内部文化中。儿童文化的生长也是儿童主体建构自身文化，再建构社会文化的过程。这就需要教育生活将成人和儿童进行有意义的联结起来，在教育生活中，儿童和成人构成文化对话的关系，共同发起教育行动，互相赋予意义并共同构建文化生活。在这个儿童和成人共同生活的乐园，儿童文化获得了生长。儿童在自己的当下的生活中，在和成人的共同生活中，依据自身主动生长的力量，不断地丰富与深化自己的文化。

第一节　教育生活：儿童和成人的文化对话

儿童和成人都是文化的主体。成人是“文化人”，儿童也是

“文化人”。儿童和成人之间文化的差异并不构成价值上的高低，更不能以儿童正在发展为依据，来贬低甚至忽视儿童文化。儿童文化和成人文化共同构成人类文化。儿童文化是天性的表达，是成人文化的根柢。儿童文化也需要发展、生长为成人文化。换言之，成人文化应该是儿童文化的丰富和扩充。教育应当是儿童文化和成人文化共同参与的生活。在教育中，儿童文化和成人文化共同存在，儿童文化走向成人文化，也就是儿童文化走向更加丰富的自身。

一、教育生活：儿童和成人的共在

教育是儿童和成人共同生活的需要。杜威说：“教育在它最广的意义上就是这种生活的社会延续”。① 教育是儿童和成人之间生活的更新和延续。在儿童和成人之间，“存在群体的新生成员——集体未来的唯一代表——的不成熟和掌握群体的知识和习惯的成年成员的成熟之间的对比”。②成人需要按照儿童构建文化的方式传递成人文化。“这种传递依靠年长者把工作、思考和情感的习惯传达给年轻人”，“但是这将是以个人兴趣为导向，而不是以社会需要为导向的任务”。③ 与此同时，生活的延续是以更新的方式进行的。“生物和无生物之间最明显的区别，在于前者以更新维持自己。”④ 儿童具有更新和创造的能力。人类文化

①② ［美］杜威．民主主义与教育［M］．王承绪，译．北京：人民教育出版社，2001：7.

③ ［美］杜威．民主主义与教育［M］．王承绪，译．北京：人民教育出版社，2001：8.

④ ［美］杜威．民主主义与教育［M］．王承绪，译．北京：人民教育出版社，2001：6.

和社会生活也只能在重新创造和更新之中得到延续。

共同生活意味着儿童文化在儿童当下生活中是充分展开的。成人和儿童生活在一起，这意味着儿童在真实地、充分地展开自己的生活。儿童生活在现在，而不是生活在压制和阻碍儿童生长的强制的环境中。① 仅当儿童能够在现在的生活中充分地进行自我的文化创造，并获得了最充分的展开，儿童才会走向成人文化，才会自然地走向“成人生活的训练、知识和文化修养”②。儿童当下的生活也应当进入教育的共同生活中，而不应当让位于未来的生活。教育只能以实现儿童文化的生长为目的，才能实现社会文化的延续和更新。儿童文化的生长具有自身不可违抗的规律。教育的共同生活只有适合于儿童文化，才能有益于儿童文化的生长。儿童文化的生长是教育最重要的目的，它压倒了其他一切的目标。教育应当提供儿童文化生长所需要的一切媒介。③

第二，教育生活是儿童和成人的生活世界。一方面，在教育生活中，儿童和成人都是完整的存在。人既是理性的存在物，也同时是非理性的存在。情感、意志、性格等非理性因素也是个体存在力量的展现。非理性能够帮助个体从感知体验和生命直接体认中建立和世界的关联。理性则是借由概念、判断、推理等认识方式把握世界。个体生命既存在理性，又存在非理性。“作为理性的技艺却是非理性主体存在的基本方式，作为非理性的迷狂，却又能升腾到理性的域限之内，这无疑就意味着理性与非理性的

---

①② ［美］杜威. 学校与社会；明日之学校［M］. 赵祥磷，等译. 北京：人民教育出版社，2005：51.

③ ［美］杜威. 学校与社会；明日之学校［M］. 赵祥磷，等译. 北京：人民教育出版社，2005：42.

并行不悖。”① 需要指出的是，儿童虽然仍在发展的过程，但是儿童也具有理性。在日常生活中，理性具体表现为思考中使用的概念、规则、推理，以及对行为的合理性辩护。② 心理理论认为，人类天生就能使用推理的方式认识自己和周围的人事。“新的研究表明，婴幼儿对世界的认知和了解远远超乎我们的想象。他们会思考、得出结论、做出预测、寻找解释甚至进行实验。”③ 刚出生的婴儿就具有感知和理解外界物体的能力。只有几天大的新生儿就表现出凝视条纹图形的倾向。这是因为新生儿已经能够“把世界划分成了一系列独立的事物”，能够将连续的视觉形象分割成单独的物体。④ 婴儿也具有理解他人的能力，“能够将自己的表情、动作和声音与他人的表情、动作和声音同步协调起来”。⑤

另一方面，在教育的生活世界中，生活既不是日常生活，也不是脱离人的科学世界。生活世界是儿童和成人生存其中的世界，因而世界不是脱离儿童和成人经验和联结范围的客观科学世

---

① 卢红. 论中西方非理性认识的差异［J］. 湖南行政学院学报，1999（01）：28－32.

② 石中英. 教育哲学［M］. 北京：北京师范大学出版社，2007：150.

③ ［美］艾莉森·高普尼克，安德鲁·梅尔佐夫，帕特里夏·库尔. 孩子如何学习［M］. 林文韵，杨田田，译. 杭州：浙江人民出版社，2019：前言 II.

④ ［美］艾莉森·高普尼克，安德鲁·梅尔佐夫，帕特里夏·库尔. 孩子如何学习［M］. 林文韵，杨田田，译. 杭州：浙江人民出版社，2019：67.

⑤ ［美］艾莉森·高普尼克，安德鲁·梅尔佐夫，帕特里夏·库尔. 孩子如何学习［M］. 林文韵，杨田田，译. 杭州：浙江人民出版社，2019：32.

界。“生活世界是人的生成与世界的关系体，是人的生成或形成的过程，离开了人的生成，就没有生活世界。”① 儿童的生活世界逐渐向儿童敞开。儿童周围的人与物构成其环境，只有当儿童与环境发生了真实的联系，才能转化为生活世界。“即使对于6岁的儿童来说，围绕着他的各种事物的世界是一个尚未探索的领域，是随着他的活动，使他逐渐在调查研究中不断扩大小小的视野的一个世界，一个在他看来决不像在成人看来那样平淡无奇的世界。”② 同样，生活世界也不是儿童的日常生活，而是关注儿童日常生活经验的提升。儿童的日常生活是复杂的，简单地把教育生活等同儿童的日常生活不能真正地帮助儿童发展。“在现代生活中，自然界是极广阔和细密的，它不仅包括儿童所处的复杂的物质环境，而且包括各种社会关系。如果儿童要掌握这些东西，他必须涉及很多的领域。怎样以最好的方式做到这一点呢？所用的方法和材料必须本身充满生气，对儿童来说足以代表构成他的世界的整个严密的自然界。”③ 日常生活必须经过选择才能进入教育生活，选择的准绳就是儿童的兴趣、已有的生活经验以及儿童经验的组织方式。最后，教育主张回到儿童和成人存在的生活世界，不是否定科学世界的教育意义。生活世界的教育是科学世界的教育的基础。“理性不是经验以外的东西，遥远、孤零

① 郭元祥．“回归生活世界”的教学意蕴［J］．全球教育展望，2005，34（09）：32－37.

② ［美］杜威．学校与社会；明日之学校［M］．赵祥麟，等译．北京：人民教育出版社，2005：224.

③ ［美］杜威．学校与社会；明日之学校［M］．赵祥麟，等译．北京：人民教育出版社，2005：250.

属于和生活中经验的事实无关的崇高的领域”。① 科学世界是生活世界所固有的，它奠定在生活世界的基础上，是把生活世界抽取出符号化、规律性的形态。科学世界并没有脱离生活世界，它的目的是为了能够更好地解释生活世界现象和解决生活世界中的问题。“而科学的专门性和孤立性则是为了更广泛和更自由的应用于以后的具体行动而暂时的脱离。”②

二、对话的达成：儿童文化和成人文化的互补

教育是儿童和成人互相沟通的生活。儿童和成人共同构成了“一个包括一切和具有渗透作用的行动和思想的共同体”。③ 儿童和成人联合在一起，共同参与彼此互惠、共享兴趣的活动。儿童和成人在联合活动中参照他人的行动，为自己的行动增加意义，也交流彼此的文化。④ 儿童和成人都是教育中的行动者，他们彼此需要，也互相影响。教育不再是儿童被动接受成人文化影响与安排的地方，而是儿童有能力，也有权利共同参与的生活。

教育生活的形成不是因为儿童和成人处在同一个教育场域、文化场所，而是因为儿童和成人通过有效的沟通和对话，形成了

---

① ［美］杜威．民主主义与教育［M］．王承绪，译．北京：人民教育出版社，2001：242.

② ［美］杜威．民主主义与教育［M］．王承绪，译．北京：人民教育出版社，2001：245.

③ ［美］杜威．民主主义与教育［M］．王承绪，译．北京：人民教育出版社，2001：92.

④ ［美］杜威．民主主义与教育［M］．王承绪，译．北京：人民教育出版社，2001：97.

“彼此互通的信仰、目的、意识和感情”。[①] 教育是能够促进儿童和成人进行精神交流的生活地点，在此之上，有意义的人际关系被建构起来。[②] 儿童和成人是平等的文化交流者，而不是教与被教的教育角色。儿童和成人的平等关系是对等级关系的超越，需要首先摆脱父权制影响下的父子关系和传统师道尊严的知识授受关系。从根本而言，儿童和成人平等关系是一种“互主体性关系”，是“人与人之间的社会性关系”[③]，也是“我—你”的非对象性关系。

儿童和成人在教育中充分地展开文化对话，这建立在儿童和成人之间形成的“我—你”的关系。儿童不是被利用、亟待转变为成人的“它”，而是作为完整的生命存在的“你”。儿童和成人之所以能够聚集成一个真正的统一体，是因为儿童和成人、我与你都被一种“唯一性之伟力”所统摄。[④] 儿童和成人都是“无待无垠、纯全无方之‘你’”。[⑤] 也就是说，儿童和成人都具有自然本性，这是关系建立的根本。在儿童身上，自然的遗产被完好地继承下来。儿童和成人在教育中的相遇，是生命与生命的相逢，也是文化与文化的融合。“孩童、动物授予我们何等高深

---

① 滕大春. 杜威和他的《民主主义与教育》/［美］杜威. 民主主义与教育［M］. 王承绪，译. 北京：人民教育出版社，2001：13.

② ［法］多尔多. 儿童的利益：学会如何尊重孩子［M］. 王文新，译. 上海：上海社会科学院出版社，2009：273.

③ 金生鈜. 超越主客体：对师生关系的阐释［J］. 西南师范大学学报（哲学社会科学版），1995（1）：40－42.

④ ［德］布伯. 我与你［M］. 陈维纲，译. 北京：商务印书馆，2013：10.

⑤ ［德］布伯. 我与你［M］. 陈维纲，译. 北京：商务印书馆，2013：11.

的教育！不可思议的，我们栖居于万有相互玉成的浩渺人生中。”①

一方面，儿童需要成人文化。人类在进化过程中遭遇的环境，使得自然选择了直立行走的方式，这又进一步限定了骨盆的最大开口程度和极限。人类进化规定了婴儿必须在发展还不成熟的时候出生。从基因编码系统来看，相较于动物基因编码，人类的绝大部分基因编码系统都是开放的。② 这些都决定了儿童具有依赖性，儿童依赖于成人的照顾与教育，方能在充满风险的生活中生存下来。刚出生的儿童是那样的不成熟，如果没有成人的指导和帮助，儿童甚至不能生存下来。人类在科学、艺术、道德等文化领域的成就也需要成人的教导。③ 此外，儿童具有反儿童化的倾向。“儿童在游戏精神之中追求着想象中的自我实现，追求着生长而不是初级状态，向往着成熟而非是对儿童状态的留恋和自赏”。④ 所谓“儿童反儿童化”就是说要从“发育”的层面认识儿童。在儿童身上，既有“‘初级’的性质”也兼有“‘生长’的性质”。⑤ 儿童是向着生长不断前进的。儿童希望获得发展，也必须不断生长。儿童在游戏中扮演着成人，向往并展开着

---

① ［德］布伯. 我与你［M］. 陈维纲，译. 北京：商务印书馆，2013：19.

② 刘晓东. 儿童精神哲学［M］. 南京：南京师范大学出版社，1999：2.

③ ［美］杜威. 民主主义与教育［M］. 王承绪，译. 北京：人民教育出版社，2001：8.

④ 班马. 前艺术思想——中国当代少年文学艺术论［M］. 福州：福建少年儿童出版社，1996：519－520.

⑤ 班马. 前艺术思想——中国当代少年文学艺术论［M］. 福州：福建少年儿童出版社，1996：516.

成人的文化生活。但是，这并不意味着儿童只是模仿着成人文化。儿童按自己的方式诠释着他们对成人文化的理解。儿童在自己完整、游戏与想象的生活中，“反儿童化”。在积极主动地建构现在的过程中，儿童走向了未来。在儿童依赖成人的同时，儿童也获得了“补偿性的力量”“建设性的东西”，即主动生长的能力。

另一方面，成人也需要儿童文化的滋养。儿童较为完好地留存着天性资源。天性是文化的本质与核心，它进一步外化为文化。文化是天性的绽出。儿童文化是儿童在社会文化的帮助下，以外显的方式表达的天性。儿童在文化创造中建设了自我、构建了对外部世界的认知，儿童生产了关于真、善和美的经验。儿童文化具有不逊色于成人文化的文化价值，是社会文化的重要组成部分，也是对人类文化的独特贡献。

儿童的视角不同于成人，儿童用清新、新奇的目光注视着这个世界，这使得儿童能够生产不同于成人的文化。儿童对天性较为完好地保持，也使得儿童文化成了成人文化的根基和故乡。在这种意义上，成人也需要儿童文化，以返回天性的故乡。只有和儿童一起生活，成人才能够唤醒自己，实现人生的目的。福禄培尔也深情地呼唤道：“我们必须同孩子们一起生活，我们必须让孩子们同我们一起生活。”① 成人应当向儿童文化学习。成人在和儿童共同的生活中，向儿童学习。在儿童身上重新获得生命的动力和人生的智慧。在哲学方面，成人应当向儿童学习。儿童自然地会对人与物、自我和世界进行思考、提出问题与疑惑，这是

① ［德］福禄培尔. 人的教育［M］. 孙祖复，译. 北京：人民教育出版社，2001：64.

儿童爱智慧的表现，也即是儿童进行的哲学创造。“这不是原哲学、准哲学或半哲学，而是真正的哲学”。① 儿童以一种新鲜的目光观察与体知一切，并以自己独特的方式形成世界观。对儿童来说，许多事物都是陌生而令人困惑的，他们渴望去把握世界，也试图去解决认知与理解上的困境。这使得儿童天然地具备哲学家的特质。马修斯也认为，成人在道德方面有时应当向儿童学习，因为儿童的质朴率直常常使得成人归根返朴。② 同样，在丰子恺的笔下，也饱蘸着他对童年生活的憧憬。他歌颂着儿童的率真、热情，是“身心全部公开的真人”；他崇拜儿童强盛的创造力，儿童的整个生活“全是自动的，创造创作的”；他向往着童年的“黄金时代”。③

第二节　成人支持：儿童文化构成教育文化

儿童文化不是教育场域中要被管教、压制、警惕的亚文化。作为主体的儿童在教育中生活，生长文化，这是生命本身无法抑制的原初动力，也是生命为自身寻找意义的强大力量。教育文化不仅是成人主导的文化，也是儿童作为主体的文化。儿童表达文化的权利首先应得到成人的尊重，儿童创造文化的独特方式也需要成人的认可，儿童构建的文化需要成人的理解。只有基于成人

① ［美］马修斯．童年哲学［M］．刘晓东，译．北京：生活·读书·新知三联书店，2015：36.

② ［美］马修斯．童年哲学［M］．刘晓东，译．北京：生活·读书·新知三联书店，2015：83.

③ 丰子恺．缘缘堂随笔［M］．天津：天津人民出版社，2010：58－62.

观念和行动的改变，儿童文化才能成为教育文化的合法构成部分，儿童文化才能在教育中不断生长。

一、尊重：儿童表达文化的权利

教育是帮助儿童进行文化创造的共同生活。它首先必须承认儿童是文化的创造者，儿童有能力、也有必要参与教育的共同生活。在教育的共同生活中，不仅教师、家长等成人有责任和权力决定和安排整个教育过程，儿童作为同成人共同生活的一个庞大群体，也应当充分参与教育生活的构成。儿童充分参与的教育，意味着儿童能够参与教育过程中各项和自身利益紧密相关的事情及其决策过程。当儿童在教育过程中具有选择的权利时，这也意味着，儿童的动机和需要得到了承认，儿童被认为有能力做自己想做的事情。①

1989 年《联合国儿童权利公约》的出台，使得学术界和公共领域热切地讨论儿童权利的问题。随着儿童权利的相关法案的陆续出台，儿童拥有了更为广泛的决策权。“《联合国儿童权利公约》提供了三个 P 的参考架构：（儿童有）保护（protection）、预防（provision）和参与（participation）的权利。”② 米歇尔·维尼斯（Michael Wyness）将前二者划分为福利权，后者归为儿童自我决定权。

儿童参与是为了保障儿童的自我决定权，使儿童享有福利权

① ［法］多尔多. 儿童的利益：学会如何尊重孩子［M］. 王文新，译. 上海：上海社会科学院出版社，2009：302.

② Michael Wyness. 童年与社会——儿童社会学导论［M］. 王瑞贤，张盈堃，王慧兰，译. 台北：心理出版社，2009：242.

的调和方式。在承认儿童具有和成人平等权利的同时，并不意味着儿童不需要成人的养护。儿童是积极主动的自我文化建构者，同时也是正在发展中的不成熟个体。这决定了儿童在享有自我决定权的同时，也应当拥有福利权。也就是说，儿童有权利得到成人对身体的保护和情绪发展等方面的支持。① 儿童参与是指“儿童应有更强烈的意识，在成人的伴随下儿童提供自我的发展”。②

儿童参与的前提是承认儿童具有和成人平等的权利。霍华德·科恩（Howard Cohen）早在《为儿童争取平等权利》（Equal Rights for Children）中就论述说：儿童和成人的区别被过分夸大了，儿童被认为是弱小、没有思考能力的人，成人则被认为是能够有效率、有动机地做事的理性的人。在这样的区分下，儿童被认为不能和成人一样享有平等的权利。③ 儿童正在发展当中，儿童未来也会成长为成人。但是，发育的事实并不应该造成地位的差别。儿童需要成人的养护，但是儿童更是自身文化的创造者，未来成人之建设者。无论是在社会生活中，还是在教育生活中，儿童都是和成人一样的正式成员。成人是儿童的引导者，是照看花圃的园丁，而不应当是凭借所谓的“成熟”优势对儿童行使权力的权威者。儿童具有自己看待世界的方式，是主动而独特的文化创造者，儿童应当和成人享有同等的权利，我们的社会应当逐渐发展为也能够让儿童好好生活的地方。这意味着越来越多低

① Michael Wyness. 童年与社会——儿童社会学导论［M］. 王瑞贤，张盈堃，王慧兰，译. 台北：心理出版社，2009：237.

② Michael Wyness. 童年与社会——儿童社会学导论［M］. 王瑞贤，张盈堃，王慧兰，译. 台北：心理出版社，2009：239.

③ 转引自：［美］马修斯. 童年哲学［M］. 刘晓东，译. 北京：生活·读书·新知三联书店，2015：91－92.

龄的儿童也能够享有更多的权利。① 而且，儿童参与的实现也依赖于成人对儿童的观点的采纳和运用。在一些决策的制定中，尽管成人征询儿童的意见，但是他们的观点并没有被严肃地对待，成人不仅没有向儿童反馈后续的发展，也没有将儿童的观点付诸之后的行动。比如，在西方的家庭法体系中，离婚诉讼越来越重视儿童的声音，但是儿童的观点能多大程度上被律师和法官采纳依然是一个问题。尽管儿童在发声，但是却没能被听见。

同样，在教育的共同生活中，儿童的声音也应该被成人听到，并产生影响力。儿童应当充分参与到教育生活当中。儿童参与意味着在教育生活中，儿童的声音能够被成人听到，并被认真地对待。一方面，儿童具有多种多样的表达声音的方式。在口头和书面语言以外，儿童还有其他一百种语言，比如绘画、图片、歌唱，甚至身体语言等。这意味着儿童口头和书面的语言表达能力并不能限制儿童参与的能力。无论什么年龄的儿童都有权利和能力参与到与自己切身利益相关的事务当中，在成人的协助下，发出自己的声音和意见，并在其中发挥作用。当然，无可否认的是，儿童参与的实现依赖于成人的帮助。它需要成人在观察、交流中充分理解儿童各式各样的语言，并在协商中，权衡儿童的观点是否完全被实现。另一方面，成人不再是单向的知识传递者，而是和儿童一同建构的合作者。儿童充分参与教育过程，意味着儿童和成人构成了一个儿童文化生长的共同体。“在这些教室里，

① ［美］马修斯. 童年哲学［M］. 刘晓东，译. 北京：生活·读书·新知三联书店，2015：101－102.

探究、讨论、意义的形成、反思、共同的理解和尊重是中心。”① 在这样一个共同体中，儿童和教师都是研究者，共同探索真实的问题。“在一个真正的学习者共同体中，儿童提出问题，并创造、讨论和协商他们的理论。教师则扩展、构建和阐述孩子们的问题和理论。”②在这个共同体中，儿童和成人各自的文化都能得到充分的尊重和理解，并能积极、平等而自由地互相交换各自的文化。正是在充分地表达、理解和交流中，儿童文化得到了丰富与生长。

首先，儿童应该参与学校、班级层面的管理问题。1993 年，在印度的 Rajasthan 省建立了一个由 6 岁至 14 岁儿童组成的儿童议会——Bal Sansad，它包括大约 15 名的儿童议员和 1700 名的儿童选民。此外，当地社会工作中心会给予儿童议会必要的协助。最初，Bal Sansad 是当地社会工作中心组织儿童建立的儿童议会，它的目的就是为了解决有关学校的议题。教育问题仍然是 Bal Sansad 主要关心的问题，包括儿童与教师上课的出席率问题、考察学校经营的可持续问题、维护学童上学安全的职责以及为学校获取家长团体支持的工作等。③ 其次，儿童也应该参与具体的教育过程。儿童应该被允许学习自己想学的、与自己的水平和能力对应的教育内容。比如说，儿童可以从菜单式的教育计划中，选择个性化的教学方案。儿童也可以和教师以及其他儿童共同商量完成某项活动、协商课程内容和课程的具体安排等。再次，儿

①② Peter B. Pufall, Richard P. Unsworth. Rethinking Childhood [M]. New Jersey: Rutgers University Press, 2004: 88.

③ Michael Wyness. 童年与社会——儿童社会学导论 [M]. 王瑞贤，张盈堃，王慧兰，译. 台北：心理出版社，2009：254 - 255.

童也应当和成人一起共同建构教育环境。教育环境不仅应当是为儿童创设的空间，也应当是儿童自己生活与生长的空间。在幼儿园和班级中，儿童有自己空间选择的偏好和倾向。儿童对自己的空间有独特的认识和需求，他们也会对成人创设的空间重新赋予意义。教育环境不仅是为了促进儿童发展的、隐含教育目的、兼具教育意图的儿童友好空间，它也应当是聚集了儿童的情感、记忆和关系的生活、生长的地方。教育空间不仅包含成人对儿童发展、儿童安全等的考量，也应当赋予儿童参与空间创设的权利。

二、倾听：基于儿童视角的文化理解

儿童文化和成人文化共同构成人类文化，是天性的现实化、对象化表达。儿童和成人面对不同的生存境域和各异的现实状况，因而儿童文化和成人文化也具有差异性。当儿童长大成人，离开童年时，在一定程度上，他也将离开儿童文化。每一个成人都曾是儿童文化的所有者，但伴随着成长，成人也失去了儿童文化。如果说儿童文化是成人的故乡，那么成人只是离乡的漫游者，在一生中寻求回到自身天性的文化根基，却很难寻求得到。因此，成人是儿童文化的异乡人。

为了更好地支持儿童文化的成长，成人首先需要真正理解和切近儿童文化。在一定程度上，儿童文化是成人面对的异域文化。“儿童精神成长的特殊矛盾（成长机制）不同于成人精神发展的特殊矛盾”，是儿童文化区别于成人文化的根本原因。① 二者的差异为成人理解儿童文化设下比较大的障碍。成人需要采取

① 刘晓东. 儿童文化与儿童教育［M］. 北京：教育科学出版社，2006：36.

“主位（emic，取自 phonemic）的观点”① 来解释儿童文化现象，也就是站在儿童的视角诠释儿童文化。“如果我们致力于了解儿童的生活经历，‘我们需要引出他们的表征，并直接从他们那里寻求信息’。”②

迪翁·萨默（Dion Sommer）等对儿童视角进行了界定。他认为，儿童视角（child perspective）和儿童的视角（children's perspective）不同。儿童视角是站在头脑、理念中的儿童形象上，儿童的视角则是采用儿童自己的视角。前者是成人由外向内研究儿童，后者则是成人站在儿童的内部试图理解儿童，也就是去理解儿童的地方性知识，儿童自己的语言、思考和图像等。“儿童的视角代表儿童的经验、观点及其对他们生活世界的理解。”③ 儿童的视角是将儿童视作自身文化世界的主体。儿童的视角隐含着一种儿童权利的思考。成人不是儿童的代言人，儿童是自己的发言人。儿童的视角是更为本质的儿童认识，“成年人对儿童的建构只有在促进成人理解儿童对自己生活的想法和看法时，才构成了一个真正的儿童视角（child perspective）。”④

① Robyn M. Holmes. 儿童的田野工作［M］. 张盈堃，译. 台北：心理出版社，2008：译者序 x.

② Baird K. Exploring a methodology with young children：reflections on using the mosaic and ecocultural approaches［J］. Australasian Journal of Early Childhood，2013，38（1）：35－40.

③ Dion Sommer，Ingrid Pramling Samuelsson，Karsten Hundeide. Child Perspectives and Children's Perspectives in Theory and Practice［M］. Springer Science+Business Media，2010：vi.

④ Dion Sommer，Ingrid Pramling Samuelsson，Karsten Hundeide. Child Perspectives and Children's Perspectives in Theory and Practice［M］. Springer Science+Business Media，2010：22.

语言并不是得到儿童视角的唯一方式，甚至可能不是最有效的方式。年幼儿童的语言能力会限制其表达视角的可能性和完全性。随着儿童的年长，儿童可能会在语言表达中隐匿自己的真实想法。这意味着，通过口头语言和书面语言搜集资料了解儿童真实的想法或情感存在一定的局限。“成年人可能被禁止进入儿童的世界，但通过观察和解释儿童在互动中的协调行为，通过健全的共情想象，我们可能开始发展对儿童对世界的感知的理解。”①

成人可以采取马赛克方法（Mosaic Approach）等儿童友好方法（child-friendly methodologies）获得儿童的视角，通过将各种资料数据集合起来，了解儿童看待问题和现象的观点，并理解儿童文化。马赛克方法的前提是儿童是有能力的社会行动者，儿童是自己生活中的专家，儿童有自己的文化。“这种方法还借鉴了社会建构主义理论，并将儿童视为‘意义制造者（meaning-makers）’，他们“在社会语境中的知识构建中发挥积极作用”。重点是让孩子的观点成为与他人（家庭、从业人员或研究人员）交流‘意义’和理解的载体”。② 成人可以将视觉研究工具和语言研究工具结合起来，使用包括拍照法、旅行、绘画、角色扮演、投票法在内的参与式方法来获取儿童的真实视角。③

① Dion Sommer, Ingrid Pramling Samuelsson, Karsten Hundeide. Child Perspectives and Children's Perspectives in Theory and Practice [M]. Springer Science+Business Media, 2010: 20.

② Baird K. Exploring a methodology with young children: reflections on using the mosaic and ecocultural approaches [J]. Australasian Journal of Early Childhood, 2013, 38 (1): 35-40.

③ 刘宇. 儿童如何成为研究参与者：“马赛克方法”及其理论意蕴[J]. 全球教育展望, 2014, 43 (09): 68-75.

儿童创造文化的方式区别于成人。尤其是对学前儿童来说，游戏、想象、无意识的生活构成了幼儿生活的主要文化方式。这就要求幼儿教师能够有意识地倾听儿童的视角，理解儿童。“教师必须能够*收听孩子的世界*。Siraj-Blatchford 等人将‘共享可持续思维’（shared sustainable thinking）作为儿童学习中的一个重要质量因素。这意味着老师和儿童/儿童群体有着相同的交流和思考的目标”。①

三、顺应：儿童创造文化的独特方式

正如卢梭所说，“自然的教育”规定着“人的教育”和“事物的教育”。只有符合儿童创造文化的方式，成人文化才能被儿童再构为自身文化的一部分。正如托尔斯泰所说，教育是一种内在火花闪烁和发展的自然奇迹。教育让具有内在火花的儿童将火花越烧越亮，成为不断成长着的人。②

首先，教育要符合儿童认知世界的方式。皮亚杰提出，七岁以下的儿童是以混合主义或混沌不分的方式认知世界的。皮亚杰在论述儿童和成年人知觉活动的差异时，指出七岁以下儿童知觉是混合主义的，儿童仅仅得到整体印象，却不对部分加以分析、综合。儿童直接地把握到整体的印象，而不是通过对部分的分析，而综合成一个完整的认识的过程。为了说明七岁以下儿童的整体的、混沌的知觉特点，皮亚杰紧接着就给出了一个例证。梅

---

① Dion Sommer, Ingrid Pramling Samuelsson, Karsten Hundeide. Child Perspectives and Children's Perspectives in Theory and Practice [M]. Springer Science+Business Media, 2010: 145.

② [英] 伊丽莎白·劳伦斯. 现代教育的起源和发展 [M]. 纪晓林, 译. 北京: 北京语言学院出版社, 1992: 268.

利-德沃雷特斯基（G. Meili-Dworetskii）曾经将一个内容含糊的图形呈现给被试，这个图像既像是一把剪刀，也像是一个人的面孔。有的成人在这个图形中看到了剪刀，有的看到了面孔。但是，很多儿童却反馈说，看到了一把剪刀在脸上。① 儿童的这种混合主义的认知方式是其能够以主客体相融的方式把握世界的认知基础。此外，儿童还具有以自我为中心的方式理解世界的特点。儿童的自我中心也就是指儿童将万事万物视为和自己一般无二的存在，也就是说儿童也具有“实在论”和“万物有灵论”或“泛灵论”（Animism）的认识特点。在儿童看来，心理和物理是互通的，运动的物体是像儿童一样具有生命和意识的对象。

其次，教育也要适宜于儿童以想象构筑世界的特点。儿童在想象中生活，想象构成了儿童活动的主线。儿童的想象力非常丰富。儿童的想象建立在儿童直接的生活经验之上。周作人认为，想象“原只是集合实在的事物的经验的分子综错而成”。② 想象以原来“实在的事物的经验”为材料。儿童的想象也来源于集体无意识生活。儿童更加接近集体无意识，因而儿童的想象比成人更具生命力。集体无意识是为所有人所共有的，具有普遍性，它是普遍存在于所有个体身上的共同的心理基础。③ 但是，随着人的发展，对无意识的敏感性会降低。随着人的成长，无意识也被“打磨得光滑流畅”，结果无意识在岁月的冲刷中，变得愈加漂亮、崇高、全面，也就越远离真实、质朴、原初的集体无意

① ［瑞］皮亚杰. 儿童心理学［M］. 台北：五洲出版社，1986：33.

② 周作人. 周作人散文全集［M］. 桂林：广西师范大学出版社，2009：530.

③ ［瑞］卡尔·古斯塔夫·荣格. 原型与集体无意识［M］. 徐德林，译. 北京：国际文化出版公司，2011：5.

识，失去了原来的生命力，“只剩下了陈腐的表面性及毫无意义的自相矛盾”。① 而儿童却能够以直觉的、不加修饰的方式去感受来自集体无意识的雄壮的生命力，因而更能够以集体无意识中的原型为材料进行想象。另一方面，想象是儿童建构现实的一种方式。“童年梦想的世界与献给今日梦想的世界同样广阔，而且比献给今日梦想的世界更广阔。”② 世界在想象中向儿童敞开。儿童无法以理性、逻辑的方式解释现实世界，于是用想象来弥合理解的困难，以梦想的方式把握世界。现实世界也成为想象中的世界。在儿童的内心世界刚刚成形的时候，儿童还不能理解现实世界，于是就只能运用自己已有的情感，调动自己的想象来把握世界。③ 在想象中，儿童将主体与客体，在场与未出场的事物置于一个共时性的整体的绵延之中。未出场的事物在想象的作用下在场。感性的东西与可理解的东西在想象的中介作用下，落入了感性现实世界之内。④ 在想象中，在场与不在场，过去、现在和将来也融合为一个整体，成为一个互相融合、共同存在的“‘共时性’的整体”。⑤ 通过想象，将在场的显现的事物与不在场的隐蔽的事物相互联系，让无穷的未出场的事物与有限的在场的事物融合为一。

---

① ［瑞］卡尔·古斯塔夫·荣格. 原型与集体无意识［M］. 徐德林，译. 北京：国际文化出版公司，2011：9.

② ［法］加斯东·巴什拉. 梦想的诗学［M］. 刘自强，译. 北京：生活·读书·新知三联书店，2017：131.

③ 刘绪源. 美与幼童——从婴幼儿看审美发生［M］. 南京：江苏凤凰少年儿童出版社，2014：86.

④ 张世英. 审美意识：超越有限［J］. 北京大学学报，2000（1）：68－73.

⑤ 张世英. 哲学导论［M］. 北京：北京大学出版社，2008：42.

最后，教育要尊重儿童以游戏理解世界的方式。游戏是人类在进化过程中保留下来的幼态持续行为。正因为游戏行为的存在，人类保持了幼年时就具有的好奇心和创造力。甚至在某种程度上可以说，游戏帮助人类开启了文化发展的一道道大门。荷兰学者赫伊津哈认为，文化具有游戏的成分，游戏在文化象征中占据一定的位置。甚至，文化最初是作为一种游戏而发展起来的。早在文化发展起来以前，游戏就已经存在了。游戏伴随着文化的发展，也渗透在文化的历程中。① 游戏渗透在文化的各个领域，对人类文化有着重要的意义。而且，游戏也是儿童文化的主要构成，儿童在游戏中生活，也在生活中游戏。游戏是儿童本性的要求。儿童本就喜爱游戏，这是儿童自然本性的要求和规定。不论地域、文化、时代，儿童都生而好嬉戏。只有顺其游戏的自然本性，才能自然而然地使其获得成长。席勒从审美的层面上，论及游戏是人的本性的需要。游戏使得人成为“完全意义上的人”，成为完完全全地展现自我、生发文化的人。② 游戏是儿童生活的主要形式，也是儿童生命存在的方式。“儿童并不仅仅是玩，他们就是生活在游戏中，作为生活，他们的游戏有着极大的灵活性，是随时随地，超越时空的。儿童就是游戏，通过游戏，他们建立起通向未知的道路，通向此时此地以外的领域。”③ 儿童游戏是儿童的存在方式，儿童在游戏中表达自己的完整性和统一

① ［荷兰］约翰·赫伊津哈. 游戏的人［M］. 多人，译. 杭州：中国美术学院出版社，1996：4.

② 转引自：黄进. 文化与天性——儿童游戏性质的双重规定［J］. 幼儿教育，2008（9）：14－18.

③ ［挪威］让-罗尔·布约克沃尔德. 本能的缪斯［M］. 王毅，等译. 上海：上海人民出版社. 1997：29.

性。它既是儿童进行身体运动的方式，也是儿童具体地呈现全部能力和思想的载体。① 儿童在游戏中创造文化。无论是日常的生活、对外界的观察还是幼儿园的生活，这一切对儿童而言都是可以游戏的。儿童在生活中得以真正的“游戏人生”。此外，儿童也是通过游戏的方式将成人文化纳入自身的文化结构。儿童在游戏中，进入成人文化，理解和再构了成人世界的生活和文化。

儿童教育只有遵从儿童创造文化的方式，尊重儿童以自身的认知特点、想象和游戏构筑世界、理解他人、建设自我的方式，才能让儿童文化以适合儿童的方式、顺应天性的方式生长。也只有这样，教育才能真正让成人文化为儿童自身所再构，成为儿童文化的一部分。教育的实现建立在儿童文化充分展开的基础上。“他的现在的能力要自己表现出来；他的现在的才能要发挥作用；他的现在的态度要实现。”②

第三节　儿童参与：儿童文化融入教育生活

儿童是文化的创造者。儿童和成人在视角、经验和文化上具有差异。作为行动者和完整存在的儿童和成人共同进入社会生活和教育生活时，儿童和成人都应该携带自己的文化，参与到共同生活之中。《联合国儿童权利公约》（United Nations Convention on the Rights of the Child，UNCRC）第 12 条规定：“缔约国应确保有

① ［美］杜威．学校与社会；明日之学校［M］．赵祥磷，等译．北京：人民教育出版社，2005：82.

② ［美］杜威．学校与社会；明日之学校［M］．赵祥磷，等译．北京：人民教育出版社，2005：128.

主见能力的儿童有权对影响到其本人的一切事项自由发表自己的意见，对儿童的意见应按照其年龄和成熟程度给予适当地看待。”① 成人应该通过多种形式倾听儿童的文化表达，并给予儿童参与教育生活的空间。儿童参与教育生活还能够进一步保障其他儿童权利的保障。当儿童在学校生活中充分参与、充分得到尊重，那么在教育的过程中儿童也得到了权利教育。“事实上，保障实施这一权利的最有力理由是，它有能力利用儿童生活经验的智慧、真实性和普遍性，以实现变革。”②

在成人文化主位的教育中，成人往往刻意或不自觉地压制儿童的文化表达。儿童的声音、观点、意见不被成人倾听，也没有被付诸实践，真正地影响教育生活的构成。2004 年，苏格兰颁布《教育（对学习的额外支持）（苏格兰）法案》（Education（Additional Support for Learning）（Scotland）Act，2004），指出与普通儿童和困难儿童协商的必要性。在《教育（对学习的额外支持）（苏格兰）2008 修正法案》（Education（Additional Support for Learning（Scotland）Bill 2008）中，强调应该进一步充分告知儿童参与决定的权利，征询并考虑儿童的意见。所谓“额外支持需求”必须是指儿童的教育需求，而不是任何成人的社会或环境

① ［英］安妮·格雷格，杰恩·泰勒，汤米·麦凯．如何做儿童研究［M］．郭力平，等译．上海：上海教育出版社，2019：220.

② Lundy, L. “Voice” is not enough: conceptualising Article 12 of the United Nations Convention on the Rights of the Child［J］. British Educational Research Journal, 2007（6）: 927 – 942.

的需求。[①] 儿童能够发起行为、做出行动、创造文化，让儿童和成人共同协商和参与整个教育过程将真正彻底地让儿童过有意义的教育生活。

一、儿童参与模型的发展：逐渐聚焦学校生活

随着儿童权利意识和儿童行动者角色的发展，《联合国儿童权利公约》第 12 条“儿童参与”在社会生活中得到了广泛的探索。儿童参与是指儿童参与有关影响其生活问题的行动和决策过程。当前儿童参与的现状是在公共生活中给予儿童发表意见的机会，但是儿童的意见却未能得到有效的落实。整体而言，整个社会仍然将儿童视为缺乏参与能力的不合格社会成员。与此同时，越来越多的成人加入儿童参与的推进当中，哈特等人也提出各种类型的儿童参与模型。总体而言，儿童参与实践和儿童参与模型都更加关注如何在公共事务和成人研究中帮助儿童发出声音并影响决策。比如，2010 年东盟层面的第一届儿童论坛在菲律宾召开，来自东盟各国代表的儿童以他们感兴趣的方式表达了他们对影响其生活的问题的看法。[②] 联合国儿童权利委员会（the UN Committee on the Rights of the Child）认为政府应当为儿童提供不同的论坛，让儿童发表意见，促进所有儿童有意义地、有权能地参与家庭、社区和学校。儿童是社会生活的参与者和公共服务的

① Betts J. Education (Additional Support for Learning) (Scotland) Act 2004 and the 2009 Amendment Act [J]. Research and Library Services, 2010: 1 - 11.

② Roganda Sadani Ukur Solin, Ida Ruwaida. Reflection on the Implemantation of Children's Participation Rights (Based on Lundy's participation Model) [J]. Journal of Strategic and Global Studies, 2022, 5 (1): 1.

使用者，包括卫生服务、教育和其他社会保障等方面都应该考虑儿童的声音。① 事实上，儿童和年轻人最关心的是日常的、甚至世俗的问题。儿童几乎不被给予尊严或尊重，也很少有机会发表意见和参与讨论。② 因此，进一步推进探索儿童在学校日常生活之中的参与是有必要的。

儿童参与在成人特意准备的平台之中实施，而没有落实到儿童的日常生活之中。正如第一个建立儿童参与框架的哈特（Roger A. Hart）所说，当“儿童参与”概念框架提出来的时候，很多成人都忽视掉了这种日常非正式的儿童参与。“我们应该努力将我们对儿童正式参与的思考与我们所知的儿童通过与同龄人玩耍而进行的非正式参与和文化建设结合起来。因此，我们应该同样关注成年人如何以不同的方式为孩子们自我组织创造条件，例如他们如何安排玩耍和娱乐的公共场所。”③

1992 年，哈特首次在《儿童参与：从象征主义到公民身份》（*Children's Participation: From Tokenism to Citizenship*）一书中提出儿童参与阶梯（the Ladder of Children's Participation）模型，将儿童参与的具体程度进行区分，划分为五个由低阶向高阶发展的层次：分配但告知（Assigned but informed）；咨询且告知（Consulted

---

① Roganda Sadani Ukur Solin, Ida Ruwaida. Reflection on the Implemantation of Children's Participation Rights (Based on Lundy's participation Model) [J]. Journal of Strategic and Global Studies, 2022, 5 (1): 1.

② Lundy, L. "Voice" is not enough: conceptualising Article 12 of the United Nations Convention on the Rights of the Child [J]. British Educational Research Journal, 2007 (6): 927-942.

③ Reid, A., Jensen, B. B., Nikel, J., Simovska, V. Participation and Learning: Perspectives on Education and the Environment, Health and Sustainablity [M]. Netherlands: Springer, 2008: 20.

and informed)；成人发起且与儿童分享决策（Adult-initiated, shared decisions with children)；儿童发起且主导（Child-initiated and directed)；儿童发起且与成人分享决策（Child-initiated, shared decisions with adults)。儿童参与程度和范围不断扩大，并在每个阶梯得到不同程度的成人支持。

在后期，哈特认为“脚手架”或许比“阶梯”更加合适。“梯子的比喻通常只用于描述儿童和成人之间的关系，而脚手架的比喻可以被认为是一个相互加强的结构，所有的人，包括成年人和不同能力的儿童，在他们不同的攀登目标上互相帮助。”① 其后，哈特评论道，儿童参与阶梯针对的范围比较狭窄，它关注于方案或项目，而不是儿童日常非正式参与社区的情况，并且限制于描述儿童参与中的成人角色。② 儿童文化就是儿童及其同伴在活动中的充分参与。儿童参与并不意味着，成人应该完全退出儿童的参与。哈特从儿童的公民角色的角度来解释，“在我看来，最高程度的公民身份是当我们，无论儿童或是成人，不仅觉得我们自身可以发起一些改变，而且我们也意识到有时候邀请他人加入我们是适当的，这基于他人自身的权利以及作为同胞的公民（fellow-citizens）的影响。”③

---

① Reid, A., Jensen, B. B., Nikel, J., Simovska, V. Participation and Learning: Perspectives on Education and the Environment, Health and Sustainablity [M]. Netherlands: Springer, 2008: 21.

② Reid, A., Jensen, B. B., Nikel, J., Simovska, V. Participation and Learning: Perspectives on Education and the Environment, Health and Sustainablity [M]. Netherlands: Springer, 2008: 20.

③ Reid, A., Jensen, B. B., Nikel, J., Simovska, V. Participation and Learning: Perspectives on Education and the Environment, Health and Sustainablity [M]. Netherlands: Springer, 2008: 24.

2001 年，哈利·希尔（Harry Shier）在哈特模型的基础上提出新模型，包括五层次三阶段。新模型的目的不是取代参与阶梯，而是进行补充。“五层次”是指：1. 儿童被倾听（Children are listened to）；2. 儿童被支持表达观点（Children are supported in expressing their views）；3. 儿童的观点被考虑在内（Children's views are taken into account）；4. 儿童参与决策制定过程（Children are involved in decision-making processes）；5. 儿童分享决策的权利和责任（Children share power and responsibility for decision-making）。在每个参与层次上，个人和组织可能对授权过程有不同程度的投入，区分为“三阶段”，“开端”（openings）、“机会”（opportunities）和“义务”（obligations）。① 三层次是对每一阶段工作推进程度的不同区分，从着手做、有充足条件执行到政策要求完成。从内容上看，希尔模型不同于参与阶梯模型的地方是没有对儿童不参与的情况进行区分。希尔模型和哈特模型的本质不同在于没有儿童独立于成人做决策的阶段。“这种情况经常发生，尤其是在游戏项目中；的确，儿童游戏的本质之一就是有机会做自己的事情而不受成人的影响。虽然我们必须认识到儿童独立决策机会的重要性，但它并不完全适合这个模型，因为该模型通过成人和儿童之间的互动模式来确定参与水平。”②

兰迪（Laura Lundy）参与模型（Lundy's Participation Model）包括四个维度。第一，空间（Space），必须给儿童表达观点的机会。空间是指一种机制或容器，儿童可以利用它，以儿童友好的方式表达自己的观点。并且，空间能够容纳各种类型和文化背景

①② Shier H. Pathways to participation: Openings, opportunities and obligations [J]. Children & society, 2001, 15 (2): 107 - 117.

的儿童。第二，发声（Voice），必须促进儿童表达观点。发声是指实现儿童的参与，国家需要为儿童提供和其年龄、能力相适宜的信息，帮助儿童形成并表达自己的观点。第三，听众（Audience），观点必须被听见。儿童的意见必须被有权做出与儿童需要有关的决定的各方听取和考虑。第四，影响（Influence），在适当的情况下，必须根据这种观点采取行动。确保儿童的声音或观点能够影响决策，儿童参与和成人的协作行动。前两个维度是关于儿童发声，后两个维度则关于决策过程。兰迪参与模型的责任承担者包括从地方到国际各级的跨部门政府以及从事儿童工作的组织或机构。也就是说，学校机构也被考虑在其模型之中。① 他提出："有必要进一步认识到，尊重儿童的观点不仅是良好教育实践（或政策制定）的一种模式，而且是一种具有法律约束力的义务。至少，那些在教育部门工作的人需要知道第 12 条的存在，它具有法律效力，它适用于所有的教育决策。"② 而且，兰迪参与模型面向的是小学生的声音（pupil voice），他关注到年龄偏小的儿童群体的参与问题。他认为，儿童表达自己观点的权利并不取决于他们表达成熟观点的能力，这只取决于他们形成一种观点的能力，不管他们是否成熟。③也就是说，儿童在表达观点的时候可以采用多种方式进行表达，包括语言、艺术形式或其他媒介。与此同时，在有的情况下，儿童可

① Roganda Sadani Ukur Solin, Ida Ruwaida. Reflection on the Implemantation of Children's Participation Rights (Based on Lundy's participation Model) [J]. Journal of Strategic and Global Studies. 2022, 5 (1): 1.

②③ Lundy, L. "Voice" is not enough: conceptualising Article 12 of the United Nations Convention on the Rights of the Child [J]. British Educational Research Journal, 2007 (6): 927 - 942.

以在成人的支持和帮助下表达观点。

此外，霍布斯的儿童协商和参与模型主要应用于教育环境。他试图建立儿童参与和赋予儿童权利之间的良性循环。包括如何建构学生、如何建构权利、如何建构学校或社区以及如何建构参与之间的相互关系。①

二、英国的政策经验：推进儿童参与学校生活

从法律层面来说，《联合国儿童权利公约》缔约国有义务切实落实第 12 条规定，让有主见能力的儿童参与到影响自己的一切事物之中。然而，在现实层面，儿童的参与程度和有效性是极其有限的。甚至在教育决策和教育生活中，儿童参与也没有真正地实现。在学校层面推进儿童参与意义重大。正如联合国儿童权利委员会（the United Nations Committee on the Rights of the Child）在《关于教育目标的一般性意见（2001）》中所说，儿童不会因为通过学校大门而失去人权。因此，比如说，必须以尊重儿童固有尊严的方式提供教育，并使儿童能够按照第 12（1）条自由地表达他或她的观点，并参与学校生活。②

1995 年联合国儿童权利委员会在监测英国的儿童权利履行情况时，委员会批评英国在性教育和学校排斥等问题上没有征求学生的意见。兰迪认为，如果第 12 条要在英国的学校全面实施，就需要采取行动，确保儿童参与到最终会对课堂上的孩子产生影

---

① ［英］安妮·格雷格，杰恩·泰勒，汤米·麦凯. 如何做儿童研究［M］. 郭力平，等译. 上海：上海教育出版社，2019：226.

② Lundy, L. "Voice" is not enough: conceptualising Article 12 of the United Nations Convention on the Rights of the Child［J］. British Educational Research Journal, 2007（6）：927－942.

响的决定的每个阶段。这包括做出影响个别学生的决定、制定学校和教室政策、制定政府教育政策和法律等情况。①

自2001年始，英国陆续出台相关政策推进儿童参与和自己密切相关的社会服务和教育服务等。英国儿童参与体系建立相对完善，并且取得一定的实践成果。在推进儿童参与学校生活方面，英国在学校课程中引入了公民教育，鼓励讨论和辩论以及儿童和青年的积极参与。并且，英国教育标准局的新学校检查框架新增了一个部分，该部分旨在咨询学生和报告他们对参与学校生活的看法。学生的参与正在成为当地教育当局（LEAs）、学校的一部分。此外，在改善儿童服务时，英国的许多地区和服务领域都会与儿童协商。比如英国教育标准办公室（Office for Standards in Education，Ofsted）经常直接咨询儿童，询问他们对服务质量的看法。② 若干地方当局正积极让儿童和青年参与儿童信托基金、扩大学校和其他发展的设计；大多数地方当局都有专人负责儿童参与事项，如儿童参与官员和儿童权利官员。

2001年，英国教育与技能部（Department for Education and Skills，DfEs）发表《学会倾听：儿童参与的核心原则》（Learning to Listen：Core Principles for the Involvement of Children and Young People）的指导意见。该指导意见的目的是赋予儿童权利，并建立儿童参与设计、提供和评价心理健康服务、社会服务和教育服务等的框架体系。同年，英国教育与技能部出台《特殊教育需求

① Lundy，L. "Voice" is not enough：conceptualising Article 12 of the United Nations Convention on the Rights of the Child［J］. British Educational Research Journal，2007（6）：927－942.

② ［英］安妮·格雷格，杰恩·泰勒，汤米·麦凯. 如何做儿童研究［M］. 郭力平，等译. 上海：上海教育出版社，2019：228.

工具包》（SEN toolkit）将儿童的观点应当被征求并加以考虑作为五大基本原则之一。

2003 年，DfEs 发表《共同努力：让儿童和年轻人有发言权》（Working together：Giving children and young people a say），它是由青少年咨询团和成人咨询团共同帮助 DfEs 起草的。指南提出学生参与（Pupil Participation），是指成年人，他们与儿童和年轻人合作，尤其是在修改和制定政策时，重视儿童的观点。指南认为，儿童应当更积极地参与自己的教育，包括评估自己的学习，参与学校、邻里和社区事务，并且通过参与的方式，发展他们成年生活所需的知识、理解和技能。① 儿童和青少年是社会的主要利益相关者，对他们的教育和我们如何设计和提供服务有重要贡献。与此同时，学校应当成为倾听和民主的学校，建立更加包容的环境，并帮助学生在参与过程中提高学业成绩。②另外，指南将建立青年委员会（Young People Councils）。在地方层面，青年委员会和相关部门工作人员一起参加本地青年论坛，并发表年轻人的意见。在学校层面，学生作为代表对学校的运营决策做出贡献，并帮助改善学校。在班级层面，作为代表的学生也参与班级、学年组或整个学校的问题解决过程。

2004 年，英国出台《儿童法案 2004》（Children Act 2004）。该法案就儿童委员会（Children's Commissioner）的设立等进行规定。儿童委员会的职能是促进人们对英国儿童的观点和利益的认识。具体工作包括：鼓励行使职能或从事影响儿童活动的人士顾

①② Department for Education and Skills. Working together：giving children and young people a say［EB/OL］.［2015. 06. 26］. https：//dera. ieo. ac. uk/5197

及儿童的意见和兴趣；就儿童的观点和利益向国务卿提供意见；考虑或研究有关儿童的投诉程序的运作；考虑或研究与儿童利益有关的任何其他事宜；就以上任何事项发表一份报告，并同时提供适宜儿童版本的报告。同年，《每个孩子都重要》（Every child matters）发布，进一步落实《儿童法案2004》，推进当地合作伙伴在规划和评估儿童相关服务时，积极倾听儿童、青年及其家庭的意见。

三、幼儿参与：幼儿园教育生活实践的探索

在成人文化主位的教育中，儿童不被认为是有文化的主体和行动者。“教育实践注重‘告诉’和控制学生，而不是促进他们的行动。”① 成人文化主位的教育出发点是为了儿童的生长，却往往忽略了教育生活也是儿童的存在之所，儿童是自身利益和需求的专家，儿童有自身独特的文化表达。儿童能够参与教育生活，这包括“儿童的‘交谈、思考和决定’活动，以及成年人对儿童观点的回应和融入”。②

在教育生活实践中落实儿童参与有一定的困难。儿童参与问题一直存在争议，因为儿童被认为太小，无法对影响他们生活的决定形成意见。成人必须首先承认儿童是有能力的个体，并且认真倾听儿童的文化表达，在合适的情形下予以采纳。甚至0—3岁的儿童也有参与和表达自己文化的能力。婴幼儿可以通

---

① Greig A, Hobbs C, Roffey S. Guest editorial: Empowering young people [J]. Educational & Child Psychology, 2014, 31 (1): 6-12.

② Theobald M, Danby S, Ailwood J. Child participation in the early years: Challenges for education [J]. Australasian Journal of Early Childhood, 2011, 36 (3): 19-26.

过模仿、动作等身体行为、互动以及其他非语言的交流信号表达自己的观点和态度。① 同时，对儿童学业的进步及对其达到成人预期文化进步的要求也会阻碍儿童参与的落实。“麦克诺顿（MacNaughton）等人提出，儿童参与受到阻碍，因为早期儿童专家经常被视为儿童发展专家。困难在于，将教师从一般意义上知道什么对儿童最好的专家转变为和儿童合作的专家。同样，班尼特（Bennett）认为，教育中的权力平衡很少有利于儿童，因为教师关注的是诸如儿童社会化、环境组织和确保儿童上学准备等任务，而不是关注他们的咨询和参与权利。”② 在大多数幼儿园中，儿童没有权力参与幼儿园中常规制定、活动选择、时间安排等方面的决策。但是，也有一些幼儿园在做出一些推进儿童参与的尝试，它们“在实践中把参与理论作为一种打造、促进和组织教育项目的方法来运用”。③

西奥博尔德等人认为，推进儿童参与幼儿教育有两种方式，一是将《联合国儿童权利公约》作为儿童早期教育战略规划的关键文件；二是将儿童参与作为课程文件的“协议”。④在国际舞台上，课程文件试图响应联合国儿童权利委员会对儿童参与的注意。《强势开端 2001（start strong 2001）》确定了三个促进儿童

---

① Bae B. Realizing children's right to participation in early childhood settings: some critical issues in a Norwegian context [J]. Early years, 2010, 30 (3): 205-218.

②④ Theobald M, Danby S, Ailwood J. Child participation in the early years: Challenges for education [J]. Australasian Journal of Early Childhood, 2011, 36 (3): 19-26.

③ ［意］里纳尔迪. 对话瑞吉欧·艾米利亚：倾听、研究与学习［M］. 周菁，译. 南京：南京师范大学出版社，2014：8.

参与主题的早期教育项目：瑞吉欧·艾米利亚（Reggio Emilia）的课程和教学方法，新西兰的 Te Whäriki 和瑞典的《98 Lpfö 学前课程》（Curriculum for pre-school Lpfö 98）。“这些案例研究表明，儿童参与和民主原则是幼儿教育中的模范教学法和课程的基础。”① 基于学前教育实践，可以进一步分析如何建构幼儿参与的教育生活。

（一）参与式关系建构

幼儿参与教育生活的核心就是平等、对话关系的形成。里纳尔迪认为，瑞吉欧是参与型幼儿园，“是一个学习倾听的地方”，“一个让每一个人（儿童和成人）展现自己才能并被人欣赏的地方”，也是“寻求许可、共识和多方一致意见的地方”。② 瑞吉欧教育重视儿童、家长和教师的权利，尊重彼此之间达成协商性、参与性的关系。“幼儿园和婴幼园是一个用民主方式详细阐明儿童文化和教育文化的地方。”③ 相互关系是瑞吉欧教育的基础，倾听与回应儿童是瑞吉欧教育的过程。“教育以倾听、对话和参与的方式开展；它的存在立足于个体间的相互尊重，立足于对身

① Theobald M, Danby S, Ailwood J. Child participation in the early years: Challenges for education [J]. Australasian Journal of Early Childhood, 2011, 36 (3): 19-26.

② ［意］里纳尔迪. 对话瑞吉欧·艾米利亚：倾听、研究与学习［M］. 周菁，译. 南京：南京师范大学出版社，2014：6-7.

③ ［意］瑞吉欧·艾米利亚幼儿园和婴幼园学会. 瑞吉欧·艾米利亚市属幼儿园和婴幼园指南［M］. 沈尹婧，等译. 南京：南京师范大学出版社，2014：6.

份、能力和知识的多重性的重视”。① 在教育生活中，儿童、教师和家长构成参与性的协商关系。“婴幼园不是把儿童和老师间的关系作为核心，而是把儿童、老师和家长间的关系放在中心位置。”② 不同身份、文化的主体在教育之中达成文化的交融。“‘参与’重视并且运用了儿童乃至人类的上百种语言，是不同观点和文化的一种集合。”③

参与型幼儿园的建构首先承认儿童的能力与权利。儿童有能力建构自己的文化和认识，同时也在接受社会文化的建构。教育生活或更大范围的社会生活应该为儿童创造一个能够主张权利、表达文化的环境。“视儿童为权利的拥有者和建构者意味着不仅承认社会赋予儿童的权利，还要创造一个能全心全意‘倾听’他声音的环境。”④ 倾听儿童的一百种语言，给予儿童一百种表达文化的方式，并将儿童的一百种语言作为教育语言。儿童能力与权利的确认不仅有教育学意义，也具有社会学、文化学价值。正如里纳尔迪所说，“一个‘重新承认’（重新认识、重新理解）童年时代的社会，不仅添加了一个社会主体，也修正了自己，因为承认儿童的权利，也就是承认所有人的新权利。”⑤

---

① ［意］瑞吉欧·艾米利亚幼儿园和婴幼园学会．瑞吉欧·艾米利亚市属幼儿园和婴幼园指南［M］．沈尹婧，等译．南京：南京师范大学出版社，2014：1.

② ［意］里纳尔迪．对话瑞吉欧·艾米利亚：倾听、研究与学习［M］．周菁，译．南京：南京师范大学出版社，2014：5.

③ ［意］瑞吉欧·艾米利亚幼儿园和婴幼园学会．瑞吉欧·艾米利亚市属幼儿园和婴幼园指南［M］．沈尹婧，等译．南京：南京师范大学出版社，2014：5.

④⑤ ［意］里纳尔迪．对话瑞吉欧·艾米利亚：倾听、研究与学习［M］．周菁，译．南京：南京师范大学出版社，2014：107.

参与式教育中，幼儿和教师之间是共同合作、共同创造的关系。在高瞻课程中，儿童和成人都是主动的角色，核心在于儿童和成人共同获得学习经验。儿童主动发起活动，并在和人、物、事件和想法的直接互动中获得知识和技能。教师则帮助准备适宜的材料、计划活动，并在和幼儿互动的过程中引导幼儿进一步的思考。① 高瞻课程认为，儿童在主动参与中建构自己的文化，儿童的意义建构不同于成人。幼儿使用独特的、不同于成人的逻辑体系，将直接经验建构为自己的知识。② 儿童和成人都是文化的创造者，二者之间要形成对话的关系。里纳尔迪认为，儿童和成人的关系是“拥有一些知识的成人”和“一个想要拥有知识的儿童”之间的关系。成人的知识不是停滞的，而是在应对不断变化的世界的过程中不停生长的。儿童则“想要用他/她自己的方式，在适合他/她自己的时间来拥有这些知识，最重要的是，他们这样做的目的是重新创造和修正这些知识。”③ 教师不是知识、文化的传授者，而是和儿童共同进行文化创造的合作者。儿童有自己的文化、有自己的理论，所以教育首先就是倾听儿童的一百种语言。教师不仅需要倾听儿童，并且需要“听见”儿童。这也就是说，教师要理解儿童的表达，并在此基础上进行沟通，调整自己的教育行为、回应儿童的教育问题。“倾听过程中进行的沟通行为会让参与者形成对事物的认识，并互相修正形成的思

---

① ［美］安·S. 爱泼斯坦. 学前教育中的主动学习精要：认识高瞻课程模式［M］. 霍力岩，等译. 北京：教育科学出版社，2019：11－12.

② ［美］安·S. 爱泼斯坦. 学前教育中的主动学习精要：认识高瞻课程模式［M］. 霍力岩，等译. 北京：教育科学出版社，2019：26

③ ［意］里纳尔迪. 对话瑞吉欧·艾米利亚：倾听、研究与学习［M］. 周菁，译. 南京：南京师范大学出版社，2014：109.

想，在这样的互动中，所有的参与者都会变得更加充实。”①

在参与式的教育中，幼儿之间构成协作的关系。“儿童之间的关系因而也成了一种环境，一种让共同建构理论、阐释和理解现实世界得以发生的环境。”② 在瑞吉欧教育、高瞻课程、新西兰的 Te Whäriki 等早期教育课程中，小组协作都是非常重要的形式。“知识的建构是一个集体建构的过程。”③ 在新西兰早期教育课程框架中，学习不是静态的知识和技能，而是在与教师、同伴进行社会性互动的过程中形成的。互惠被认为能够给学习带来持续动力。尤其对 4—5 岁的儿童而言，同伴之间的互动比成人—儿童之间的活动影响力会更大，因而在学习中处于更为核心的位置。④ 与同伴建立互惠式参与关系首先要建构对话。在对话中，儿童相互依存、相互理解，儿童群体“在成人的控制下实现一定程度的独立”。⑤ 在小组学习中，儿童有共同的语言、共同的兴趣和共同注意，共同创造意义和关系。儿童同伴群体之间的争议和观点冲突也有益于儿童认知的更新。同伴不同的观点和看法能够激发儿童的“元认知过程”，“它提供了从一个不同的视角

---

① ［意］里纳尔迪. 对话瑞吉欧·艾米利亚：倾听、研究与学习［M］. 周菁，译. 南京：南京师范大学出版社，2014：109.

② ［意］里纳尔迪. 对话瑞吉欧·艾米利亚：倾听、研究与学习［M］. 周菁，译. 南京：南京师范大学出版社，2014：110.

③ ［意］里纳尔迪. 对话瑞吉欧·艾米利亚：倾听、研究与学习［M］. 周菁，译. 南京：南京师范大学出版社，2014：115.

④ ［新］卡尔，等. 学习的心智倾向与早期教育环境创设：形成中的学习［M］. 周菁，译. 北京：教育科学出版社，2016：34.

⑤ ［新］卡尔，等. 学习的心智倾向与早期教育环境创设：形成中的学习［M］. 周菁，译. 北京：教育科学出版社，2016：44.

‘重新认识’自己知识的机会”。①

“互动的双向性”也指向家长在内的整个社区的参与。在瑞吉欧，社区参与式管理教育是其教育体系的重要组成。“社区化管理模式已经促成了教师、儿童、家长与社区之间强大而牢固的互动与沟通关系。”② 2002年开始，瑞吉欧设立“城市与儿童联席会”，由家长、幼儿园工作人员和市民组成，负责行政事务、学期会议、评估工作等。家长参与不仅有助于幼儿园工作的展开，对家长本身来说，也能在幼儿园提供的接受和需要的人际关系中感知生命意义。

(二) 儿童参与教育时空的设计

1. 儿童和成人的空间共构

空间是一个自我以移动和目的建立起来的坐标系。③ 当婴儿开始探索客体时，就已经建构了空间。在最开始的吮吸中，婴儿有了对世界的最初探索。婴儿四肢的运动进一步帮助婴儿建立由身体打开的空间。“空间仍然是按照我的身体方位组织起来的。”④ 从身体移动的角度来看，儿童有自己的空间。

身体打开敞开性的空间，同时建构封闭性的空间。“封闭的

---

① [意] 里纳尔迪. 对话瑞吉欧·艾米利亚：倾听、研究与学习[M]. 周菁，译. 南京：南京师范大学出版社，2014：111.

② [美] 爱德华兹，甘第尼，福尔曼. 儿童的一百种语言：第3版：转型时期的瑞吉欧·艾米利亚经验[M]. 尹坚勤，等译. 南京：南京师范大学出版社，2014：124.

③ [美] 段义孚. 空间与地方：经验的视角[M]. 王志标，译. 北京：中国人民大学出版社，2017：9.

④ [美] 段义孚. 空间与地方：经验的视角[M]. 王志标，译. 北京：中国人民大学出版社，2017：28.

人性化的空间便是地方。与空间相比，地方是一个使已确立的价值观沉淀下来的中心。”① 地方与海德格尔的“世界”有一定的类似。地方也是人所烦扰的世界，它因为人的情感、体验、愿望、认同等个体性感受的积聚才成为地方。“在性别、年龄和我们身处的文化的影响下，每个人都会营造出一片属于自己的领地。”② 幼儿园是儿童存在的封闭性空间，也是儿童生活的地方。“地方应该是稳定和可预测的，在很小的时候通过玩耍发现（地方），并包含提供强大的身份特征，这是地方的本质。与此同时，地方应该足够灵活，以容纳创造性的探索。他们应该被高度分化为各种类型的部分，为所有类型的儿童激发许多创造性关系。”③ 因此，幼儿园不仅是成人给予儿童的物质空间、制度空间，也应当是儿童能够参与，并从中获得归属感和成长的文化空间。

在幼儿园空间设计过程中，幼儿可以发挥积极的作用。早在20世纪70年代，凯文·林奇（Kevin Lynch）就发起了参与式规划运动，他对年幼儿童对环境的看法进行跨文化研究。之后，教科文组织发起“在城市中成长”的项目，为儿童的社区参与提供丰富的案例和指导手册。但是，在设计师和儿童之间仍然没有形成对话的联结。直到2005年，索雷尔基金会（Sorrell Foundation）发起“学校联合设计”项目，帮助学校参与到设计之中。在这个项目中，就厕所设施、户外区域等向儿童咨询。该项目针对的

---

① ［美］段义孚．空间与地方：经验的视角［M］．王志标，译．北京：中国人民大学出版社，2017：44.

② ［意］里纳尔迪．对话瑞吉欧·艾米利亚：倾听、研究与学习［M］．周菁，译．南京：南京师范大学出版社，2014：63.

③ Julia Ellis. Researching children's place and space［J］. Journal of Curriculum Theorizing. 2004，20（1）：83－99.

是年长儿童。无论是儿童参与设计，还是针对幼儿的空间设计参与，都是一个有待发展的领域。

克拉克（Alison Clark）等人发现，幼儿有能力对他们熟悉的环境提出有意义的意见。杜克（Mark Duke）提出设计儿童相关的建筑时，设计师脑中应该有一个儿童，关注多样性、可见性、可访问性和灵活性。克拉克认为，这些设计指标应该转化为儿童的自己的视角。① 通过马赛克等方法收集儿童的视角，可以帮助幼儿参与空间设计过程。在一所伦敦南部幼儿园的改造中，幼儿参与了早期的设计过程，包括 15 名小班幼儿和 8 名中班幼儿。为了征询儿童对现有环境的意见，研究者使用马赛克方法，包括地图制作、旅行、模型制作、访谈、照片集、魔毯等。研究者试图了解儿童独特的空间体验，询问儿童“你能告诉我这里为什么重要”。照片集方法是让幼儿拍摄幼儿园中重要的地方。在拍摄时，研究者和幼儿保持谈话，之后冲洗照片并和幼儿讨论。旅行方法和地图制作相结合使用，让十个幼儿，两两一组，带领对方参观幼儿园中他认为重要的地方，并使用照片制作地图。访谈法是询问儿童一个人独处时想去的地方以及和伙伴一起活动时想去的地方。模型制作是提供建构材料让儿童搭建理想的幼儿园。通过使用马赛克方法，研究者收集丰富的资料，并对其进行编码，分成不同的主题，用以和其他成人讨论，了解幼儿眼中的幼儿园及其需求，并思考幼儿园的设计。

儿童参与仅停留在教育空间的设计是不足够的，必须转化在

---

① Alison Clark. Early Childhood Spaces: Involving Young Children and Practitioners in the Design Process [M]. Netherlands: Bernard van Leer Foundation, 2007: 4.

教育过程中。瑞吉欧注重在教育学和建筑学之间建立联结，因为“如果一个空间缺乏生活在其中的教育体验所赋予的哲学基础的话，这个空间将丧失应有的功能。”① 教师要给予儿童充分的机会，建立自身与空间环境的体验。瑞吉欧认为，教育空间应当包容教育性信息以及对互动体验和建构性学习的刺激。② 在项目活动中，儿童在探索和研究中不断激活环境，使其转化为联结儿童记忆、情感、体验的地方。同样，空间也是儿童记忆、情感和文化的载体。“学校本身通过每一个直接和间接参与进来的人，构成了一种文化。”③ 儿童从家庭里带来独特的材料是儿童家庭经历的标记，它们构成学校空间中的特殊文化。马拉古奇认为，幼儿园应当成为会说话的学校。瑞吉欧重视儿童作品的展示，这实质上就是将儿童文化融入幼儿园空间的做法。“儿童的行为是塑造空间的一种特殊方式”④，儿童也在幼儿园中不断再构教育空间。

① ［美］爱德华兹，甘第尼，福尔曼．儿童的一百种语言：第3版：转型时期的瑞吉欧·艾米利亚经验［M］．尹坚勤，等译．南京：南京师范大学出版社，2014：332.

② ［美］爱德华兹，甘第尼，福尔曼．儿童的一百种语言：第3版：转型时期的瑞吉欧·艾米利亚经验［M］．尹坚勤，等译．南京：南京师范大学出版社，2014：330.

③ ［美］爱德华兹，甘第尼，福尔曼．儿童的一百种语言：第3版：转型时期的瑞吉欧·艾米利亚经验［M］．尹坚勤，等译．南京：南京师范大学出版社，2014：342.

④ ［美］爱德华兹，甘第尼，福尔曼．儿童的一百种语言：第3版：转型时期的瑞吉欧·艾米利亚经验［M］．尹坚勤，等译．南京：南京师范大学出版社，2014：343.

2. 儿童和成人的时间协商

正如克里斯滕森所说，儿童和成人的时间框架是不一致的。[①] 儿童和成人的时间体验不同，二者对标度时间的经验以及对时间之流的生命体验存在一定的差异。时间之流体验比标度时间经验更为本质。在幼儿园教育生活中，成人既要尊重儿童的时间之流的体验和标度时间的经验，也要将幼儿园的生活时间和二者相一致。在幼儿园教育实践中，如果时间安排只是机械钟表上的某些特定刻度或者一日生活时间表，时间就只是测度时间，而非标度时间。时间失去了标度时间原有的“时机”意味，成为可测量、脱离于人而独立的“自在的实体流”。[②] 因而，教育生活需要在时间安排上顺应儿童的时间体验，把握教育的时机，让儿童能够在时间之流之中自由地创造文化。儿童“有自己的价值观和意义，就像他们有自己的学习时间表那样，这本身就很有意义同时也带来意义，它也指引着他们的学习过程”。[③]

高瞻课程认为，成人应该给幼儿时间，让他们用自己的方式学习。“学前儿童需要时间和心理空间来尝试新事物、制订计划、找到解决问题的方法、练习新技能，并思考刚刚的见闻的意义。”[④] 只有给予幼儿充分的时间，幼儿才能按照自己的时间节律，建构认知、探索世界。学前儿童需要时间去尝试、探索、思

① ［英］艾莉森·詹姆斯，克里斯·简克斯，艾伦·普劳特．童年论［M］．何芳，译．上海：上海社会科学院出版社，2014：72.

② 吴国盛．时间的观念［M］．北京：商务印书馆，2019：30.

③ ［意］里纳尔迪．对话瑞吉欧·艾米利亚：倾听、研究与学习［M］．周菁，译．南京：南京师范大学出版社，2014：115.

④ ［美］安·S．爱泼斯坦．学习品质：关键发展指标与支持性教学策略［M］．霍力岩，等译．北京：教育科学出版社，2018：20.

考、练习和回顾。如果成人让儿童急匆匆地从一个时间流程赶往下一个流程，幼儿就会丧失发现和创造的机会。

高瞻课程的一日常规包括计划时间、工作时间、回顾时间、小组活动时间、大组活动时间、户外时间、过渡时间以及其他集体活动时间。它认为，一日常规既需要连贯性和可预测性，也要保证足够的灵活性。儿童需要一日常规来帮助幼儿掌控在园生活，但是不能过度安排幼儿时间。“幼儿能够在合理范围内对一天中的任何一个部分做出选择。因为活动本身就是基于其兴趣和能力的，也因为幼儿知道自己对于学习经验有发言权，所以高瞻学前教育机构中的幼儿能够感到一日常规活动是‘他们自己的’。”① 另外，教师在所有幼儿到达后，将集体聚集在信息板前，利用图文夹杂的信息板帮助幼儿了解当天的日程以及将要进行的活动。信息板时间也帮助幼儿能够预测一日生活，并建立安全的心理氛围。

在高瞻课程中，时间不是匀速切割的机械时间，各个环节的时间长度并不相同。“计划—工作—回顾”活动有一个小时以上的时间，大组活动时间大约在 15 分钟左右。这种时间切割方式更大程度地考虑了儿童的活动需求和体验。而且，高瞻课程虽然对一日常规中的各个环节进行了规定，但是却给予了儿童分配时间、自主决定时间使用方式的权利。“即使是教师计划的集体活动，幼儿也有许多选择的权利，他们能够根据自身的发展水平，

① ［美］安·S. 爱泼斯坦. 学前教育中的主动学习精要：认识高瞻课程模式［M］. 霍力岩，等译. 北京：教育科学出版社，2019：74.

按照自己的兴趣爱好进行活动。”① 在大组活动、小组活动等环节中，教师为儿童提供可选择的材料、使用材料的方式和移动身体的自主性。通过这样的方式，给予儿童控制时间的主动权。

“计划—工作—回顾”环节充分体现了儿童的时间自主权。在计划时间，儿童用语言或非语言（手势、图画等）表达计划。通过制定计划，儿童对自己将要做的事情形成心理表象。随着儿童能力的发展，儿童会建立现在、过去、将来直接的意义联结，并能将几个时间点加以协调，还能发展对时间的体验和认知。在工作时间，儿童根据自己制定的计划，付诸实践，进行游戏活动。儿童在工作中以预期目标为导向进行活动，能够实现行动者的角色。在回顾时间，儿童不仅回忆自己做了什么，而且思考自己学到了什么。通过回顾，儿童更好地将“现在”和“过去”联结起来。儿童讲述以往发生的事情，并且思考过去的事件发生的影响。在这个过程中，儿童过去的生命体验就成为流动的时间。

① ［美］安·S. 爱泼斯坦. 学前教育中的主动学习精要：认识高瞻课程模式［M］. 霍力岩，等译. 北京：教育科学出版社，2019：77.

结　语

儿童文化是儿童的文化，是儿童主动创造的文化，也是儿童表达自身天性的过程和结果，是儿童本心的扩充。儿童文化不同于成人文化，儿童和成人的区别直接导致二者的文化差异。儿童文化和成人文化也具有共性。儿童和成人共同生活在某一社会文化之中。无论是传统文化，还是现代的商业、媒体等文化，它们都是儿童和成人生产文化的语境。儿童文化的生长也受成人文化的影响，但是儿童不是直接接受成人的文化，而是对成人文化进行阐释性再生产。

儿童是否有儿童文化？在早期人类学、社会学等研究中，儿童是发展中的成人，是不合格的社会成员，儿童是没有文化的。直到 20 世纪 80 年代左右，儿童成为学科研究中心时，儿童自己创造的文化才被成人重视。实质上，是否存在儿童文化，就是自然和文化的关系问题。儿童和成人并不是分属于自然、文化的对立两极的端点。自然和文化的关系不是线性的，既不是由自然指向文化的射线，也不是从文化指向自然的射线，而是由自然和文化构成的螺旋式上升关系。文化是自然化的文化，是内在天性外化的产物，是本心扩充的结果。或者用马克思的话，文化是人的本质的对象化，是自然的人化与人的自然化的统一。而文化也不能直接等同于自然，它需要在自然的基础上进一步进行精神或物质层面的创造。因而，自然—文化的路径不是线性的，人类在自然基础上生产的文化，是对自然的回归，是以生命生产、创造活动对自然的确证。文化以螺旋上升的方式回到了自觉、自知的自然。

在很长一段时间内，自然和文化之间的天然联结被理性切断。理性被嫁接到文化的本质中，成为文化的中心。有没有文化，有怎样的文化，都由文化当中的理性成分决定。于是，文化成为少数人所有。理性的成人具有文化，理性程度少的儿童没有文化。文化不再是自然意义上的文化，而是发展层面的文化。儿童也就失去了文化的资格。这也就可以解释，当早期的人类学、社会学等研究关注发展的儿童时，儿童文化是不被承认的。

儿童文化如何生长？这仍然要通过回答自然和文化的关系来解释。海德格尔认为，人是“离乡—返乡”的漫游者。在生命成长的过程中，儿童需要向成人的方向前进，他需要以自己的方式再构成人世界的知识、技能和经验等，进入新的意义上的成人文化。在这个过程中，儿童不可能停留在原初的自然状态，而是以更多的文化守护个体自觉、自知的自然。儿童文化走向成人文化的过程，也就是走向更加丰富的儿童文化的历程。

儿童文化生长的方式决定了儿童教育应当转向更丰富的儿童文化。任何试图以成人文化直接取代儿童文化的教育，都只能让儿童文化失去自然的根基，走向遥远、苍白的未来。儿童文化应当帮助儿童复归“第二个更高的童年”，一个建立在自然基础上，不断发展、丰富文化的童年。因此，教育应当是儿童文化和成人文化进行平等对话的地方。儿童文化和成人文化都是教育文化的组成部分，这意味着，不仅成人要倾听儿童文化，更要真正地让儿童携带自己的文化参与到教育文化的构建当中。正如瑞吉欧教育家里纳尔迪所说，学校和教育“是一个公众‘参与’的活动，是一个持续的过程，是一个不仅传输文化还产生文化（不仅指的是儿童的文化，也包括人类的文化）的场所”。①

① ［意］里纳尔迪. 对话瑞吉欧·艾米利亚：倾听、研究与学习［M］. 周菁，译. 南京：南京师范大学出版社，2014：129.

后 记

汉代思想家扬雄在《法言·问神》中说道："言，心声也；书，心画也；声画形，君子小人见矣。"清代刘熙载同样在《艺概》中说："书，如也，如其学，如其才，如其志，总之曰如其人而已。"扬、刘二人都是从美学的角度谈论书法和个体心性、自身命运的关系。书如其人，书是心画。当我结束本书文稿的写作时，我的思考和观点有了物质的形态，但是它仍然是我的一部分，它联结着我所思和我所是。

"儿童文化"是我博士阶段的论文选题，但是直到最近，我才发现它其实是我现阶段需要回答的自我成长的问题。我们可以将个体的生命阶段划分为童年、青年、成年、老年。我们所处的文化会界定什么是生命阶段。法律上，年满十八岁就是一个成年人。在父母眼里，成家立业可能意味着你终于成为一个不需要他们过多操心的成年人了。生命阶段有文化差异，它也有个体差异。成长经历决定成熟程度。我一直非常珍惜自己身上的孩子气。直到我开始面对工作，开始面对生活中的问题，我才深刻认识到，"孩子气"不等于童心，童心和成熟从来都不矛盾。哲学意义上的童心进入到个体生命成长的语境时，我们需要辩证地看待这个问题。一个成人，他要解决的难题就是带着童心走向成熟。“复归婴孩”从来都不是拒斥成长和成熟。这也是我的“儿童文化”试图阐明的问题。儿童是天性的呈现者，其天性外化为儿童文化。成人试图返回儿童文化，因为它是人类文化的源初形态，只有返回才能寻觅到“家乡”。与此同时，成人也必须离开儿童时期的文化，走向成熟和生长，成为儿童文化的自觉者。因而，理想的成人文化是更丰富的儿童文化。同样，作为一个看到了儿童文化的成人，我也想告诉我的成人伙伴们，儿童有自己的文化。儿童的成长不应该离开儿童文化，而是从儿童文化往前走。所以，不要急匆匆地把儿童赶往成人文化。

我对儿童文化进行的所有思考都必须要感谢我的导师，刘晓东教授。这本书是在我博士论文的基础上写成的。他是我的硕士导师，也是我的博士导师，感谢他将我引进童年研究的大门，并向我展示一个学者的理想形象。读书期间，每次只要和他见面，我都能被他呈现的学术美景所吸引。我期待自己，在学术研究的海滩上，永远跟随老师，做个拾捡贝壳的小孩。也感谢我博士阶段的另一位导师，黄进教授，她总是用广阔的视野打开我的思路，并充满情意地凝视着我。现在我已毕业两年，但我从未和老师们分开，老师们的教导将一直引领我，为切近童年秘密而不断努力。

感谢我的家人，给我的温暖、阳光的家。感谢所有的儿童。感谢每个人心底的儿童，是你们让生活多彩，让研究直达心灵。愿我是那个天天向前走的孩子，保留心底的澄澈，天天向前走……